POLÍTICA SOCIAL:
fundamentos e história

EDITORA AFILIADA

Coordenação Editorial da
Biblioteca Básica de Serviço Social
Elisabete Borgianni

Conselho editorial
da Área de Serviço Social
Ademir Alves da Silva
Dilséa Adeodata Bonetti
Maria Lúcia Carvalho da Silva
Maria Lúcia Silva Barroco

Dados Internacionais de Catalogação na Publicação (CIP)
(Câmara Brasileira do Livro, SP, Brasil)

Behring, Elaine Rossetti
 Política social : fundamentos e história / Elaine
Rossetti Behring, Ivanete Boschetti. — 9. ed. — São
Paulo : Cortez, 2011. — (Biblioteca básica de serviço
social ; v. 2)

 Bibliografia.
 ISBN 978-85-249-1259-7

 1. Política social 2. Política social - História 3. Serviço
Social I. Boschetti, Ivanete. II. Título. III. Série.

06-8535 CDD-361.2509

Índices para catálogo sistemático:

1. Política social : História : Bem-estar social   361.2509

Elaine Rossetti Behring
Ivanete Boschetti

POLÍTICA SOCIAL:
fundamentos e história

BIBLIOTECA BÁSICA DE SERVIÇO SOCIAL

VOLUME 2

9ª edição
12ª reimpressão

POLÍTICA SOCIAL: fundamentos e história
Elaine Rossetti Behring • Ivanete Boschetti

Capa: aeroestúdio
Preparação dos originais: Silvana Cobucci Leite
Revisão: Maria de Lourdes de Almeida
Secretária editorial: Priscila F. Augusto
Composição: Linea Editora Ltda.
Coordenação editorial: Danilo A. Q. Morales

Nenhuma parte desta obra pode ser reproduzida ou duplicada sem autorização expressa dos autores e do editor.

© 2006 by Autores

Direitos para esta edição
CORTEZ EDITORA
Rua Monte Alegre, 1074 — Perdizes
05014-001 — São Paulo-SP
Tel.: (11) 3864-0111   Fax: (11) 3864-4290
E-mail: cortez@cortezeditora.com.br
www.cortezeditora.com.br

Impresso no Brasil — março de 2022

Um dia virá em que todo meu movimento será criação,
nascimento, eu romperei todos os nãos que existem
dentro de mim, provarei a mim mesma que nada
há a temer, que tudo o que eu for será sempre
onde haja uma mulher com meu princípio,
erguerei dentro de mim o que sou um dia.

Clarice Lispector

Sumário

Apresentação 9

Introdução 13
  Serviço Social e política social 13
  Sobre a estrutura do livro 22

Capítulo 1: Política social e método 25
  1. A perspectiva funcionalista 26
  2. A influência do idealismo 32
  3. A contribuição da tradição marxista 36

Capítulo 2: Capitalismo, liberalismo e origens da política social 47
  1. Questão social e política social 51
  2. O liberalismo e a negação da política social 56
  3. As lutas da classe trabalhadora e a origem da política social 63
  4. A grande crise do capital e a condição da política social 67
  5. E no Brasil? 71

Capítulo 3: Keynesianismo-fordismo e a generalização da política social 82
  1. Fundamentos sócio-históricos dos "anos de ouro" 83
  2. As políticas sociais e a experiência do *Welfare State* ... 91
  3. O Brasil após a grande depressão e as características da política social 103

Capítulo 4: Crise, reação burguesa e barbárie: a política social no neoliberalismo 112

1. Para entender as causas da crise dos "anos de ouro".. 112
2. A desestruturação do *Welfare State* em tempos neoliberais 125
3. O Brasil: da ditadura à redemocratização e a política social 134

Capítulo 5: Política social no Brasil contemporâneo: entre a inovação e o conservadorismo 147

1. A contra-reforma neoliberal e a política social 148
2. Política social e a difícil coexistência entre universalidade e hegemonia neoliberal 155
3. Fundo público e política social: financiamento e alocação de recursos 164
4. Controle democrático na política social 178
5. Expressões da questão social e política social no Brasil 184

Considerações finais 192

Projeto ético-político do Serviço Social e política social 192

Bibliografia 200

Apresentação

O livro que trazemos a público neste momento é um projeto comum acalentado há alguns anos. Sendo professoras de disciplinas de política social na graduação e nos programas de pós-graduação de nossas respectivas universidades — UERJ e UnB —, acompanhando e participando do debate político e acadêmico no âmbito do Conjunto CFESS/CRESS e ABEPSS ao longo dos anos 1990 até os dias de hoje na condição de militantes e dirigentes de entidades, e realizando pesquisas na área da política social, além de orientar teses, dissertações e trabalhos de graduação, vínhamos sentindo a necessidade de reunir numa única publicação um debate crítico acerca desse processo social, dessa mediação tão densa e tensa que é a política social.

O ambiente de confusão dos espíritos, como dizia o saudoso Milton Santos, no qual a ressemantificação de termos como sociedade civil, cidadania e reforma passaram a ser lugar-comum na linguagem e nas proposições concretas de programas e políticas focalizados à esquerda e à direita, já vinha nos desafiando e instigando a contribuir para colocar as idéias sobre esse tema em outro lugar: a política social na história, relacionada à configuração da questão social — aqui compreendida como expressão das relações de produção e reprodução social no capitalismo — e às respostas das classes sociais e do Estado. Essa perspectiva obriga a tratar a política social tal como foi delineada nos vários períodos históricos desde sua origem, em sua relação com a economia, a luta de classes, a política e a cultura, de modo a compreender suas tendências e sua dinâmica contemporânea, bem como a maneira como é apreendida pelo Serviço Social.

O convite da Cortez Editora para escrever um livro sobre política social para a **Biblioteca Básica de Serviço Social** veio ao encontro de nossos propósitos e inquietações acadêmicas e políticas, e com nosso processo de amadurecimento de uma interlocução muito profícua. É sintomático que exista a proposição de uma Biblioteca Básica e que seus primeiros volumes tratem da economia política e da política social. O aumento do número de unidades de ensino e de estudantes de Serviço Social, que lamentavelmente, em inúmeras situações, vem acompanhado da simplificação dos conteúdos e da banalização da formação profissional, apesar de todos os esforços contrários da ABEPSS, é um dos elementos que requisitam a existência de uma Biblioteca Básica de qualidade. E ela começa com esses temas por sua localização estratégica no âmbito das Diretrizes Curriculares da ABEPSS: como suporte imprescindível à direção teórica e social e ao perfil profissional ali previstos, assentados no Código de Ética do Assistente Social e na Lei de Regulamentação da Profissão de Assistente Social[1].

Cabe lembrar que esta não é a primeira experiência de construção de um texto didático sobre política social. O trabalho de Vicente Faleiros em *O que é política social?*, de 1986, e que vem sendo uma bibliografia obrigatória na graduação, merece ser lembrado e constitui uma referência e uma inspiração para nós, por sua abordagem teórica e metodológica, num dos momentos mais inspirados do autor. Contudo, vinte anos depois, há um amadurecimento teórico no campo do Serviço Social e os significativos processos históricos que sacudiram a condição da política social precisam ser debatidos com vistas a avançar no debate. Entre esses processos, incluem-se o advento do neoliberalismo, a reestruturação produtiva e a mundialização do capital, bem como suas repercussões na realidade brasileira, por meio de uma contra-reforma do Estado nos anos 1990, que vem constituindo uma ofensiva conservadora contra as políticas sociais.

Esperamos oferecer aos estudantes e professores de Serviço Social e também de áreas afins que lidam com o tema da política social — um tema nitidamente interdisciplinar — um trabalho didático, mas sem reducionismos e simplificações. Muitas vezes o texto didático corre o risco de empobrecer o debate. A proposta da Biblioteca é assegurar o caráter didático do texto, fugindo a essa pressão. Que nosso esforço, então, não seja em vão! E colocamo-nos à disposição para críticas e sugestões de todas e de todos.

Um livro, para além da responsabilidade principal de suas autoras, é sempre produto de uma ampla interlocução coletiva, institucional e afetiva.

---

1. Lei 8.662, de 7 de junho de 1993.

E este não é diferente. Assim, não poderíamos deixar de registrar aqui alguns importantes agradecimentos: à Cortez Editora, na pessoa de Elizabete Borgianni, entusiasta do projeto da Biblioteca Básica de Serviço Social, e que nos fez o convite honroso para a realização deste trabalho; a José Paulo Netto, um carinhoso incentivador deste livro (nos aeroportos da vida, nas oficinas da ABEPSS, no inverno chileno, nos recados...), e que prontamente aceitou redigir o texto da "orelha"; a Mione Apolinário Hugon e Evilásio Salvador, pela colaboração nas indicações de filmes e pelo apoio na revisão de dados; à revisão cuidadosa de Silvana Cobucci Leite; a Fernando Garcia e Paulo Ernesto pelo suporte e pela amizade de sempre; à força de Vera Kostolias e Vânia Aragão; a Alba Teresa Barroso de Castro, companheira de jornada na UERJ, pelo grande apoio; a Rosa Stein e Marilda Iamamoto, companheiras de trabalho, interlocutoras no projeto PROCAD/CAPES, amigas, e que afetivamente aceitaram dar sua opinião na quarta capa do livro; aos pesquisadores do GOPSS (UERJ) e do GESST (UnB), pela interlocução e troca, presentes neste livro; à Faculdade de Serviço Social da UERJ e ao Departamento de Serviço Social da UnB e a seus Programas de Pós-Graduação, um agradecimento que é extensivo a seus professores e estudantes, com os quais compartilhamos a experiência docente na área da política social e do Serviço Social; à CAPES, que, por meio do projeto PROCAD, viabilizou a realização de um estágio pós-doutoral da Profª Ivanete Boschetti, no Rio de Janeiro, possibilitando a dedicação a este trabalho; ao Conjunto CFESS/CRESS, espaço de lutas e militância que marca nossa vida político-acadêmica; à ABEPSS, cujas demandas e inquietações quanto às Diretrizes Curriculares orientam este livro; aos nossos pais, Amélia, Olivo e Vera — em especial a Sérgio Ribeiro Behring, que estaria muito feliz com este resultado —, irmãs e irmão e sobrinhos(as), que sentem nossas ausências mas nos dão a maior força. E aos nossos muitos amigos, aqui representados por: Kênia, Silvana, Andréa, William, Jacinto, Sâmya, Maria Inês, Maurílio, Fábio, Sandra, Tatiana e Cris. Isto posto, boa leitura!

ELAINE ROSSETTI BEHRING
IVANETE BOSCHETTI
Entre Laranjeiras e Colina

Introdução
Serviço Social e política social

Este livro trata do tema da política social, de sua história e fundamentos, e está voltado à formação profissional na área de Serviço Social, embora possa ser útil para todos aqueles que lidam, pensam e trabalham no âmbito das políticas sociais, uma área necessariamente multidisciplinar. Por ser um texto que integra a Biblioteca Básica de Serviço Social, contudo, convém perguntar qual a importância e a trajetória desse tema no Serviço Social brasileiro.

A conexão entre política social e Serviço Social no Brasil surge com o incremento da intervenção estatal, pela via de processos de modernização conservadora no Brasil (Behring, 2003), a partir dos anos 1930. Essa expansão do papel do Estado, em sintonia com as tendências mundiais após a grande crise capitalista de 1929, mas mediada pela particularidade histórica brasileira, envolveu também a área social, tendo em vista o enfrentamento das latentes expressões da questão social, e foi acompanhada pela profissionalização do Serviço Social, como especialização do trabalho coletivo. Há, portanto, um vínculo estrutural entre a constituição das políticas sociais e o surgimento dessa profissão na divisão social e técnica do trabalho, como afirmam Iamamoto e Carvalho em seu texto fundamental de 1982.[1]

---

1. *Relações sociais e Serviço Social no Brasil: esboço de uma interpretação histórico-metodológica*, de Iamamoto e Carvalho, hoje em sua 18. ed., foi um trabalho pioneiro e até hoje é imprescindível à formação em Serviço Social.

Um artigo de Costa (1979), publicado no primeiro número da Revista *Serviço Social e Sociedade*, mostra que, apesar dessa condição estrutural, a introdução da temática da política social nas pautas profissionais foi tardia — a partir dos anos 1950 nos congressos internacionais, e dos anos 1970 no debate brasileiro, com ênfase no planejamento de programas sociais. Houve uma tentativa malograda de introduzir a discussão no currículo em 1962, o que só aconteceu de fato em 1970, em plena ditadura militar, ou seja, a partir de um viés tecnocrático de abordagem do tema. Como se pode ver, entre a criação das primeiras escolas, a partir de 1936, e a introdução no currículo, houve um hiato de três décadas para a percepção desse vínculo estrutural entre Serviço Social e política social. Mas a inclusão no currículo exatamente nos anos 1970 não resolveu esse hiato, considerando o modo como o tema foi apreendido pelo Serviço Social na época.

Os comentários de Coimbra (1987) em *Política social e combate à pobreza*, sobre o que ele denomina de "perspectiva do Serviço Social",[2] apontam as seguintes características, que a nosso ver podem ser atribuídas àquelas sistematizações iniciais dos anos 1970: pobreza categorial; natureza descritiva e operacional; vocação para o empírico e o pragmático, com certa hostilidade para com a teoria; subordinação da produção às práticas governamentais conjunturais. Assim, ao analisar a política social, o Serviço Social teria como características "focalizar o estudo de políticas e problemas no âmbito estritamente local e nacional; privilegiar o estudo de programas governamentais e empresariais isolados; adotar uma abordagem essencialmente voltada para a prática; possuir um enfoque multidisciplinar e teoricamente confuso; ser basicamente empirista; situar-se ingenuamente perante os efeitos ideológicos de sua própria prática" (Coimbra, 1987: 79). Contudo, se essa crítica de Coimbra não se aplica a toda a formulação do Serviço Social, ela cabe à perspectiva profissional que Netto (1991) caracterizou como modernizadora, e que implicou uma leitura tecnocrática e pragmática da política social, funcional à modernização autocrático-burguesa empreendida na ditadura, à qual aderiram alguns segmentos profissionais. Essa tendência tem um esboço tímido no *Documento de Araxá*, de 1967, não obstante seus ares desenvolvimentistas, e se consolida plenamente no *Documento de Teresópolis*, de 1970.

---

2. Coimbra baseia-se fortemente no livro de Mishra (1981), como ele mesmo reconhece. Nesse livro, contudo, Mishra se refere à perspectiva da administração social e não do Serviço Social.

Na ditadura militar pós-64 o país viveu mais um processo de *modernização conservadora*, talvez o último suspiro nessa modalidade marcante do desenvolvimento nacional: industrialização e urbanização aceleradas, e modernização do Estado brasileiro, inclusive com expansão de políticas sociais centralizadas nacionalmente. Esse processo, que representou uma espécie de salto adiante, foi conduzido pela lógica de "deixar crescer o bolo para depois dividir", segundo a conhecida frase de Delfim Netto, então responsável pela política econômica. O que se assistiu, na verdade, foi ao acirramento das contradições sociais no país, com a radicalização das expressões da questão social. Ao lado disso, houve uma mudança do perfil dos profissionais de Serviço Social, que se tornaram trabalhadores assalariados, oriundos das camadas médias baixas e da classe trabalhadora. O Serviço Social inseriu-se na universidade, deixando a condição originária das instituições de ensino isoladas e confessionais, para mergulhar em um contexto majoritariamente público e laico. É interessante notar o processo contraditório da ditadura, que moderniza setores da sociedade e no mesmo passo cria as condições para o seu próprio ocaso: gerou a maior concentração operária do mundo — o ABCD paulista — e assalariou os profissionais de nível superior. Pois bem, essa nova situação estrutural exigiu do Serviço Social uma reflexão mais sofisticada sobre a realidade brasileira e a criação de identidades políticas com "os de baixo", que assumiam uma nova posição no cenário político em fins dos anos 1970, marcado pelas greves dos metalúrgicos paulistas, pela presença dos movimentos sociais urbanos e do movimento estudantil, entre outros. A crise da ditadura — crise econômica já a partir de 1974, com indícios de esgotamento do "milagre brasileiro", mas também política, com a emersão de uma sociedade civil mais complexa, que inclui uma classe trabalhadora organizada e concentrada, com uma agenda de lutas democráticas — abre espaço também para segmentos mais críticos no meio profissional, antes abafados.

Nesse ambiente de efervescência social e profissional germina uma profunda revisão crítica que, desde as articulações com o Centro Latino-Americano de Trabajo Social — CELATS e com o *Trabajo Social* latino-americano, passando pelo Congresso Brasileiro de Assistentes Sociais de 1979 (o famoso "Congresso da Virada"), origina o hoje chamado projeto ético-político profissional, em forte sintonia com o processo de redemocratização do país, que se desenvolve ao longo dos anos 1980 e culmina na Constituição de 1988. Daí decorre uma nova reflexão sobre a política social, de viés democrático, na perspectiva da cidadania e dos direitos, uma marca da produção profissional a partir dos anos 1980. Na década de 1980 ocorre também uma espécie de acerto de contas teórico-metodológico com o objetivo de apreender o significado social da profissão em busca de uma maior qualificação do debate crítico, conduzido pela então ABESS, e publicado em seus vários Cadernos, especialmente nos primeiros. Contudo, esse acerto tratou *lateralmente o tema da política social*, cuja presença cresce no debate profissional crítico a partir da segunda metade da década, impulsionada pela conjuntura de redemocratização e de formulação constituinte. O tema da política social, desde então, sempre esteve presente na principal publicação de circulação nacional que é ainda hoje a Revista *Serviço Social & Sociedade* e em algumas produções pioneiras. Aqui, deve-se destacar a sensibilidade dos docentes e profissionais da PUC-SP pelo tema. Com o texto "A assistência na trajetória das políticas sociais brasileiras", de 1985, e outros que vieram na seqüência, eles apontam para um novo patamar de reflexão sobre a assistência social. Cabe também ressaltar os trabalhos pioneiros de Faleiros: *A política social do Estado capitalista*, de 1980, e o já citado *O que é política social*, de 1986, bem como o texto de Iamamoto e Carvalho (1982), que aponta para a importância do espaço ocupacional das políticas sociais. Este último, porém, foi subaproveitado quanto a compreensão dos vínculos entre política social, questão social e a profissão.

Trata-se, na verdade, de uma reflexão já nos anos 1980 que, parafraseando Netto (1991), visa romper com aquela perspectiva modernizadora já mencionada. É realizada por assistentes sociais sintonizados com o processo de redemocratização do país, com a perspectiva de superar a desigualdade social, que travam uma interlocução com a tradição marxista. Se essa interlocução situou o Serviço Social em relação à política social e ao processo histórico-social concreto numa perspectiva radicalmente democrática e teoricamente mais qualificada, esse processo não esteve isento de contradições que merecem uma análise crítica. Behring[3] (1993 e 1998) faz um balanço dos avanços e limites do debate da política social pelo Serviço

---

3. Behring (1993) analisou os textos básicos das disciplinas de política social das principais unidades de ensino do Rio de Janeiro, a publicação de artigos sobre política social na Revista *Serviço Social & Sociedade* — como expressão do debate profissional no campo progressista — entre 1979 e 1989 (36 artigos — 29 de assistentes sociais, 5 de outras áreas — apenas a partir de 1985, e dois interdisciplinares), e os já referidos textos marcantes dos anos 1980.

Social nos anos 1980, identificando os traços predominantes dessa produção. Essa análise revela que na segunda metade da década de 1980 houve um amadurecimento do debate profissional sobre política social, com o afastamento da interlocução com a tradição marxista em seu viés estruturalista. Sobretudo a partir de 1985, verifica-se a busca de novas referências na tradição marxista, com destaque para Gramsci. Nega-se a idéia da sociedade sobredeterminada e das políticas sociais como aparelhos ideológicos do Estado, presente na leitura influenciada por Althusser,[4] o que implicou a rejeição da miséria da teoria destituída da política e da história (Thompson, 1981; Coutinho, 1972). Critica-se o economicismo e a visão meramente instrumental do Estado. Tem-se, então, um arcabouço teórico-metodológico mais rico para a abordagem do tema da política social, o que acarreta a ruptura definitiva com o pragmatismo anterior. Esse movimento trouxe também um afastamento em relação à "teoria do engodo" (Coimbra, 1987), que marcou muitas abordagens marxistas sobre política social. Segundo essa teoria, a política social se restringiria à dominação/cooptação dos trabalhadores, buscando a adesão e a docilidade do movimento operário e popular.

No entanto, essa revisão paradigmática ainda trazia em si alguns problemas, por comportar uma certa subestimação das determinações econômicas da política social e uma presença apenas periférica do debate econômico em geral e da crítica marxiana e marxista da economia política, em particular, o que resultou em alguns limites:

- Um tratamento da política social que separa produção e reprodução social, apostando na política social como solução para a desigualdade, sem levar em conta a natureza do capitalismo, especialmente na periferia do mundo do capital. Essa opção metodológica considerava viável no Brasil o projeto do *welfare state* social-democrata, que, pela via da política social, realizaria a tão sonhada redistribuição de renda, numa visão redistributivista, de alcance extremamente limitado no ambiente neoliberal do capitalismo maduro.

---

4. O filósofo francês Louis Althusser (1918-1990) escreveu várias obras nas quais faz uma leitura muito particular da obra de Marx, a partir de uma perspectiva estruturalista, embebida de um forte anti-humanismo e de uma subsunção dos sujeitos à estrutura, que pouco tem relação com a obra marxiana e por esse motivo foi alvo de inúmeras críticas. O conhecimento da obra de Althusser é importante, porque visões mecanicistas e empobrecidas parecem retornar ciclicamente ao debate da tradição marxista sob nova roupagem.

Essa visão idealista poderia limitar nossa análise das possibilidades concretas de realização das necessárias reformas democráticas no Brasil, com a remissão a um conflito na ordem — e não contra a ordem —, ainda que taticamente importante no capitalismo periférico;

- Uma visão de política social que a reduz à vontade política dos sujeitos, à regulação dos conflitos, à busca de legitimação e de consensos, à resposta às pressões dos movimentos sociais, com uma certa superestimação dos sujeitos políticos — configurando o politicismo —, e é decorrente da subestimação das determinações econômicas: a política social como troféu arrancado pelos trabalhadores, no processo da luta de classes;

- Um forte ecletismo teórico na análise sobre política social, seja em função de uma declarada referência à tradição marxista, mas sem assumir suas conseqüências principais — o que tem suas expressões mais importantes na separação entre produção e reprodução e na desconsideração do circuito do valor —, seja pela pouca qualificação de termos como cidadania;

- Identifica-se também um certo estatismo. Se é verdade que a política social se refere ao Estado, do qual pode e deve ser reivindicada como direito, também é verdade que ela envolve instituições públicas e privadas, inscritas nas relações entre as classes e seus segmentos. Além de uma caracterização pouco clara do Estado, perdeu-se a dimensão da rede institucional privada mobilizada pelas políticas sociais, e com isso o Serviço Social conectou-se às tradições das ciências sociais brasileiras, que por muito tempo pouco enxergaram o campo da sociedade civil, em função do peso do Estado num país como o Brasil. Hoje, ironicamente, esse processo se inverteu: as ciências sociais e também segmentos profissionais redescobrem a sociedade civil, só que reificada como o território das virtudes e destituída de contradições.

A partir desses traços e tendências, aquele balanço apontava alguns desdobramentos, e neste livro esperamos abordar alguns deles: a necessidade de recusar a falsa questão economicismo *versus* politicismo; a consciência de que o ambiente contemporâneo guarda uma forte tendência não redistributiva e de que há uma fragilidade do movimento operário e popular nesse contexto, mas de que essa visão realista não implica uma atitude imobilista, do ponto de vista da luta política em torno das conquistas empreendidas pelos trabalhadores — mesmo no nosso "Estado de mal-estar" —; a necessidade de qualificar a idéia de cidadania e o caráter tático importante de sua defesa, num país como o Brasil, dentro de uma agenda de radicalização da democracia, aqui entendida segundo o princípio ético apontado no nosso Código de Ética do Assistente Social (1993); a recusa do conceito de escassez, cuja naturalização submete as iniciativas no campo das políticas sociais numa sociedade marcada pelo desperdício em meio à abundância; a necessidade de maior precisão do conceito de Estado no capitalismo maduro, que pode ser entendido na perspectiva de que possui uma autonomia relativa, e é marcado por diretiva política com consciência de classe, ou seja, trata-se de um Estado ampliado com hegemonia burguesa; a busca de compreender melhor a articulação público/privado ou Estado/sociedade civil no campo da política social; a explicitação das potencialidades da tradição marxista para a abordagem da política social, de modo a contribuir para enfrentar os limites apontados.

Essa interlocução crítica e que envolveu outros autores, a exemplo de Menezes (1993), Sposati (1985), Yazbek (1993), Schons (1999), Pereira (1996), Faleiros (1989), Netto (1992), dentre outros, realizada no início nos anos 1990, fez avançar ou precisar melhor os termos da discussão conceitual sobre política social e também a compreensão da natureza da ação política e profissional dos assistentes sociais nesse campo, num processo claro de maturação ainda maior do Serviço Social brasileiro. Assim, temos desde então uma compreensão mais profunda dos acontecimentos dos anos 1990, dos impactos do neoliberalismo para as políticas sociais de uma maneira geral, mas também na particularidade brasileira e latino-americana, com a publicação de livros, teses e dissertações, bem como o desenvolvimento de linhas de pesquisa nos programas de pós-graduação e também nas graduações.

O tema da política social, portanto, seja de um ponto de vista histórico-conceitual, seja a partir de análises mais específicas, no Brasil e no mundo, tem sido central para a área de Serviço Social, no debate profissional, na pesquisa científica e na formação profissional nos anos 1990. No que se refere ao debate profissional, as demandas postas pelo mercado de trabalho, que cresceu fortemente, certamente exigem esse investimento. Houve um *boom* de pesquisas sobre o mercado de trabalho nos anos 1990, porque muitos acreditavam que ele estaria se retraindo, quando na verdade passou por uma expansão, só que com novas configurações. Um levantamento nacional sobre mercado de trabalho, realizado pelo CFESS em 2004, revela que o maior empregador de assistentes sociais é o Estado em seus vários níveis (78,16%) nas políticas de seguridade social, em especial a saúde (CFESS, 2005), confirmando tendências já apontadas pelas pesquisas desenvolvidas pelos CRESS, em articulação com as universidades.

Mas, para além das demandas do mercado, contribui bastante para isso o que vem sendo chamado nos últimos anos de projeto ético-político profissional (Netto, 1999), que inclui o tema na sua agenda de lutas e discussões, a partir da organização política dos assistentes sociais — em especial o conjunto formado pelo Conselho Federal de Serviço Social (CFESS) e Conselhos Regionais (CRESS) —, que estabelece uma interlocução social ampla e profícua com os movimentos sociais, dos demais trabalhadores e populares. Forte expressão desse movimento tem sido a realização de grandes eventos nacionais em torno do tema,[5] bem como a aprovação da *Carta de Maceió*, no XIX Encontro Nacional CFESS/CRESS de 2001, um documento estratégico para o debate da seguridade social e da política social em geral no meio profissional. Outro indicador importante disso é o fato de que os assistentes sociais, por meio de suas organizações, têm participado dos conselhos de controle social das políticas sociais nas três esferas de governo (Behring, 2001; CFESS, 2006), aos quais cabe realizar o debate orçamentário, a exemplo, no nível nacional, do Conselho Nacional de Assistência Social, do Conselho Nacional de Saúde, do Conselho Nacional de Defesa dos Direitos da Criança e do Adolescente e do Conselho Nacional do Idoso.

Essa intensa atividade profissional encontra suporte na pesquisa científica, com uma ampla produção teórica e bibliográfica sobre o tema, estimulada pelo crescimento da pós-graduação na área, nos últimos anos. Paradigmático foi o crescimento do volume de trabalhos enviados para os últimos Encontros Nacionais de Pesquisadores em Serviço Social (ENPESS) — realizados em Brasília (2000), Juiz de Fora (2002) e Porto Alegre (2004)[6] —, a maior parte deles sobre questões relacionadas às políticas sociais, para o

---

5. Referimo-nos aqui aos Encontros de Serviço Social na Esfera da Seguridade Social no Brasil, realizados desde 1997 e, integrados nos últimos anos à pauta dos Congressos Brasileiros de Assistentes Sociais, com apresentações de trabalhos, conferências e atos públicos em torno de temáticas que envolvem a defesa dos direitos sociais.

6. O próximo ENPESS, a ser realizado em dezembro de 2006 em Recife, já conta com 1.015 trabalhos enviados, segundo informações da ABEPSS.

10º Congresso Brasileiro de Assistentes Sociais (CBAS), realizado na UERJ, em 2001, no qual foram apresentados 748 trabalhos, dos quais 293 tratavam do tema da seguridade social, incluindo em ambos os eventos a interface com a área da Infância e Juventude, bem como para o 11º CBAS, realizado em 2004, em Fortaleza, agora fundido ao Encontro Nacional de Serviço Social e Seguridade, que manteve a mesma tendência, com ampliação do volume de trabalhos para 1.450.

Em que pese todo o investimento do Serviço Social brasileiro nessa discussão, um de seus aspectos, o financiamento e o orçamento público, não tem sido abordado por um número significativo de pesquisadores,[7] embora tenha também tomado maior fôlego nos últimos anos, até mesmo com a participação do CFESS no Fórum Brasil de Orçamento (FBO). Contudo, ainda existem dificuldades no trato dessa relação entre política social e economia política, privilegiando-se no debate a discussão setorial e de programas, um rico debate conceitual — o que demonstra o amadurecimento da área —, da gestão e do controle social, com ênfase na experiência dos conselhos.

No âmbito da formação profissional de graduação, as Diretrizes Curriculares da ABEPSS (1996) situam a discussão das políticas sociais, centrando-as no enfrentamento da questão social — objeto do trabalho profissional. Vale dizer que as Diretrizes da ABEPSS, lamentavelmente desrespeitadas pelo Conselho Nacional de Educação (em abril de 2001[8]), estão em processo de implementação nas unidades de ensino, o que requer subsídios das pesquisas, projetos de extensão e assessorias. Três matérias, indicadas nessas Diretrizes, apresentam conteúdos diretamente relacionados à política social:

- **Economia Política**: Sistema capitalista segundo as análises liberal, marxista, keynesiana e neoliberal. As transformações contemporâneas no padrão de acumulação e suas implicações nos mecanismos de regulação social.

- **Direito e Legislação Social:** As instituições de Direito no Brasil. Direitos e garantias fundamentais da cidadania. A organização do Estado e dos poderes. A Constituição Federal. A legislação social:

---

7. Dos poucos, destaca-se o trabalho de Boschetti (2001, 2003 e 2006), Boschetti e Salvador (2006), Paiva e Rocha (2001) e Behring (2003).

8. Sobre o desmantelamento das Diretrizes Curriculares da ABEPSS pelo CNE e uma análise de suas implicações, consultar Iamamoto (2002) e Boschetti (2004a).

CLT, LOAS, ECA, SUS etc. Relações jurídicas no marco da integração supranacional (Mercosul e ALCA). A legislação profissional.

- **Política Social:** O público e o privado: as políticas sociais e a constituição da esfera pública. Formulação e gestão de políticas sociais e a constituição/destinação do fundo público. Análise comparada de políticas sociais. Transformações no mundo do trabalho e novas formas de regulação social. Políticas sociais públicas e empresariais. Desenvolvimento do sistema brasileiro de proteção social. Políticas setoriais e legislação social.

Esses visíveis saltos de qualidade do Serviço Social brasileiro não significam que não existam hoje perspectivas profissionais pragmáticas, ou mesmo que aderem aos termos compensatórios e seletivos do receituário dos organismos internacionais para as políticas sociais, ao voluntariado, à ode à família e à sociedade civil "do bem" como formas de enfrentamento das expressões da questão social. Mas é certo que há debate crítico vivo e qualificado, acadêmico e político, para o enfrentamento dos desafios que estão postos, e é nesse campo que se situa este livro.

Sobre a estrutura do livro

Este trabalho está pautado pela preocupação com uma perspectiva pedagógica e didática de organização dos conteúdos. Nesse sentido, consideramos que o melhor caminho para discutir a política social seria o de situar o tema na história, mas não a partir de uma perspectiva cronológica. O que significa isso? Queremos pensar a política social como um processo inscrito na história, com seus momentos de inflexão, de rupturas e continuidades e que implicaram também mudanças conceituais, com fortes repercussões para a política social. Esse caminho está alicerçado na perspectiva metodológica aqui adotada e que tratamos de explicitar no primeiro capítulo do livro, no qual está presente um breve resgate das grandes matrizes teórico-metodológicas do pensamento social e suas repercussões para a análise do tema da política social. Esse capítulo procura desenvolver as potencialidades do materialismo histórico e dialético para a apreensão da política social na realidade.

POLÍTICA SOCIAL: FUNDAMENTOS E HISTÓRIA

Os capítulos que seguem buscam explicitar o desenvolvimento da política social na história, no enfrentamento das expressões da questão social, desde as suas origens até os dias de hoje, e, dentro disso, como elas vão se metamorfoseando, acompanhando os momentos de inflexão econômica, política e cultural do mundo do capital, no contexto da luta de classes e de sua repercussão para o Estado.

Assim, o Capítulo 2 aborda o surgimento da questão social — o que requer uma reflexão acerca dessa categoria a partir da perspectiva teórica aqui adotada — no período entre meados do século XIX até a crise de 1929-1932, num ambiente cultural de predomínio do liberalismo, mas também de intensificação das lutas dos trabalhadores, principalmente a partir de 1848. O capítulo discute também as contribuições da crítica marxiana da economia política à tematização da política social. Trata, ainda, da experiência histórica concreta nesse período: desde as primeiras leis dos pobres e legislações fabris e suas diferentes configurações, até Bismarck e o seguro social, como resposta ao crescimento do movimento operário e da social-democracia. Discutimos o que acontecia na periferia do mundo do capital nesse período: as primeiras iniciativas de política social no Brasil.[9] O capítulo finaliza com a crise de 1929-1932, uma crise do capital e que coloca o liberalismo em xeque, sobretudo por se seguir à Revolução Russa de 1917, com todos os seus desdobramentos para a luta de classes, bem como pelos projetos de saída da crise que implicaram tendências de desenvolvimento da política social que serão consolidadas no período seguinte.

O Capítulo 3 discute as novas configurações da questão social, do Estado e das classes sociais no período que se abre após a Segunda Guerra Mundial, os conhecidos "anos de ouro" do capitalismo. Vamos observar os fundamentos sócio-históricos para o ciclo de crescimento do capital, a dinâmica das classes e do Estado e seus impactos para a política social. Nesse contexto, realizamos uma reflexão sobre as obras de Keynes, Marshall e sobre sua relação com o projeto da social-democracia: as matrizes do pensamento social no novo ciclo e também o lugar da política social. O capítulo analisa a experiência histórica concreta no capitalismo central com o Plano Beveridge, a seguridade social e o *Welfare State* na Europa e a tímida

---

9. Não iremos discutir a política social nos demais países da América Latina, esperando que a dinâmica brasileira revele aspectos comuns ao continente. Considerando a natureza deste livro, tivemos que optar por privilegiar o Brasil.

experiência americana, bem como a construção do Estado social na particularidade brasileira.

O Capítulo 4 situa o período de esgotamento dos anos de crescimento, a estagnação do capitalismo que se abre em fins dos anos 60 e início dos anos 70 do século XX e seus impactos na questão social, Estado, classes sociais e política social. Aborda a reação burguesa à estagnação, com a reestruturação produtiva, a mundialização do capital e o neoliberalismo, que colocam a política social em uma nova condição, já que essa reação demarca uma crise do *Welfare State* e uma nova dinâmica de alocação do fundo público. Vamos discutir de um ponto de vista crítico os argumentos que sustentam as novas propostas para a política social. Observaremos a experiência histórica concreta e as temporalidades diferenciadas na implementação do projeto neoliberal no Brasil, na Europa central, a forte ofensiva nos EUA, e, por fim, vamos tratar o desenvolvimento da política social brasileira no contexto da ditadura militar pós-1964 até o processo de redemocratização dos anos 1980, que resulta no desenho social-democrata da Constituição de 1988.

O quinto e último capítulo discute condição atual da política social brasileira, situada no âmbito da contra-reforma dos anos 1990, em que coexistem de forma tensa e com hegemonia conservadora princípios contraditórios: aqueles inscritos na Constituição de 1988 e os novos formatos das políticas sociais no neoliberalismo. Tratamos também das questões do financiamento e do fundo público, bem como dos problemas que envolvem o controle democrático das políticas sociais e a experiência dos conselhos. Finalizamos com um debate acerca das expressões da questão social no Brasil e sua relação com as tendências da política social.

Este livro foi construído a partir dos programas das disciplinas de política social ministrados em nossas respectivas unidades de ensino — UERJ e UnB — e também com base em textos publicados na forma de artigos e livros, individual ou coletivamente, bem como em palestras e conferências realizadas pelas autoras. Quando adotamos um texto já publicado ou palestra/conferência, indicamos em nota de rodapé. Mas o fundamental é que esses trabalhos dispersos se inserem aqui numa lógica que é própria a um livro que compõe a Biblioteca Básica de Serviço Social, ou seja, objetiva articular os conteúdos que consideramos imprescindíveis para abordar a matéria política social. Ao final de cada capítulo incluímos uma filmografia nacional e internacional que poderá ser útil para professores e alunos, discutindo os temas que envolvem a política social a partir de uma outra linguagem.

Capítulo 1
Política social e método

Iniciamos esta obra com um debate sobre a questão do método e as abordagens correntes da política social, já que consideramos importante esclarecer o caminho a partir do qual vamos "quebrar os ovos para fazer a omelete" (Faleiros, 1986), melhor dizendo, nosso mirante de análise. Isso porque as concepções da política social supõem sempre uma perspectiva teórico-metodológica, o que por seu turno tem relações com perspectivas políticas e visões sociais de mundo (Löwy, 1987). Toda análise de processos e relações sociais, na verdade, é impregnada de política e disputa de projetos societários, apesar de algumas perspectivas analíticas, como veremos, propugnarem de variadas formas o mito da neutralidade científica.

O processo social que está em nosso foco de análise — a política social — é revelador da interação de um conjunto muito rico de determinações econômicas, políticas e culturais, no mesmo passo em que é coberto pelo véu ideológico do "mundo da pseudoconcreticidade", aquele que, segundo Kosik (1986), precisa ser destruído para que possamos ir além das suas manifestações fenomênicas, para em seguida reconstruí-lo no nível do pensamento com toda a sua riqueza. Tanto que, muitas vezes, o debate sobre a política social torna-se fortemente descritivo, com um volume excessivo de dados técnicos, os quais evidentemente não falam por si: requisitam a análise exaustiva de suas causas e inter-relações, e das razões econômico-políticas subjacentes aos dados. Esse é um procedimento que amiúde despolitiza a questão, transferindo-a para uma dimensão instrumental e técnica, e esvaziando-a das tensões políticas e societárias que marcam a formulação e a cobertura das políticas sociais. De outro ângulo, e tão empobrecido quanto o primeiro, encontram-se perspectivas prescritivas: discute-se, não a política social como ela é (parafraseando Nelson Rodrigues em *A vida como ela é*), mas como ela deve ser, sobrepondo-se o projeto do pesquisador à análise da realidade. Com isso inviabiliza-se o conhecimento mais aprofundado da política social, bem como a formulação de estratégias consistentes por parte dos sujeitos políticos envolvidos. O superdimensionamento analítico unilateral das determinações econômicas ou políticas também tem sido recorrente nas discussões sobre o tema, bem como a formulação de classificações, modelos e "tipos ideais", propondo-se inúmeras tipologias de política social a partir da análise de experiências históricas comparadas (Draibe e Aureliano, 1989, Esping-Andersen, 1991).

Neste trabalho, a política social será abordada a partir da perspectiva crítico-dialética, tal como já vimos enunciando e iremos desenvolver melhor no último item deste capítulo. A maior contribuição da tradição marxista para uma abordagem da política social — e dos processos sociais, de uma maneira geral — ou de uma reconstrução dessa categoria inscrita na realidade sócio-histórica é exatamente a sua perspectiva metodológica, com o que concordamos com Lukács, quando nos diz: "O marxismo ortodoxo não significa, pois, uma adesão sem crítica aos resultados da pesquisa de Marx, não significa uma 'fé' numa ou noutra tese, nem a exegese de um livro 'sagrado'. A ortodoxia em matéria de marxismo refere-se, pelo contrário, e exclusivamente, ao método" (1989: 15). Esta tem a potencialidade de evitar abordagens unilaterais, monocausais, idealistas, funcionalistas e a-históricas. Antes de prosseguir neste argumento, contudo, faz-se necessário tematizar, crítica e brevemente, os limites do empiricismo/funcionalismo e do idealismo, como grandes matrizes do pensamento social, procurando apontar suas implicações para a análise da política social.

1. A perspectiva funcionalista

Façamos uma visita aos principais argumentos de Émile Durkheim, em suas conhecidas *Regras do método sociológico*, inicialmente publicadas em 1895, de onde podemos inferir suas orientações metodológicas centrais, que são as principais expressões da perspectiva segundo a qual o objeto se sobrepõe ao sujeito. O chamado "pai da sociologia" inicia seu texto clássico com uma espécie de manifesto contra o vulgo e o senso comum, afirmando que "o objetivo de toda ciência é descobrir, e toda descoberta desconcerta mais ou menos as opiniões formadas" (1987: XV). Até aí estamos inteiramente de acordo com o autor. Mas vejamos como ele propõe chegar a tais descobertas. Sua proposta metodológica é a de tratar os processos sociais como fatos sociais, ou seja, como coisas que não se equiparam à natureza, mas que devem ser analisadas a partir de procedimentos semelhantes. Já respondendo às acusações de ter retirado os sujeitos do processo de conhecimento, diz Durkheim:

> É coisa todo objeto do conhecimento que a inteligência não penetra de maneira natural, tudo aquilo de que não podemos formular uma noção adequada por simples processo de análise mental, tudo o que o espírito não pode chegar a compreender senão sob a condição de sair de si mesmo, por meio da observação e da experimentação, passando progressivamente dos caracteres mais exteriores e mais imediatamente acessíveis para os menos visíveis e mais profundos. (1987: XXI)

Para desencadear esse processo de conhecimento, o autor propõe um conjunto de regras intelectivas e que constituem o seu método, com forte inspiração na tradição empirista de Bacon e no positivismo de Comte. O sujeito que pesquisa deve se colocar diante de seu objeto numa perspectiva de exterioridade, tal como os físicos, químicos e biólogos quando se aventuram diante de seus domínios científicos, ou seja, deixando em suspensão todas as pré-noções. Os fatos sociais possuem uma natureza exterior e coletiva, melhor dizendo, sua sede é a sociedade e não os indivíduos. Eles podem ser reconhecidos exatamente por possuírem a particularidade de exercer influência coercitiva sobre as consciências individuais e por sua rigidez quanto a processos de transformação. Quando a natureza coercitiva dos fatos sociais deixa de ser sentida, o fato tornou-se um hábito. A educação, por exemplo, é uma instituição central, por meio da qual são formados os indivíduos e transmitidos os hábitos. O fato social, assim, é distinto de suas repercussões individuais, cabendo desencadear procedimentos metodológicos para "desprender o fato social de toda contaminação, a fim de observá-lo em estado de pureza" (1987: 6). Cabe à pesquisa social, portanto, estudar a gênese e o funcionamento das instituições sociais, apropriando-se da sua realidade objetiva por meio da observação, da descrição, da comparação, fugindo a um movimento que vai das idéias para as coisas — em que o fato comparece apenas para confirmar ou infirmar idéias —, impregnado de pré-noções ideológicas que, segundo o autor, desfiguram o verdadeiro aspecto das coisas. Trata-se de "considerar os fenômenos sociais em si mesmos, destacados dos indivíduos conscientes que formulam representações a seu respeito; é necessário estudá-los de fora, como coisas exteriores, pois é nesta qualidade que se apresentam a nós" (1987: 24). As características de constância e regularidade dos fatos sociais são sinais da sua objetividade e de que o fato social não pode ser modificado por um simples decreto de vontade. Os fatos sociais, dessa forma, plasmam as ações individuais e o pesquisador se conforma à natureza que apresentam. Desse modo, Durkheim reafirma a necessidade de afastar sistematicamente todas as pré-noções, dando lugar à razão, à explicação pelo entendimento e não pelo sentimento.

Então, como apreender os fatos sociais desde essa perspectiva? Há que tomar como objeto um grupo de fenômenos definidos por suas características exteriores comuns, chegando a uma definição prévia, circunscrevendo o objeto. São características superficiais, mas que se ligam às propriedades fundamentais das coisas; são pontos de partida. A partir daí — que também é o solo das representações e do senso comum, como admite o sociólogo — buscam-se pontos fixos de apoio e as regularidades do objeto.

Durkheim opera uma distinção entre fenômenos/fatos sociais normais e patológicos: os que são como deviam ser e os que deviam ser diferentes. É interessante notar como cai em contradição flagrante: como fugir às pré-noções nesses termos? Ele tenta resolver o problema da objetividade, apontando que o pesquisador observa os fatos, não os julga. Então qual seria o critério para a distinção sugerida? Para ele, seguindo os critérios da biologia para a classificação das espécies, são normais os fatos que apresentam formas mais gerais numa determinada fase de seu desenvolvimento, e são mórbidas ou patológicas as exceções à regra. Tais características devem ser submetidas à prova, à verificação, bem como à comparação com suas formas passadas, para que se possa chegar a uma caracterização precisa de sua condição normal ou patológica. Chega-se assim aos tipos sociais: definições de espécies (fatos sociais) que congregam determinadas características relevantes, num processo que ele denomina de morfologia social, e que parte dos tipos mais simples, como a horda, o protoplasma social onde existe apenas a solidariedade mecânica (tipos que ainda não viveram processos de segmentação e diferenciação e são a base natural de toda classificação) para os mais complexos — a divisão social do trabalho, e a progressiva coesão social por meio da solidariedade orgânica (as instituições e corporações). Para Durkheim, as sociedades são combinações diferentes de uma única sociedade original e existem espécies sociais pela mesma razão pela qual existem espécies em biologia!

E como explicar os fatos sociais, nessa perspectiva? Durkheim propõe conhecer o funcionamento dos fenômenos sociais, buscando as causas que os produzem e suas funções — o resultado socialmente útil — que desempenham. Em suas palavras:

> O que é preciso determinar é se há correspondência entre o fato considerado e as necessidades gerais do organismo social, e em que consiste esta correspondência, sem se preocupar em saber se ela é intencional ou não. Todas essas questões de intenção são, além do mais, muito subjetivas para serem tratadas cientificamente. (1987: 83)

Portanto, para Durkheim, é na natureza da própria sociedade que se deve buscar a explicação da vida social, partindo do suposto de que nesta o todo não é igual à soma das partes, mas constitui um sistema com características próprias, cujo movimento ultrapassa os estados de consciência dos indivíduos, e se explica em função das condições do "corpo social" no seu conjunto. As causas dos fatos sociais são, portanto, encontradas entre os fatos sociais anteriores, e sua função estará relacionada a um fim social, e nunca aos estados de consciência individuais. A origem de um fato social deve ser buscada no meio social interno, visto aqui como um organismo social, composto por coisas e pessoas, sendo estas últimas o fator ativo. Cabe ao pesquisador descobrir as propriedades desse meio social fundamental para o entendimento da evolução coletiva e que alteram o curso dos fenômenos sociais. Ponderando acerca da relação do passado com o presente, Durkheim afirma que os períodos históricos não se engendram em etapas contínuas.

O método das variações concomitantes é o instrumento central dos pesquisadores para a análise dos fatos sociais. Em que consiste? A partir da observação de um número significativo de provas (casos variados), observar concomitâncias e variações, estabelecer metódica e rigorosamente correlações que levem às leis que revelem o desenvolvimento integral da espécie social em foco. Conclui o autor que, para alcançar a objetividade científica, cabe despir-se da roupagem filosófica e ser independente em relação às "doutrinas da prática" — o individualismo, o comunismo e o socialismo. A proposta não é reformar os fatos sociais, mas expressá-los, considerando que "não são senão as experiências metódicas que, pelo contrário, podem arrancar às coisas seu segredo" (1987: 126).

É evidente que o trabalho de Durkheim é repleto de seu tempo: tempo de *Belle Époque*, de revolução tecnológica e da ode ao caminho de Galileu e às ciências naturais, de transferência mecânica da teoria da evolução das espécies de Darwin para a análise do social, donde decorrem as analogias organicistas com a fisiologia do corpo humano, tão fortes no pensamento social do período. Contudo, a influência dessa forma de pensar perdura até os dias de hoje no campo do pensamento social e, em tempos neoliberais, talvez estejamos vivendo um certo *revival*. Exemplo disso é o resgate da idéia durkheimiana de anomia para a explicação das transformações contemporâneas, que seriam uma espécie de condição mórbida e patológica geral da sociedade, marcada pela desagregação e pelo desequilíbrio social, manifesto pela incapacidade da sociedade de exercer sua ação sobre os indivíduos, levando a disfunções e conflitos. No estado de anomia, há uma espécie de curto-circuito no contato entre os "órgãos" que compõem o organismo social, bem como um afrouxamento das normas sociais. Trata-se, na atualidade, de um resgate dessa perspectiva analítica para descrever a "desorganização" do capitalismo contemporâneo, a "nova" questão social e os também "novos" formatos e coberturas da política social diante da crise do modelo anterior de regulamentação e de consciência coletiva, no contexto do colapso das instituições que "harmonizavam" a sociedade, em especial da relação salarial. Daí a necessidade urgente de realizar a crítica dessa perspectiva, apontando os limites de suas soluções metodológicas, que têm implicações para o desvelamento dos processos sociais.

Com o apoio em Löwy (1987), vemos que o positivismo é marcado por alguns axiomas: a sociedade é regida por leis naturais; pode ser estudada pelos mesmos métodos e processos das ciências da natureza; e deve ser estudada de forma objetiva e neutra. A sociologia nitidamente positivista de Durkheim incorpora essas três dimensões, o que o leva a conclusões conservadoras, a exemplo de apontar a desigualdade social como uma lei natural e imutável e as revoluções como algo tão impossível quanto os milagres. Assim, só é possível lidar com a inevitável divisão social e técnica do trabalho e com os problemas daí decorrentes a partir do desenvolvimento de corporações e instituições que teriam a função de coesão social, evitando o estado de anomia — donde pode inferir o lugar da política social. Segundo a consistente crítica de Löwy, a distinção entre o normal e o patológico configurou uma estratégia — nada neutra — de legitimação e de apresentação dos conflitos de classe como um "estado mórbido do corpo social" (Löwy, 1987: 28), no qual um órgão social — a classe operária — teria a equivocada pretensão de erguer uma sociedade superior, negando a verdade elementar, segundo Durkheim, da impossibilidade de um órgão se sobrepor aos demais que compõem naturalmente o organismo social. A visão dos fatos sociais como coisas cuja natureza não se modifica pela vontade justifica, ao fim e ao cabo, a ordem burguesa, ao naturalizar sua dinâmica, homogeneizando os domínios científicos das ciências naturais e sociais. Ainda que o objeto das ciências sociais seja repleto de política e as visões de mundo sejam elemento constitutivo do ponto de vista do pesquisador, Durkheim oferece uma solução impossível, próxima à solução de Adam Smith para o problema da concorrência entre os capitalistas: o apelo aos sentimentos morais. Durkheim propõe sinceramente o sangue-frio do pesquisador, a oposição às paixões, a serenidade, as precauções sistemáticas. Trata-se, evidentemente, tanto quanto a solução smithiana para explicar o mercado como elemento de coesão social em contexto de intensa concorrência, de uma grande mistificação. Vejamos o que nos diz Löwy:

> Liberar-se por um "esforço de objetividade" das pressuposições éticas, sociais ou políticas fundamentais de seu próprio pensamento é uma façanha que faz pensar irresistivelmente na célebre história do Barão de Münchhausen, ou este herói picaresco que consegue, através de um golpe genial, escapar do pântano onde ele e seu cavalo estavam sendo tragados, ao puxar a si próprio pelos cabelos... Os que pretendem ser sinceramente seres objetivos são simplesmente aqueles nos quais as pressuposições estão mais profundamente enraizadas. Para se liberar desses "preconceitos" é necessário, antes de tudo, reconhecê-los como tais: ora, a sua principal característica é que eles não são considerados como tais, mas como verdades evidentes, incontestáveis, indiscutíveis. (1987: 31-32)

Acerca das regras intelectivas, a crítica que se pode fazer é que suas descobertas, apesar de relevantes no caso do próprio autor — e basta ler com atenção seus estudos sobre o suicídio, as formas elementares da vida religiosa e da divisão social do trabalho — tenderão a certa superficialidade. Se a realidade é o ponto de partida do processo de conhecimento, a descrição de processos e sua classificação poderão levar a uma representação caótica do todo e não à apreensão de sua lógica interna.

2. A influência do idealismo

Agora é o momento de tratar o universo do idealismo, ou seja, aquela perspectiva metodológica segundo a qual o sujeito se sobrepõe ao objeto. Trata-se aqui de uma forma de interpretar e pensar a sociedade superdimensionando o papel do sujeito, o qual concebe a realidade como resultado do pensamento, desconsiderando as condições e determinações objetivas. Aqui o diálogo se faz com a filosofia clássica alemã, em especial com Kant e Hegel, cujas reflexões estimularam, em parte, essa visão. Por que em parte? Marx também bebeu da fonte da filosofia clássica alemã, especialmente de Hegel, participando diretamente do chamado hegelianismo de esquerda, mas travou um intenso combate ao idealismo.

Segundo Kant, que buscava desvelar os limites formais do conhecimento, a razão é intelecção, entendimento. Para ele, é possível conhecer a realidade nas suas manifestações e expressões — o que dá pernas às reflexões funcionalistas e a aproximações com as ciências da natureza anteriormente tratadas —, mas a essência última do ser é incognoscível. Como não se pode conhecer a coisa em si, o conhecimento é sempre relativo e produto racional do sujeito que conhece, quando este submete sensações e experiências aos esquemas e regras aprioristicas do pensamento, à razão teórica. Por sua vez, Hegel mantém um diálogo crítico com Kant, afirmando que a leitura kantiana teria sentido caso a razão fosse apenas entendimento. Para Hegel, o entendimento é positivo: parte da existência factual do ser e fixa suas determinações. Já a razão é negativa: ela dissolve as determinações fixadas pelo entendimento no movimento do ser, que aparece como um processo, de forma que o ser é permeável pela razão, diferente do que pensava Kant. É possível conhecer a coisa porque ela é movimento dialético. Daí certamente derivaram as descobertas marxianas, que avançaram nessa linha de argumentação, superando o mestre.

POLÍTICA SOCIAL: FUNDAMENTOS E HISTÓRIA

Houve um determinado segmento do pensamento social, derivado dessas reflexões clássicas, com ênfase em Kant, o historicismo alemão neokantiano do século XIX, de Dilthey e Rickert,[1] que distinguia dois tipos de ciência: as da natureza, que buscam causalidades para fazer previsões, em que há uma relação de exterioridade entre sujeito e objeto e se busca obter explicações, leis e conexões; e as do espírito, voltadas para a história, a cultura e a sociedade, em que o essencial não são as causalidades, mas as motivações que produzem os movimentos dos sujeitos, as descrições qualitativas dos tipos e formas fundamentais da vida do espírito. Aqui não há relação de exterioridade nem preocupação com a explicação. O sujeito faz parte do processo que precisa ser compreendido: não se trata de explicar os fatos e suas causas, mas de compreender o sentido dos processos vivos da experiência humana. Essa perspectiva — a sociologia compreensiva — será a marca do pensamento de um autor cuja influência no debate contemporâneo é fundamental: Max Weber. Seu trabalho realiza uma aproximação dos processos sociais a partir da compreensão das intencionalidades e ações dos sujeitos, que se sobrepõem às condições objetivas que as circunscrevem. Nesse sentido, as preocupações weberianas estarão voltadas para a captação da relação de sentido da ação humana. Para ele, "conhecer um fenômeno social seria extrair o conteúdo simbólico da ação ou ações que o configuram" e não apenas "o aspecto exterior dessas mesmas ações" (Tragtenberg, 1980: VIII e IX). Mas a análise do sentido dos comportamentos humanos submete-se à prova, à validação objetiva.

Observemos melhor a perspectiva metodológica de Weber. Segundo Löwy (1987), Weber tem uma singularidade, a de fazer uma combinação *sui generis* de temas historicistas e positivistas, apesar da problemática claramente antipositivista do historicismo alemão. Contudo, do ponto de vista da relação entre visão social de mundo e ciência, Weber postulou a neutralidade axiológica das ciências sociais. Do que se trata? Ele enfrentou a problemática da relação entre valores e ciência num momento histórico diferente de Durkheim, cuja solução já conhecemos. Ao contrário de Durkheim, ele reconhece essa relação, mas os valores aqui não estão relacionados aos projetos societários, às classes sociais, mas a culturas, nações, religiões. São os valores que permitem selecionar, "no caos infinito dos fe-

---

1. Para maior aprofundamento acerca do historicismo, suas principais correntes e autores, consultar Löwy (1987).

nômenos sociais", aquilo que é significativo. Para Weber, a vida cultural e os fenômenos sociais existem sempre relacionados aos pontos de vista, que são uma condição indispensável para lhes atribuir significado e relevância. Os valores orientam a escolha do objeto, a direção da investigação empírica, aquilo que é importante e acessório, o aparelho conceitual utilizado e a problemática de pesquisa e questões que se colocam ou não à realidade. Afinado com o historicismo alemão, Weber criticava a transposição da lógica das ciências naturais para as ciências sociais e, nessa linha, a problemática weberiana é totalmente antipositivista. Contudo, se os valores orientam a eleição das questões, Weber postula a necessidade da neutralidade axiológica quando do encaminhamento das respostas: elas devem ser neutras, já que a pesquisa deve caminhar por regras objetivas e universais. Os pressupostos da pesquisa são subjetivos, mas os resultados devem ser válidos e objetivamente aceitáveis: "na esfera das ciências sociais uma demonstração científica, metodicamente correta, que pretende ter atingido seu objetivo, deve poder ser reconhecida como exata da mesma maneira por um chinês" (Weber apud Löwy, 1987: 37). Dessa premissa decorre o imperativo categórico da separação rigorosa entre fatos e valores, presente também em Weber, que afirmava que a interferência dos valores impede a compreensão integral dos fatos e que os dados não podem ser pedestais para os julgamentos de valor.

Em que pese a coerência lógica de Weber, o vínculo entre conhecimento e valores não é apenas lógico, mas social e estrutural, inscrito na realidade, na medida em que os fatos se relacionam com as opções práticas e políticas das classes e seus segmentos; e os valores influenciam a atividade cognitiva como um todo — o conjunto da pesquisa — e não apenas a definição do problema; a resposta é largamente determinada pela formulação da questão.

No entanto, a obra de Weber, como já referimos, possui também uma dimensão historicista, cujas proposições metodológicas incorporam as seguintes dimensões: todos os fenômenos culturais e sociais são históricos; os fatos naturais e os históricos não se assemelham; e o objeto e o sujeito estão imersos na história, com o que se identificam, o que produz uma unidade inseparável entre julgamento de fato e de valor, recaindo-se num relativismo absoluto, no qual todas as interpretações são verdadeiras, porém limitadas e relativas a um ponto de vista. Nessa perspectiva, o grande esforço do pensamento é o de encontrar um conhecimento social universalmente válido. Essa ambigüidade entre positivismo e historicismo é o que confere originalidade a Weber e uma espécie de circulação em territórios que a rigor o recusariam, a exemplo da sociologia conservadora americana de forte matiz positivista (Parsons) e a sociologia crítica do conhecimento (Mannheim, Lucien Goldmann).[2]

Para operar o processo de conhecimento a partir dessa ambigüidade, Weber desenvolve a metodologia do tipo ideal, cujo lugar no processo de conhecimento é exclusivamente heurístico, mas que constitui o significado do fenômeno cultural para o sujeito que pesquisa. Segundo Tragtenberg (1980), o tipo ideal de Weber não se identifica com a conceituação generalizadora das ciências naturais, em que uniformidades e regularidades observadas num fenômeno da mesma classe (espécie) são comparadas visando identificar características gerais e fatos que se desviam da regra, a exemplo da proposição metodológica de Durkheim. O tipo ideal descreve o movimento normativamente ideal de uma ação racionalmente dirigida a um fim (orientada a um objetivo e por valores claros, com coerência lógica entre meio e fins), o qual é contrastado com a realidade, permitindo situar os fenômenos sociais em sua relatividade, em relação ao tipo ideal — um sistema compreensivo de conceitos —, o que permite formular na seqüência hipóteses explicativas. O tipo ideal não existe na realidade, que é fluida, ou seja, não se encontra na realidade o tipo puro, de modo que ela não pode ser classificada de forma rígida. Segundo Tragtenberg, o trabalho weberiano dedicou-se, no contexto do tenso final do século XIX e início do século XX, com um forte movimento operário socialista presente, a opor à descoberta marxiana de um fator econômico como determinante do ser social outros fatores, principalmente o ambiente cultural, como o que imprime sentido à ação humana. Exemplos são seus trabalhos sobre sociologia das religiões, especialmente o clássico *A ética protestante e o espírito do capitalismo* (2004), segundo o qual o capitalismo moderno não seria possível sem a mudança espiritual básica operada pela Reforma protestante, com sua tendência específica para o racionalismo econômico, especialmente no calvinismo, embora ele não considerasse o capitalismo como mera conseqüência desse processo, mas como uma moldagem qualitativa do *ethos* capitalista, o que constituiu uma descoberta importante.

---

2. As principais obras de Parsons são *A estrutura da ação social* (1937) e *Os sistemas nas sociedades modernas* (1960), que podem ser encontradas em várias edições. Já a principal obra de Karl Mannheim é *Ideologia e utopia* (1986). Lucien Goldmann publicou a *Sociologia do romance* (1967), *A criação cultural na sociedade moderna* (1972) e *Ciências humanas e filosofia* (1986).

Do ponto de vista do debate que realizamos neste livro, como o percurso weberiano influencia a tematização da política social? Além de sua perspectiva metodológica, que implica a construção ideal de tipos, e que muito tem influenciado o debate e a pesquisa comparada de padrões de proteção social, suas investigações sobre os assuntos econômicos e políticos também estão presentes no debate. Exemplo disso são seus estudos sobre a constituição de autoridade e legitimidade que constituem o Estado — "uma comunidade humana que pretende o monopólio do uso legítimo da força física dentro de um determinado território" (Weber apud Tragtenberg, 1980: XXII), para o que precisa ter uma autoridade legitimamente constituída. A partir daí, no seu também clássico *As três formas de dominação legítima* (1984), Weber desdobra os tipos de autoridade — racional-legal, tradicional e a carismática —, cada uma das quais correspondendo a determinado formato das relações entre Estado e sociedade, com seus critérios de justiça e corpo administrativo. Daí advém sua importante discussão acerca da burocracia e do patriarcalismo. A política social seria um mecanismo institucional típico da racionalidade legal contemporânea.

3. A contribuição da tradição marxista

Passemos, agora, a observar as potencialidades metodológicas da teoria social de Marx e do marxismo contemporâneo para a abordagem da política social. A nosso ver, o método crítico-dialético traz uma solução complexa e inovadora do ponto de vista da relação sujeito-objeto: uma perspectiva relacional, que foge ao empirismo positivista e funcionalista e ao idealismo culturalista.

A análise das políticas sociais como processo e resultado de relações complexas e contraditórias que se estabelecem entre Estado e sociedade civil, no âmbito dos conflitos e luta de classes que envolvem o processo de produção e reprodução do capitalismo, recusa a utilização de enfoques restritos ou unilaterais, comumente presentes para explicar sua emergência, funções ou implicações. As análises pluralistas[3], por exemplo, habituadas ao racionalismo tecnocrático fortemente inspirado em Weber, na maioria

---

3. Sobre o pluralismo na análise de política social, consultar Draibe e Aureliano (1989) e Muller e Surel (1998).

POLÍTICA SOCIAL: FUNDAMENTOS E HISTÓRIA

das vezes, limitam-se a discutir sua eficiência e eficácia na "resolução de problemas sociais", sem questionar sua (im)possibilidade de assegurar justiça social e eqüidade no capitalismo. Tal abordagem não consegue ir além da demonstração da conquista dos direitos na sociedade burguesa, sob a égide da expansão das políticas sociais.

Em outro campo analítico, desde as análises de Marx sobre a legislação fabril inglesa (Marx, 1984), até as produções mais recentes no campo marxista, sobretudo a partir dos anos 1970, problematiza-se o surgimento e o desenvolvimento das políticas sociais no contexto da acumulação capitalista e da luta de classes, com a perspectiva de demonstrar seus limites e possibilidades na produção do bem-estar nas sociedades capitalistas (Mishra, 1995). Esse campo, contudo, não é homogêneo, e alguns autores dessa tradição teórica também restringem as análises das políticas sociais a explicações unilaterais e empobrecidas. Afinal, sabemos que houve momentos históricos de invasão positivista na tradição marxista, a exemplo de suas fronteiras com o positivismo — o estruturalismo — e com outras tradições teóricas, resultando em formulações ecléticas.[4] São exemplos de análises unilaterais no campo da política social aquelas que situam a emergência de políticas sociais como iniciativas exclusivas do Estado para responder a demandas da sociedade e garantir hegemonia ou, em outro extremo, explicam sua existência exclusivamente como decorrência da luta e pressão da classe trabalhadora. Em ambas predomina uma visão do Estado como esfera pacífica, desprovido de interesses e luta de classe. Também são exemplares, nessa direção, as abordagens que, ao estudar os efeitos das políticas sociais, as compreendem apenas como funcionais à acumulação capitalista, tanto do ponto de vista econômico quanto político. Pelo ângulo econômico, as políticas sociais assumem a função de reduzir os custos da reprodução da força de trabalho e elevar a produtividade, bem como manter elevados níveis de demanda e consumo, em épocas de crise. Pelo ângulo político, as políticas sociais são vistas como mecanismos de cooptação e legitimação da ordem capitalista, pela via da adesão dos trabalhadores ao sistema.

Esses enfoques não são, em si, equivocados, pois as políticas sociais assumem de fato essas configurações. Mas são insuficientes e unilaterais porque não exploram suficientemente as contradições inerentes aos pro-

---

4. Conferir Anderson (1976), Quiroga (1991), Coutinho (1972).

cessos sociais e, em conseqüência, não reconhecem que as políticas sociais podem ser centrais na agenda de lutas dos trabalhadores e no cotidiano de suas vidas, quando conseguem garantir ganhos para os trabalhadores e impor limites aos ganhos do capital. Marx, ao analisar as primeiras legislações fabris da Inglaterra no século XIX, reconheceu que essas legislações sociais, ao impor limites ao capital, representaram uma vitória da economia política do trabalho (Marx, 1984). Tal reconhecimento não pode induzir a uma mistificação das políticas sociais, que ademais não constituíram um processo social detidamente analisado por ele, por não estar generalizado no seu tempo. Contudo, pode-se considerar o capítulo de *O capital* sobre a jornada de trabalho e a legislação fabril como de fundamental importância para a apreensão desse tema. A análise marxiana mostrou claramente a impotência das legislações fabris na superação da ordem burguesa, mas revelou seu caráter contraditório, suas multicausalidades e multifuncionalidades.

A investigação sob o enfoque do método da crítica da economia política proposto por Marx consiste, portanto, em situar e analisar os fenômenos sociais em seu complexo e contraditório processo de produção e reprodução, determinado por múltiplas causas na perspectiva de totalidade como recurso heurístico, e inseridos na totalidade concreta: a sociedade burguesa. Como reconheceu Lênin, "Marx não nos deu uma lógica, mas a lógica do capital" (apud Löwy, 1985), ou seja, a condição histórica e social da política social deve ser extraída do movimento da sociedade burguesa. Nessa perspectiva, que é crítica, histórica e ontológica, o sujeito que quer conhecer não apenas descreve, mapeia ou retrata. Esse é um trabalho pré-teórico importante. Mas o central nessa linha de análise é que o sujeito procura reproduzir idealmente o movimento do objeto, extrai do objeto as suas características e determinações, reconstruindo-o no nível do pensamento como um conjunto rico de determinações que vão além das suas sugestões imediatas.

As conseqüências dessa perspectiva para a relação sujeito/objeto são as seguintes: esse é um sujeito ativo, inquieto, que indaga o objeto, procurando extrair o que se passa nele, seu movimento real. Sujeito e objeto são historicamente situados e em relação, considerando a particularidade das relações sociais como objeto, de forma que não há nenhuma perspectiva de neutralidade e a condição para uma aproximação mais profunda em relação ao movimento essencial do objeto é exatamente o reconhecimento dessa determinação das visões sociais de mundo que impregnam sujeito e objeto.

O método, na perspectiva marxiana, não se confunde com técnicas ou regras intelectivas como as que analisamos nos itens anteriores: é uma relação entre sujeito e objeto que permite ao sujeito aproximar-se e apropriar-se das características do objeto. Nessa perspectiva, o conhecimento não é absoluto, mas é possível apreender as múltiplas determinações dos processos sociais historicamente situados, porque o ser social se objetiva — a sociabilidade é objetivação. Contudo, a sociabilidade burguesa se objetiva de forma fetichista nas formas econômicas e relações sociais, com o que se torna decisivo "não sucumbirmos à ilusão social assim produzida, para podermos entrever a essência por detrás dessa ilusão" (Lukács, 1989: 20).

A investigação marxista caracteriza-se, assim, por não se deixar enganar por aspectos e semelhanças superficiais presentes nos "fatos", procurando chegar à essência do fenômeno (Marx, 1982). É nessa perspectiva que se situa a análise das políticas sociais neste trabalho. Estas não podem ser percebidas apenas em sua expressão fenomênica. Buscamos captar o seu movimento essencial na sociedade burguesa, desde suas origens até os dias de hoje. Para realizar esse percurso metodológico fugindo a definições e buscando determinações, é preciso apreender que o fenômeno indica a essência e, ao mesmo tempo, a esconde, pois a essência se manifesta no fenômeno, mas só de modo parcial, ou sob certos ângulos e aspectos. O fenômeno aparentemente indica algo que não é ele mesmo e vive graças ao seu contrário. A essência não se dá imediatamente, ela é mediata ao fenômeno e se manifesta em algo diferente daquilo que é. Contudo, a essência se manifesta no fenômeno e, por isso, o fenômeno revela a essência (Kosik, 1986: 12). Desse modo, as políticas sociais não podem ser analisadas somente a partir de sua expressão imediata como fato social isolado. Ao contrário, devem ser situadas como expressão contraditória da realidade, que é a unidade dialética do fenômeno e da essência.

Para abordar as políticas sociais em sua complexidade histórico-estrutural, supõe-se que existe algo suscetível de ser conhecido como estrutura do fenômeno, como essência do fenômeno, e que existe uma verdade oculta nas manifestações primeiras dos fenômenos (Kosik, 1986). A existência do real e as formas fenomênicas da realidade são diferentes e muitas vezes absolutamente contraditórias em relação à lógica interna do fenômeno, seu núcleo essencial. Os fenômenos que povoam o cotidiano e a atmosfera comum da vida humana — com sua regularidade, imediatismo e evidência — penetram na consciência, assumindo um aspecto independente e natural, e constituem o que Kosik (1986: 11) denomina pseudoconcreticidade. A análise fenomênica da realidade, que não chega à sua essência, pertence a este mundo da pseudoconcreticidade e se limita à descrição e compreensão: do mundo dos fenômenos externos (que se desenvolvem na superfície dos processos essenciais); do mundo do tráfico e da manipulação (práxis fetichizada dos homens); do mundo das representações comuns (projeções dos fenômenos externos na consciência dos homens); e do mundo dos objetos fixados, que dão a impressão de ser condições naturais e não são reconhecidos como ação dos homens (Kosik, 1986: 11).

Assim, descobrir a essência dos fenômenos, na perspectiva crítico-dialética, pressupõe situá-los na realidade social sob o ponto de vista da totalidade concreta que, antes de tudo, significa que cada fenômeno pode ser apreendido como um momento da totalidade. Um fenômeno social é um fato histórico na medida em que é examinado como momento de um determinado todo e desempenha uma função dupla: definir a si mesmo e definir o todo, ser ao mesmo tempo produtor e produto, conquistar o próprio significado e ao mesmo tempo conferir sentido a algo mais (Sweezy, 1983). Nesse sentido, todo fenômeno social analisado, e aqui se inserem as políticas sociais como processos sociais inscritos na sociedade burguesa, deve ser compreendido em sua múltipla causalidade, bem como em sua múltipla funcionalidade no âmbito da totalidade concreta, como princípio estruturante da realidade. A totalidade concreta é um complexo constituído de complexos que se articulam, é um campo contraditório de forças que dá vida e movimento à essa totalidade e uma dimensão de processo, com o que se incorpora a dimensão fáustica (Goethe[5]) da negação.

A totalidade compreende a realidade nas suas íntimas e complexas determinações, e revela, sob a superfície dos fenômenos, suas conexões internas, necessárias à sua apreensão. Coloca-se em antítese à posição do empirismo, que considera as manifestações fenomênicas e causais, não chegando a atingir a essência dos fenômenos. Do ponto de vista da totalidade, compreende-se a dialética como causalidade dos fenômenos, da essência interna e dos aspectos fenomênicos da realidade, das partes e do todo, do

---

5. Esta é uma obra imprescindível para a compreensão das idéias de contradição e negação, e que teve uma forte influência na obra marxiana. Ver Goethe, 2006.

produto e da produção. Ocorre uma degeneração do conceito e uma banalização da totalidade quando esta é explicada de forma simplista como "tudo está em contato com tudo; o todo é mais que as partes". Na filosofia materialista, histórica e dialética, a totalidade não significa somatória de todos os fatos. Nos termos de Kosik, "totalidade não significa todos os fatos. Totalidade significa: realidade como um todo estruturado, dialético, no qual ou do qual um fato qualquer (classes de fatos, conjuntos de fatos) pode vir a ser racionalmente compreendido. Acumular todos os fatos não significa ainda conhecer a realidade; e todos os fatos (reunidos em seu conjunto) não constituem, ainda, a totalidade" (Kosik, 1986: 35-36).

O autor explica que a dialética da totalidade concreta não tem a intenção de conhecer todos os aspectos da realidade, sem exceções, nem pretende oferecer um quadro total da realidade, na infinidade dos seus aspectos e propriedades. Na verdade, os fatos expressam um conhecimento da realidade se são compreendidos como fatos de um todo dialético, isto é, determinados e determinantes desse todo, de modo que não podem ser entendidos como fatos isolados. Não podem ser compreendidos e explicados como átomos imutáveis, indivisíveis e indemonstráveis, ou seja, ao nos referirmos às políticas sociais, estas não podem ser interpretadas como fatos em si, mas sim como partes estruturais da totalidade (Kosik, 1986: 36).

A perspectiva do método dialético materialista não é captar e exaurir todos os aspectos, caracteres, propriedades, relações e processos da realidade. É, sim, uma teoria da realidade e do conhecimento que se tem dela como totalidade concreta. A dialética compreende a realidade como um todo que possui sua própria estrutura (não é caótica), que se desenvolve (não é imutável, nem dada de uma vez por todas); que se vai criando (não é um todo perfeito e acabado, é histórica e social). Para Kosik (1986: 52), a totalidade concreta como concepção dialético-materialista do conhecimento do real é um processo que compreende alguns momentos indivisíveis: o primeiro é a destruição da pseudoconcreticidade (ou seja, da fetichizada e aparente objetividade do fenômeno) e o conhecimento de sua autêntica objetividade; o segundo é o reconhecimento do caráter histórico do fenômeno; e o terceiro é o conhecimento do conteúdo objetivo e do significado do fenômeno, de sua função objetiva e de seu lugar histórico (Kosik, 1986: 52).

O método dialético de apreensão do real em suas ricas determinações "consiste em elevar-se do abstrato ao concreto", sendo esta a "maneira de proceder do pensamento para se apropriar do concreto, para reproduzi-lo como concreto pensado" (Marx, 1982: 14). O concreto é a síntese de múltiplas determinações, assumindo a característica de unidade do diverso. O pensamento só pode compreender o concreto em um processo de síntese, a partir da reconstrução progressiva do concreto, em aproximações sucessivas, afastando suposições simplificadoras, e levando em conta um número cada vez maior de fenômenos reais. Nesse movimento, é preciso identificar as múltiplas determinações e relações do fenômeno e investigar as categorias gerais (partes do todo) para, através da análise da estrutura interna do fenômeno, chegar a sua síntese (Rosdolsky, 2001).

Ao explicar esse movimento dialético, Kosik nos esclarece que o todo não é imediatamente passível de conhecimento pelo homem, de modo que, para compreender esse todo, para torná-lo claro e explicá-lo, o homem precisa "fazer um *détour*: o concreto se torna compreensível através da mediação do abstrato, o todo através da mediação das partes" (Kosik, 1986: 30).

É um movimento no qual todo início é abstrato, porque o concreto neste momento é ponto de partida quando ainda se manifesta aparentemente. A partir da negação da imediaticidade e da evidência, busca-se a superação deste momento para chegar à concreticidade dos fenômenos, que agora se constituem como um rico complexo de determinações. Para Kosik, o "progresso da abstratividade à concreticidade é, por conseguinte, em geral movimento da parte para o todo e do todo para a parte; do fenômeno para a essência e da essência para o fenômeno; da totalidade para a contradição e da contradição para a totalidade, do objeto para o sujeito e do sujeito para o objeto" (Kosik, 1986: 30).

Esse movimento em espiral e por aproximações sucessivas exige do pesquisador um processo de decisão sobre o que se deve abstrair e o que não se deve, sobre a definição do problema a ser investigado e sobre os elementos essenciais desse problema. A tarefa da abstração, nos diz Sweezy, é "colocar o essencial em relevo e tornar possível sua análise" (1983: 24). Para fazer isso é preciso formular proposições iniciais sobre o que é essencial, desenvolvê-las e confrontar as conclusões com os dados proporcionados pela experiência, de modo a descobrir as verdadeiras inter-relações entre os fatores econômicos e não econômicos na totalidade.

O pensamento que quer conhecer as políticas sociais em suas múltiplas dimensões e determinações não se contenta, portanto, com os esquemas abstratos de explicação, nem com as simples e evidentes representações do senso comum. Ele se esforça para desvendar o significado real das políticas sociais que se esconde sob o mundo fenomênico da aparência. Não considera as políticas sociais como produtos fixos, como objetos reificados (coisificados), como algo independente e a-histórico. Não aceita seu aspecto imediato e aparente. Ao contrário, esse pensamento utiliza o método dialético materialista que permite compreender e revelar que as formas reificadas se diluem, perdem sua rigidez e naturalidade para se mostrar como fenômenos complexos, contraditórios e mediados, como produtos da práxis social da humanidade.

Nessa perspectiva, o estudo das políticas sociais deve considerar sua múltipla causalidade, as conexões internas, as relações entre suas diversas manifestações e dimensões. Do ponto de vista histórico, é preciso relacionar o surgimento da política social às expressões da questão social que possuem papel determinante em sua origem (e que, dialeticamente, também sofrem efeitos da política social). Do ponto de vista econômico, faz-se necessário estabelecer relações da política social com as questões estruturais da economia e seus efeitos para as condições de produção e reprodução da vida da classe trabalhadora. Dito de outra forma, relaciona as políticas sociais às determinações econômicas que, em cada momento histórico, atribuem um caráter específico ou uma dada configuração ao capitalismo e às políticas sociais, assumindo, assim, um caráter histórico-estrutural. Do ponto de vista político, preocupa-se em reconhecer e identificar as posições tomadas pelas forças políticas em confronto, desde o papel do Estado até a atuação de grupos que constituem as classes sociais e cuja ação é determinada pelos interesses da classe em que se situam.

Estas dimensões — história, economia, política e cultura — não podem e não devem ser entendidas como partes estanques que se isolam ou se complementam, mas como elementos da totalidade, profundamente imbricados e articulados. Uma dimensão fundamental e orientadora da análise é a idéia de que a produção é o núcleo central da vida social e é inseparável do processo de reprodução, no qual se insere a política social — seja como estimuladora da realização da mais-valia socialmente produzida, seja como reprodução da força de trabalho (econômica e política). Nesse sentido, a teoria do valor-trabalho, cuja operação também é histórica e permeável à ação dos sujeitos — não é, portanto, uma espécie de respiração natural do capitalismo —, constitui uma ferramenta importante para pensar a política social, já que esta é uma mediação no circuito do valor. A condição/possibilidade de implementar políticas sociais relaciona-se aos movimentos da taxa de lucros e de extração/realização/apropriação da mais-valia socialmente produzida, à relação capital/trabalho, em sentido político e econômico, e que estão na origem dos grandes ciclos econômicos de estagnação e expansão do capitalismo. Tanto que sua articulação foi comemorada no pós-guerra, nos chamados anos gloriosos, e também foi execrada na hegemonia neoliberal, apontada como perdulária, quando as classes dominantes não mais apontam para o pacto dos anos de crescimento e criticam os impostos excessivos para manter supostos privilégios.

A análise das políticas sociais sob o enfoque dialético precisa considerar alguns elementos essenciais para explicar seu surgimento e desenvolvimento. O primeiro é a natureza do capitalismo, seu grau de desenvolvimento e as estratégias de acumulação prevalecentes. O segundo é o papel do Estado na regulamentação e implementação das políticas sociais, e o terceiro é o papel das classes sociais. Nessa direção, não se pode explicar a gênese e desenvolvimento das políticas sociais sem compreender sua articulação com a política econômica e a luta de classes. É imprescindível analisar aspectos centrais da política econômica como índices de inflação, taxas de juros, taxas de importação/exportação, distribuição do produto interno bruto nos orçamentos das políticas econômica e social, grau de autonomia do Estado na condução da política econômica, acordos assinados com organismos internacionais como Fundo Monetário Internacional, grau de acumulação e concentração da riqueza socialmente produzida, de modo a mostrar seus efeitos sobre a conformação das políticas sociais.

No âmbito político, é imprescindível compreender o papel do Estado e sua relação com os interesses das classes sociais, sobretudo na condução das políticas econômica e social, de maneira a identificar se dá mais ênfase aos investimentos sociais ou privilegia políticas econômicas; se atua na formulação, regulação e ampliação (ou não) de direitos sociais; se possui autonomia nacional na definição das modalidades e abrangência das políticas sociais ou segue imperativos dos organismos internacionais; se investe em políticas estruturantes de geração de emprego e renda; se fortalece e respeita a autonomia dos movimentos sociais; se a formulação e implementação de direitos favorece os trabalhadores ou os empregadores. Enfim, deve-se avaliar o caráter e as tendências da ação estatal e identificar os interesses que se beneficiam de suas decisões e ações.

POLÍTICA SOCIAL: FUNDAMENTOS E HISTÓRIA

Da mesma forma, é fundamental identificar as forças políticas que se organizam no âmbito da sociedade civil e interferem na conformação da política social, de modo a identificar sujeitos coletivos de apoio e/ou de resistência a determinada política social, bem como sua vinculação a interesses de classe. Essas forças sociais podem situar-se tanto no âmbito dos movimentos sociais de defesa de trabalhadores, quanto no de defesa de interesses de empregadores e empresariado, bem como de organizações não governamentais que muitas vezes se autoproclamam "imparciais", mas que, submetidas a uma análise mais minuciosa, acabam revelando seus interesses de classe.

Há também uma dimensão cultural, que está relacionada à política, considerando que os sujeitos políticos são portadores de valores e do *ethos* de seu tempo. Se relacionamos as políticas sociais às estratégias de hegemonia, isso significa sua configuração a partir de uma direção intelectual e moral, que está imbricada aos projetos societários com implicações para a concepção e a legitimidade de determinados padrões de proteção. Exemplo disso é o período em que estamos vivendo, de retomada dos valores liberais, de responsabilização individual pela condição de pobreza, o que justifica ideoculturalmente a focalização das políticas sociais. De acordo com Mota (1995), a ofensiva neoliberal também forja uma cultura da crise, que dá novos formatos à seguridade social na contemporaneidade. Considerando a importância dos meios midiáticos de massa, essa dimensão, hoje particularmente, não pode ser remetida a um lugar menor na totalidade concreta.

Tais elementos não constituem tópicos ou indicadores de análise; ao contrário, são referenciais que ajudam a situar e a compreender o sentido e o significado das políticas sociais e permitem identificar tanto as determinações econômicas quanto as relações de poder, de coerção e de ameaça, legal e politicamente sancionadas, que determinam os limites e o grau de "bem-estar social" que a política social tem condições de produzir no âmbito do capitalismo (Offe, 1991). Por outro lado, são indicações que permitem observar as contradições e os movimentos objetivos e subjetivos que compõem esse processo e situar a política social no contexto dos projetos societários, em especial seu lugar na agenda contra-hegemônica dos trabalhadores.

Por fim, cabe referir que a perspectiva de superação do mundo do capital, articulada à bússola do método — e que é indissociável deste último —, constitui um elemento orientador importante da análise que será desenvolvida nos próximos capítulos deste livro. Como nos ensina Lukács, a sociedade burguesa — a totalidade concreta e suas contradições — é o substrato do método, cuja proposição central é desvelar tais contradições tendo em vista alimentar um projeto de transformação social. Trata-se de um patamar de observação radicalmente crítico, e que não reconhece no mundo do capital nenhuma possibilidade de conjugação positiva entre a sua acumulação e o princípio da igualdade. Portanto, se a política social é uma conquista civilizatória e a luta em sua defesa permanece fundamental, podendo ganhar em países como o Brasil uma radicalidade interessante, ela não é a via de solução da desigualdade que é intrínseca a este mundo, baseado na exploração do capital sobre o trabalho, no fetichismo da mercadoria, na escassez e na miséria em meio à abundância. O último período da história da humanidade tratou de desfazer a ilusão de Marshall (1967), para quem as conquistas da cidadania poderiam se sobrepor à desigualdade. O neoliberalismo e sua atual saída belicista mostram que houve uma espécie de revanche da desigualdade sobre a cidadania. O que paradoxalmente atribui uma radicalidade inusitada à luta em defesa da cidadania, na qual se incluem os direitos sociais e humanos.

Filmografia

Um dia, um gato. Tchecoslováquia. 1963. Direção: Wojtech Jasny. Duração: 90 min.

Ilha das Flores. Brasil. 1989. Direção: Jorge Furtado. Duração: 13 min.

Segredos e mentiras. Inglaterra/França. 1996. Direção: Mike Leigh. Duração: 142 min.

Capítulo 2

Capitalismo, liberalismo e origens da política social

Não se pode indicar com precisão um período específico de surgimento das primeiras iniciativas reconhecíveis de políticas sociais, pois, como processo social, elas se gestaram na confluência dos movimentos de ascensão do capitalismo com a Revolução Industrial, das lutas de classe e do desenvolvimento da intervenção estatal. Sua origem é comumente relacionada aos movimentos de massa social-democratas e ao estabelecimento dos Estados-nação na Europa ocidental do final do século XIX (Pierson, 1991), mas sua generalização situa-se na passagem do capitalismo concorrencial para o monopolista, em especial na sua fase tardia, após a Segunda Guerra Mundial (pós-1945).

As sociedades pré-capitalistas não privilegiavam as forças de mercado e assumiam algumas responsabilidades sociais, não com o fim de garantir o bem comum, mas com o intuito de manter a ordem social e punir a vagabundagem. Ao lado da caridade privada e de ações filantrópicas, algumas iniciativas pontuais com características assistenciais são identificadas como protoformas de políticas sociais.[1] As mais exaltadas e freqüentemente citadas como legislações seminais são as leis inglesas que se desen-

---

1. Estas questões foram analisadas em Boschetti (2003) e são retomadas aqui sucintamente.

volveram no período que antecedeu a Revolução Industrial (Polanyi, 2000; Castel, 1998):

- Estatuto dos Trabalhadores, de 1349.
- Estatuto dos Artesãos (Artífices), de 1563.
- Leis dos pobres elisabetanas, que se sucederam entre 1531 e 1601.
- Lei de Domicílio (*Settlement Act*), de 1662.
- *Speenhamland Act*, de 1795.
- Lei Revisora das Leis dos Pobres, ou Nova Lei dos Pobres (*Poor Law Amendment Act*), de 1834.

Essas legislações estabeleciam um "código coercitivo do trabalho" (Castel, 1998: 176) e seu caráter era punitivo e repressivo e não protetor (Pereira, 2000: 104). Castel sinaliza que essas regulamentações, que se espalharam pela Europa no período que antecedeu a Revolução Industrial, tinham alguns fundamentos comuns: estabelecer o imperativo do trabalho a todos que dependiam de sua força de trabalho para sobreviver; obrigar o pobre a aceitar qualquer trabalho que lhe fosse oferecido; regular a remuneração do trabalho, de modo que o trabalhador pobre não poderia negociar formas de remuneração; proibir a mendicância dos pobres válidos, obrigando-os a se submeter aos trabalhos "oferecidos" (Castel, 1998: 99).

Segundo Polanyi (2000) e Castel (1998), as legislações promulgadas até 1795 (*Poor Law* de 1601, a Lei de Domicílio de 1662 e a *Speenhamland Act* de 1795) tinham como função principal manter a ordem de castas e impedir a livre circulação da força de trabalho, o que teria contribuído para retardar a constituição do livre mercado de trabalho. A Nova Lei dos Pobres de 1834, já no contexto da irrupção da Revolução Industrial, ao contrário das demais, tinha o sentido de liberar a mão-de-obra necessária à instituição da sociedade de mercado.

Polanyi afirma que o princípio estruturador dessas leis era obrigar o exercício do trabalho a todos que apresentassem condições de trabalhar, e as ações assistenciais previstas tinham o objetivo de induzir o trabalhador a se manter por meio de seu trabalho. Associadas ao trabalho forçado, essas ações garantiam auxílios mínimos (como alimentação) aos pobres reclusos nas *workhouses* (casas de trabalho). Os critérios para acesso eram fortemente restritivos e seletivos e poucos conseguiam receber os benefícios. Os pobres "selecionados" eram obrigados a realizar uma atividade laborativa para justificar a assistência recebida (Polanyi, 2000; Castel, 1992, 1998).

Essas legislações estabeleciam distinção entre pobres "merecedores" (aqueles comprovadamente incapazes de trabalhar e alguns adultos capazes considerados pela moral da época como pobres merecedores, em geral nobres empobrecidos) e pobres "não merecedores" (todos que possuíam capacidade, ainda que mínima, para desenvolver qualquer tipo de atividade laborativa). Aos primeiros, merecedores de "auxílio", era assegurado algum tipo de assistência, minimalista e restritiva, sustentada em um pretenso dever moral e cristão de ajuda, ou seja, não se sustentavam na perspectiva do direito. Nas interpretações de Polanyi (2000) e Castel (1998), a principal função dessas legislações era impedir a mobilidade do trabalhador e assim manter a organização tradicional do trabalho.

A Lei de *Speenhamland*, instituída em 1795, difere das anteriores, pois tinha um caráter menos repressor. Ela estabelecia o pagamento de um abono financeiro, em complementação aos salários, cujo valor se baseava no preço do pão. Diferentemente das leis dos pobres, a Speenhamland garantia assistência social a empregados ou desempregados que recebessem abaixo de determinado rendimento, e exigia como contrapartida a fixação do trabalhador, pois proibia a mobilidade geográfica da mão-de-obra (Castel, 1998:178). Embora o montante fosse irrisório, era um direito assegurado em lei. Também Polanyi interpreta essa iniciativa como uma forma de resistência à implantação da sociedade de mercado, visto que sua instituição, em 6 de maio de 1795, assegurava aos trabalhadores pobres uma renda mínima independente dos seus proventos. Diz o autor que essa lei "[...] introduziu uma inovação social e econômica que nada mais era que o 'direito de viver' e, até ser abolida, em 1834, ela impediu efetivamente o estabelecimento de um mercado de trabalho competitivo" (Polanyi, 2000: 100).

Pode parecer exagerado atribuir a uma lei assistencial o "poder" de impedir o estabelecimento do livre mercado, mas o fato é que, enquanto as anteriores leis dos pobres induziam o trabalhador a aceitar qualquer trabalho a qualquer preço, a Lei Speenhamland, ao contrário, permitia ao trabalhador minimamente "negociar" o valor de sua força de trabalho, impondo limites (ainda que restritos) ao mercado de trabalho competitivo que se estabelecia. A sua revogação, em 1834, pela *Poor Law Amendment Act*, também conhecida como *New Poor Law* (Nova Lei dos Pobres), marcou o predomínio, no capitalismo, do primado liberal do trabalho como fonte única e exclusiva de renda, e relegou a já limitada assistência aos pobres ao domínio da filantropia. A nova lei dos pobres revogou os direitos assegurados pela Lei Speenhamland, restabeleceu a assistência interna nos albergues para os pobres "inválidos", reinstituiu a obrigatoriedade de trabalhos forçados para os pobres capazes de trabalhar, deixando à própria sorte uma população de pobres e miseráveis sujeitos à "exploração sem lei" do capitalismo nascente. O sistema de salários baseado no livre mercado exigia a abolição do "direito de viver".

O imperativo da liberdade e competitividade na compra e venda da força de trabalho fez com que o capitalismo regredisse mesmo em relação a essas formas restritivas de "proteção assistencial" à população pobre. A "descoberta" do trabalho livre como produtor de valor de troca e sua potencialidade na e para a acumulação capitalista (Marx, 1987: 41) precisou o significado do trabalho para as relações sociais. Na sociedade pré-industrial ou não capitalista, as atividades de trabalho eram indissociáveis das demais atividades da vida social (Marx, 1987). Na sociedade capitalista burguesa, o trabalho perde seu sentido como processo de humanização, sendo incorporado como atividade natural de produção para a troca, independente de seu contexto histórico. Na crítica feita à perspectiva da economia clássica presente em David Ricardo e Adam Smith, Marx desmistifica o significado "natural" do trabalho e mostra que o trabalho é atividade humana, resultante do dispêndio de energia física e mental, direta ou indiretamente voltada à produção de bens e serviços, contribuindo para a reprodução da vida humana, individual e social.

No capitalismo, ao ser tratada como mercadoria, a força de trabalho possui duplo caráter: ser produtora de valor de uso e valor de troca, ou como explicita Marx (1987: 54) "todo trabalho é, de um lado, dispêndio de força humana de trabalho, no sentido fisiológico, e, nessa qualidade de trabalho humano igual ou abstrato, cria valor de mercadorias. Todo trabalho, por outro lado, é dispêndio de força humana de trabalho, sob forma especial, para um determinado fim, e, nessa qualidade de trabalho útil e concreto, produz valor de uso". É nesse sentido que o valor de uso "só se realiza com a utilização ou o consumo" (1987: 42), e que "um valor de uso ou um bem só possui, portanto, valor, porque nele está corporificado, materializado trabalho humano abstrato" (Marx, 1987: 45).

Assim, o valor de troca se constitui a partir do dispêndio de energia humana que cria o valor das mercadorias e consiste na relação que se estabelece entre uma coisa e outra, entre um produto e outro. Como mercadoria, a força de trabalho perde sua utilidade como valor de uso, e reitera o valor que poderá agregar à produção, já que "o que determina a grandeza do valor, portanto, é a quantidade de trabalho socialmente necessário ou o tempo de trabalho socialmente necessário para a produção de um valor de uso" (Marx, 1987: 46).

As relações capitalistas constituem relações de produção de valores de troca (mercadorias) para acumulação de capital, através da expropriação da mais-valia adicionada ao valor pelo trabalho livre, condição da produção capitalista e razão pela qual se provoca a separação entre a força de trabalho e a propriedade dos meios de produção. O sentido do trabalho, portanto, sofre profunda modificação com a instituição das relações capitalistas, pois assume o caráter de trabalho abstrato, produtor de valores de troca, já que "o trabalho, como criador de valores de uso, como trabalho útil, é indispensável à existência do homem — quaisquer que sejam as formas de sociedade —, é necessidade natural e eterna de efetivar o intercâmbio material entre o homem e a natureza, e, portanto, de manter a vida humana" (Marx, 1987: 50).

Se as legislações sociais pré-capitalistas eram punitivas, restritivas e agiam na intersecção da assistência social e do trabalho forçado, o "abandono" dessas tímidas e repressivas medidas de proteção no auge da Revolução Industrial lança os pobres à "servidão da liberdade sem proteção", no contexto de plena subsunção do trabalho ao capital, provocando o pauperismo como fenômeno mais agudo decorrente da chamada questão social. Foram as "lutas pela jornada normal de trabalho" (Marx, 1987) que provocaram o surgimento de novas regulamentações sociais e do trabalho pelo Estado, como veremos a seguir.

1. Questão social e política social

As políticas sociais e a formatação de padrões de proteção social são desdobramentos e até mesmo respostas e formas de enfrentamento — em geral setorializadas e fragmentadas — às expressões multifacetadas da questão social no capitalismo, cujo fundamento se encontra nas relações de exploração do capital sobre o trabalho. A questão social se expressa em suas refrações (Netto, 1992) e, por outro lado, os sujeitos históricos engendram formas de seu enfrentamento. Contudo, sua gênese está na maneira com que os homens se organizaram para produzir num determinado momento histórico, como vimos, o de constituição das relações sociais capitalistas — e que tem continuidade na esfera da reprodução social.

Vale destacar que, quando se fala em produção e reprodução das relações sociais inscritas num momento histórico, sendo a questão social uma inflexão desse processo, trata-se da produção e reprodução — movimentos inseparáveis na totalidade concreta — de condições de vida, de cultura e de produção da riqueza.

Poder-se-ia argumentar que, a rigor, a categoria questão social não pertence ao quadro conceitual da teoria crítica, diga-se, da tradição marxista. Chega-se mesmo a dizer que colocar a questão social no centro do projeto de formação profissional, como o fez a ABEPSS a partir das Diretrizes Curriculares de 1996, seria retomar a idéia de "situação social-problema", tão cara ao Serviço Social tradicional. Dentro disso, esta seria uma proposição paradoxal, diante da orientação teórica adotada pelo Serviço Social brasileiro, e que está presente neste trabalho.

Observemos cuidadosamente esses argumentos. Em primeiro lugar, vale lembrar que está na base do trabalho teórico presente na crítica da economia política empreendida por Marx, com a colaboração de Engels, a perspectiva de desvelar a gênese da desigualdade social no capitalismo, tendo em vista instrumentalizar sujeitos políticos — tendo à frente o movimento operário — para sua superação. Esse processo — a configuração da desigualdade, e que tem relação com a exploração dos trabalhadores, e as respostas engendradas pelas classes sociais e seus segmentos, a exemplo das políticas sociais — se expressa na realidade de forma multifacetada através da questão social. Desse ponto de vista, é correto afirmar que a tradição marxista empreende, desde Marx e Engels até os dias de hoje, um esforço explicativo acerca da questão social, já que o que está subjacente às suas manifestações concretas é o processo de acumulação do capital, produzido e reproduzido com a operação da lei do valor, cuja contraface é a subsunção do trabalho pelo capital — processo abordado no item anterior —, acrescida da desigualdade social e do crescimento relativo da pauperização. Esta última é expressão das contradições inerentes ao capitalismo que, ao constituir o trabalho vivo como única fonte de valor e, ao mesmo tempo, reduzi-lo progressivamente em decorrência da elevação da composição orgânica do capital — o que implica um predomínio do trabalho morto sobre o trabalho vivo —, promove a expansão do exército industrial de reserva ou superpopulação relativa em larga escala (Braz e Netto, 2006).

O estudo de David Harvey (1993), acerca das expressões dessas tendências constitutivas do mundo do capital hoje, está repleto de indicações sobre a potenciação da constituição de uma superpopulação relativa sobrante, com o que ganha destaque o debate acerca do persistente desemprego estrutural. Outro aspecto aqui é que a lei do valor não trata apenas da produção de mercadorias na sua dimensão econômica. Se o processo de produção articula a valorização do capital ao processo de trabalho, ou seja, se o trabalho é o elemento decisivo que transfere e cria valor, então tal processo se refere sobretudo à produção e reprodução de indivíduos, classes sociais e relações sociais: a política e a luta de classes são elementos internos à lei do valor e à compreensão da questão social. Se sua base material é a produção e o consumo de mercadorias, estamos falando também do trabalho enquanto atividade humana, repleta de subjetividade, de identidade, de costumes e vida.

Uma interpretação da questão social como elemento constitutivo da relação entre o Serviço Social e a realidade, tendo como mediação as estratégias de enfrentamento adotadas pelo Estado e pelas classes — o que envolve a política social como um elemento central — tem algumas implicações.[2] Trata-se de imprimir historicidade a esse conceito, o que significa observar seus nexos causais, relacionados, como já foi dito, às formas da produção e reprodução sociais capitalistas, com seu metabolismo incessante, como nos chama a atenção Meszáros (2002). E o debate deve incorporar, necessariamente, os componentes de resistência e de ruptura presentes nas expressões e na constituição de formas de enfrentamento da questão social, ou seja, esse conceito está impregnado de luta de classes, sem o que se pode recair no culto da técnica dos mapas da "exclusão", das fotografias, da vigilância da exclusão, tão em voga nos dias de hoje.

O importante capítulo de *O capital* (Marx, 1988) acerca da jornada de trabalho é uma referência decisiva para interpretar a relação entre questão

---

2. No âmbito do Serviço Social, há consenso de que não existe uma "nova" questão social, posição esta que difere de autores como Castel (1998) e Rosanvallon (1986). Contudo, existem divergências na compreensão da relação entre serviço e questão social, tal como proposto nas Diretrizes Curriculares da ABEPSS. Esse debate está publicado na Revista *Temporalis* n. 3, da ABEPSS, sobretudo, os textos de Netto (2001), Iamamoto (2001), Pereira (2001) e Yazbek (2001).

social e política social. Nesse capítulo, Marx dá ainda mais densidade à sua tese acerca do lugar central e da condição estrutural do trabalho como fonte de valor para o capital — donde decorre seu sentido de negação, de contradição, de antagonismo ao capital —, mostrando a disputa feroz em torno do tempo de trabalho entre os detentores dos meios de produção — a burguesia — e os trabalhadores, na medida em que o tempo médio de trabalho socialmente necessário é fundamental para o processo de valorização do capital e também de reprodução da força de trabalho.

Naquele momento — a segunda metade do século XIX —, a força de trabalho reagia à exploração extenuante, fundada na mais-valia absoluta, com a extensão do tempo de trabalho, e também à exploração do trabalho de crianças, mulheres e idosos. A luta de classes irrompe contundente em todas as suas formas, expondo a questão social: a luta dos trabalhadores com greves e manifestações em torno da jornada de trabalho e também sobre o valor da força de trabalho — o salário, que deveria garantir "os meios de subsistência necessários à manutenção do seu possuidor", o que tem a ver com as necessidades básicas, com seu componente histórico e moral (Marx, 1988: 137), e as estratégias burguesas para lidar com a pressão dos trabalhadores, que vão desde a requisição da repressão direta pelo Estado, até concessões formais pontuais na forma das legislações fabris, mas em geral seguidas pela burla da ação pública, como revelam os interessantes relatórios dos inspetores de fábrica, fontes da pesquisa marxiana, que "fornecem uma estatística contínua e oficial sobre a avidez dos capitalistas por mais-trabalho" (1988: 184). Segundo Marx, "o capital tem um único impulso vital, o impulso de valorizar-se [...]. Se o trabalhador consome seu tempo disponível para si, então rouba ao capitalista" (1988: 179). De outro lado, os trabalhadores, na qualidade de vendedores da sua força de trabalho, querem limitar a jornada de trabalho a uma grandeza "normal", no contexto da força de trabalho como mercadoria e de um contrato de intercâmbio entre mercadorias. Para Marx, ocorre uma "antinomia de direito contra direito", o que o leva a concluir que:

> Entre direitos iguais decide a força. E assim a regulamentação da jornada de trabalho apresenta-se na história da produção capitalista como uma luta ao redor dos limites da jornada de trabalho — uma luta entre o capitalista coletivo, isto é, a classe dos capitalistas, e o trabalhador coletivo, ou a classe trabalhadora. (Marx, 1988: 181)

POLÍTICA SOCIAL: FUNDAMENTOS E HISTÓRIA

Portanto, com o monopólio da força, em meio a e embebido da luta de classes, atua o Estado, sob a direção do capital, mas com relativa autonomia, ainda que nesse período esta fosse muito reduzida, o que levou Marx e Engels a caracterizarem o Estado como comitê de classe da burguesia, no seu *Manifesto do Partido Comunista* (1998). O Estado, então, reprimia duramente os trabalhadores, de um lado, e iniciava a regulamentação das relações de produção, por meio da legislação fabril, de outro. A luta em torno da jornada de trabalho e as respostas das classes e do Estado são, portanto, as primeiras expressões contundentes da questão social, já repleta naquele momento de ricas e múltiplas determinações. Há o movimento dos sujeitos políticos — as classes sociais. Tem-se o ambiente cultural do liberalismo e a ênfase no mercado como via de acesso aos bens e serviços socialmente produzidos, cuja possibilidade de inserção estaria relacionada ao mérito individual. Começa a ocorrer o deslocamento do problema da desigualdade e da exploração como questão social, a ser tratada no âmbito estatal e pelo direito formal, que discute a igualdade de oportunidades, em detrimento da igualdade de condições. Verifica-se, nesse contexto, um deslocamento burguês em relação ao problema da jornada de trabalho, quando os capitalistas passam a incrementar cada vez mais a maquinaria e a se interessar por uma jornada "normal" de trabalho, tendo em vista os custos de depreciação da força de trabalho nas condições extenuantes do início da Revolução Industrial, aumentados pelas paralisações e mobilizações dos trabalhadores na segunda metade do século XIX.

O estabelecimento da jornada normal de trabalho foi, desta forma, o resultado de uma luta "multissecular entre capitalista e trabalhador", considerando aí também o tempo decorrido entre a subsunção dos trabalhadores "livres como os pássaros" ao capital e a Revolução Industrial, cuja dinâmica constitui a possibilidade de geração de uma consciência coletiva dos trabalhadores enquanto classe — "a classe trabalhadora, atordoada pelo barulho da produção, recobrou de algum modo seus sentidos, começou sua resistência, primeiro na terra natal da grande indústria, na Inglaterra" (Marx, 1988: 211). O período das lutas de 1848, cuja importância como momento de ruptura com o projeto burguês é amplamente reconhecida (Netto, 1998), foi decisivo para a definição legal da jornada de trabalho de 10 horas, mas esta se deu ainda como legislação de exceção. Sua cobertura para todos os trabalhadores só foi possível após uma "guerra civil de longa duração mais ou menos oculta entre capitalistas e trabalhadores"

(Marx, 1988: 227), em que se conquistou "uma lei estatal, uma barreira social intransponível" (1988: 229), em meados dos anos 60 do século XIX. Esse debate acerca da jornada de trabalho mostra a irrupção da luta de classes e da questão social, bem como de suas formas de enfrentamento, com o início da regulamentação da relação capital/trabalho. Nesse sentido, a legislação fabril pode ser compreendida como precursora do papel que caberá ao Estado na relação com as classes e os direitos sociais no século XX. Essa guerra civil prolongada permaneceu ainda mais forte em fins do século XIX e na passagem para o chamado breve século XX (Hobsbawm, 1995), pressionando pela ampliação dos direitos, apesar das resistências burguesas sustentadas pelo mais arraigado liberalismo, o que condicionou as possibilidades de expansão das políticas sociais — que viabilizam o acesso aos direitos — pelo menos até a década de 1930.

2. O liberalismo e a negação da política social

O período que vai de meados do século XIX até a terceira década do século XX, portanto, é profundamente marcado pelo predomínio do liberalismo e de seu principal sustentáculo: o princípio do trabalho como mercadoria e sua regulação pelo livre mercado.

O liberalismo, alimentado pelas teses de David Ricardo e sobretudo de Adam Smith (2003), que formula a justificativa econômica para a necessária e incessante busca do interesse individual, introduz a tese que vai se cristalizar como um fio condutor da ação do Estado liberal: cada indivíduo agindo em seu próprio interesse econômico, quando atuando junto a uma coletividade de indivíduos, maximizaria o bem-estar coletivo. É o funcionamento livre e ilimitado do mercado que asseguraria o bem-estar. É a "mão invisível" do mercado livre que regula as relações econômicas e sociais e produz o bem comum.

O predomínio do mercado como supremo regulador das relações sociais, contudo, só pode se realizar na condição de uma suposta ausência de intervenção estatal. O papel do Estado, uma espécie de mal necessário na perspectiva do liberalismo, resume-se a fornecer a base legal com a qual o mercado pode melhor maximizar os "benefícios aos homens". Adam Smith criticou duramente o "Estado intervencionista e o Estado mercantilista", mas não defendeu sua extinção. Ao contrário, reafirmava a necessidade da

POLÍTICA SOCIAL: FUNDAMENTOS E HISTÓRIA

existência de um corpo de leis e a ação do Estado que garantisse maior liberdade ao mercado livre. É interessante notar a ambigüidade liberal-burguesa na relação com o Estado, que sempre esteve presente como uma espécie de parteiro (Mandel, 1982) do mundo do capital, desde que mantido sob controle estrito, sem o que é a fonte de todos os males e crises.

Mas essa interpretação do liberalismo acerca do Estado rompeu com o debate político iluminista moderno, de Maquiavel a Rousseau.[3] Façamos uma breve incursão nessa reflexão que precede o liberalismo, buscando apreender como ela compreende o lugar do Estado na sociabilidade, de modo a esclarecer o processo de constituição da política social viabilizada nesse âmbito, bem como precisar melhor os axiomas liberais.[4]

Com a decadência da sociedade feudal e da lei divina como fundamento das hierarquias políticas, por volta dos séculos XVI e XVII, ainda no contexto da chamada acumulação primitiva do capital, é desencadeada uma discussão sobre o papel do *Estado*. Desde Maquiavel, busca-se uma abordagem racional do exercício do poder político por meio do Estado. Naquele momento, este era visto como uma espécie de *mediador civilizador* (Carnoy, 1988), ao qual caberia o controle das paixões, ou seja, do desejo insaciável de vantagens materiais, próprias dos homens em *estado de natureza.* Em seu *Leviathan*, de 1651, Hobbes apontava que, no *estado de natureza*, os apetites e as aversões determinam as ações voluntárias dos homens e que, entre preservar a liberdade vantajosa da condição natural e o medo da violência e da guerra, impõe-se a renúncia à liberdade individual em favor do soberano, do monarca absoluto. A sujeição seria uma opção racional para que os homens refreassem suas paixões, num contexto em que o "homem é o lobo do homem".

John Locke concordava com essa idéia hobbesiana de que os homens se juntam na sociedade política para se defender da guerra de todos contra todos. Porém, dizia que a monarquia absoluta era incompatível com o governo civil, já que o soberano não teria a quem apelar a não ser a si mesmo. Nesse sentido, fazia-se necessário que o poder político estivesse em mãos

---

3. Extratos selecionados dos textos clássicos dos autores citados — Hobbes, Locke e Rousseau — estão compilados no didático trabalho organizado por Weffort (1989).

4. Partes do texto desenvolvido neste item foram elaboradas por Behring e tiveram sua primeira versão publicada no âmbito do Curso de Especialização em Política Social e Serviço Social (CFESS/ABEPSS/CEAD-UnB), em 2000.

de corpos coletivos de homens. Para Locke, o poder tem origem num *pacto* estabelecido pelo consentimento mútuo dos indivíduos que compõem a comunidade, no sentido de preservar a vida, a liberdade e, sobretudo, a propriedade. A presença do tema da propriedade introduz uma clivagem diferenciada à discussão, já que há uma clara associação entre poder político e propriedade, fortemente vinculada às relações capitalistas nascentes. Aqui a razão e a perfeição da sociedade civil se contrapõem ao caos no estado de natureza, sendo a propriedade a base da sociedade justa e eqüitativa.

Com seu *Contrato social*, de 1762, Jean-Jacques Rousseau acrescenta novos e polêmicos elementos ao debate inglês do Seiscentos. Para ele, um dos inspiradores da Revolução Francesa de 1789, os homens no *estado de natureza* estão sem moralidade e sem maldade — a conhecida idéia de que o homem é naturalmente bom, do *bom selvagem* —, enquanto a sociedade civil é a descrição de como os homens vivem em realidade, e não uma construção ideal. A sociedade civil, para Rousseau, é imperfeita: foi corrompida pela propriedade, e é produto da voracidade do homem, obra do mais rico e poderoso, que quer proteger seus interesses próprios. Assim, o Estado foi até aquele momento uma criação dos ricos para preservar a desigualdade e a propriedade, e não o bem comum. A saída rousseauniana para o impasse da desigualdade social e política na sociedade civil é a configuração de um Estado cujo poder reside no povo, na cidadania, por meio da vontade geral. Este é o *contrato social* em Rousseau. Diferentemente de Locke, o pacto não é apenas dos proprietários, mas envolve o conjunto da sociedade em mecanismos de democracia direta (Bobbio, 1988). Assim, apenas esse Estado, um Estado de direito, fundado nas leis definidas pela vontade geral,[5] seria capaz de limitar os extremos de pobreza e riqueza presentes na sociedade civil e promover a educação pública para todos — meio decisivo para a livre escolha. A preocupação de Rousseau com a desigualdade social, às vésperas da Revolução Francesa de 1789, expressa o avanço da subsunção do trabalho ao capital, ainda que não sua generalização, e suas conseqüências nefastas, mesmo que encobertas pela luta contra a aristocracia.

---

5. Categoria chave na concepção política e filosófica de Rousseau, segundo a qual cada indivíduo aceita um contrato em que abdica de sua liberdade natural (primitiva) em favor de uma liberdade civil pela qual nenhum homem deve obedecer a outro, mas sim a uma vontade geral expressa em leis igualitárias. Assim, o poder e a autoridade estão vinculados à soberania popular. Rousseau pode ser considerado um democrata radical e precursor do socialismo do século XIX (Sandroni, 1992: 74).

POLÍTICA SOCIAL: FUNDAMENTOS E HISTÓRIA

Porém, se até então o debate **se** concentrava nas conseqüências políticas dos interesses — alcançando até mesmo uma perspectiva radicalmente democrática em Rousseau —, a consolidação econômica e política do capitalismo nos séculos XVIII e XIX introduziu outros e duradouros condimentos nessa calorosa discussão sobre a relação entre Estado, sociedade civil e bem-estar. Se, para os pensadores do período de fundação do Estado moderno, este era o *mediador civilizador* — idéia resgatada pelas perspectivas keynesianas e social-democratas que preconizaram, no século XX, um Estado intervencionista —, para o pensamento liberal emergente, era um mal necessário (Bobbio, 1988). E continua sendo para os liberais do presente. Voltemos agora ao liberalismo!

É bom que se diga que nos primórdios do liberalismo, no século XIX, existia um claro componente transformador nessa maneira de pensar a economia e a sociedade: tratava-se de romper com as amarras parasitárias da aristocracia e do clero, do Estado absoluto, com seu poder discricionário. O cenário de uma burguesia já hegemônica do ponto de vista econômico, mas não consolidada como classe politicamente dominante, propicia o antiestatismo radical presente no pensamento de um Adam Smith e em sua ode ao mercado como mecanismo *natural* de regulação das relações sociais, cinicamente recuperados pelos neoliberais de hoje, num contexto muito diferente. Ou seja, havia um componente utópico (Löwy, 1987) na visão social de mundo do liberalismo, adequado ao papel revolucionário da burguesia, tão bem explorado por Marx e Engels, em seu *Manifesto do Partido Comunista* (1998). É evidente que essa dimensão se esgota na medida em que o capital se torna hegemônico e os trabalhadores começam a formular seu projeto autônomo e a desconfiar dos limites da burguesia a partir das lutas de 1848, e das lutas pela jornada de trabalho, como já sinalizamos anteriormente. Mas retomemos o raciocínio de Smith.

Segundo ele, a procura do interesse próprio pelos indivíduos, portanto, seu desejo *natural* de melhorar as condições de existência, tende a maximizar o bem-estar coletivo. Uma mão invisível — o mercado — leva os indivíduos a promover um fim que não fazia parte de sua intenção inicial. Nesse sentido, o bem-estar pode ser um efeito não-intencional da avareza. A "loucura das leis humanas" não pode interferir nas leis *naturais* da economia, e por isso o Estado deve apenas fornecer a base legal, para que o mercado livre possa maximizar os "benefícios aos homens". Trata-se, portanto, de um *Estado mínimo*, sob forte controle dos indivíduos que compõem a sociedade civil,[6] na qual se localiza a virtude. Smith pensava em um Estado com apenas três funções: a defesa contra os inimigos externos; a proteção de todo o indivíduo de ofensas dirigidas por outros indivíduos; e o provimento de obras públicas, que não possam ser executadas pela iniciativa privada (Bobbio, 1988). Ele acreditava que os indivíduos, ao buscarem ganhos materiais, são orientados por sentimentos morais e por um senso de dever, o que assegura a ausência da guerra de todos contra todos. A coesão social se originaria na sociedade civil, com a mão invisível do mercado e o cimento ético dos sentimentos morais individuais, fundados na perfectibilidade humana.[7] Para Smith, não há, portanto, contradição entre acumulação de riqueza e coesão social.

Ao lado da ética do trabalho,[8] esse raciocínio torna-se amplamente hegemônico, à medida que a sociedade burguesa se consolida. Trata-se de uma sociedade fundada no *mérito* de cada um em potenciar suas capacidades supostamente *naturais*. O liberalismo, nesse sentido, combina-se a um forte darwinismo social,[9] em que a inserção social dos indivíduos se define

---

6. Trata-se de qualificar o conceito smithiano de sociedade civil. Adam Smith, ao concluir que a racionalidade individual leva ao bem coletivo, cristaliza um conceito de sociedade civil autorregulada pela ação involuntária do conjunto dos indivíduos. Dessa forma, a sociedade civil possui uma racionalidade inata e benéfica, diga-se, que conduz necessariamente ao progresso e ao bem-estar geral. A esfera do interesse privado tornou-se autônoma em relação à do interesse público, já que, nessa concepção, o indivíduo privado divorciou-se do cidadão (Bottomore, 1988: 118 e 351).

7. Conceito de homem originado de Santo Tomás de Aquino (século XIII), para quem uma pessoa é a substância individual de uma natureza racional, composta de corpo e alma. A pessoa é um *ser perfeito*, tanto do ângulo material, quanto do espiritual. Tal perfeição se manifesta pela complexidade do corpo humano e pela razão. A inteligência dá ao homem capacidade de escolha, o que implica uma dimensão moral. Para Santo Tomás, o homem tende a buscar a virtude e o bem, diga-se, a Deus (Aguiar, 1989: 41).

8. Direção intelectual e moral difundida pelos puritanos — ver o clássico de Max Weber, *A ética protestante e o espírito do capitalismo* (2004) — que predominou no século XIX e perdura até os dias de hoje, e que aponta o trabalho em si como atividade edificante e benéfica, sendo seu fruto o progresso, sem considerar as condições em que esse trabalho se realiza. Para uma crítica contundente dessa visão, vale consultar Lafargue, 1999.

9. Charles Darwin publicou *A origem das espécies* em 1859, texto no qual discutia a trajetória de animais e plantas em termos: das leis da hereditariedade, da variabilidade, do aumento populacional, da luta pela vida e da seleção natural, que implica a divergência de caráter e a extinção das formas menos aperfeiçoadas. Os darwinistas sociais fazem uma transposição das descobertas de Darwin para a história humana. Segundo Herbert Spencer, por exemplo, a intervenção do Estado no "organismo social" seria contrária à evolução natural da sociedade, onde os menos aptos tenderiam a desaparecer (Bottomore, 1988: 97; Sandroni, 1992: 85).

por mecanismos de *seleção natural*. Tanto que Malthus, em seus clássicos estudos sobre a população, por exemplo, recusava drasticamente as leis de proteção, responsabilizando-as pela existência de um número de pobres que ultrapassava os recursos disponíveis. A legislação social, para ele, revertia leis da natureza. Nas suas palavras: "há um direito que geralmente se pensa que o homem possui e que estou convicto de que ele não possui nem pode possuir: o direito de subsistência, quando seu trabalho não a provê devidamente" (Malthus *apud* Lux, 1993: 44). Nesse ambiente intelectual e moral, não se deviam despender recursos com os pobres, dependentes, ou "passivos" (Kant *apud* Coutinho: 1989), mas vigiá-los e puni-los, como bem mostrou o estudo de Foucault (1996). Relação semelhante se mantém com os trabalhadores: os salários não devem ser regulamentados, sob pena de interferir no preço *natural* do trabalho, definido nos movimentos *naturais* e equilibrados da oferta e da procura no âmbito do mercado. Trata-se da *negação da política* e, em conseqüência, da política social que se realiza invadindo as relações de mercado, regulando-o, como apontam as legislações fabris já comentadas.

Fica evidente, assim, que a débil intervenção do Estado na garantia de direitos sociais sob o capitalismo liberal não emanou de uma natureza predefinida do Estado, mas foi criada e defendida deliberadamente pelos liberais, numa disputa política forte com os chamados reformadores sociais (Lux, 1993). Para aqueles, o Estado não devia intervir na regulação das relações de trabalho nem deveria se preocupar com o atendimento das necessidades sociais. Mas, paradoxalmente, podia e devia agir firmemente para garantir os interesses liberais de estabelecimento do mercado livre na sociedade civil, como o demonstra a defesa malthusiana das leis do trigo (Lux, 1993).

A síntese que segue de alguns elementos essenciais do liberalismo ajuda a melhor compreender a reduzida intervenção estatal na forma de políticas sociais nesse período:

a) *Predomínio do Individualismo*. Os liberais consideram o indivíduo (e não a coletividade) como sujeito de direito, de modo que os direitos civis foram os primeiros a ser reconhecidos pelo Estado liberal no século XVIII, pois a liberdade de ir e vir, de adquirir e comercializar propriedade era um requisito fundamental para instituir a sociedade de classe.

b) *O bem-estar individual maximiza o bem-estar coletivo.* Para os liberais, cada indivíduo deve buscar o bem-estar para si e sua família por meio da venda de sua força de trabalho no mercado. Assim, não cabe ao Estado garantir bens e serviços públicos para todos. Nessa perspectiva, cada um, individualmente, deve garantir seu bem-estar, o que levaria todos os indivíduos a atingir uma situação de bem-estar. Tal princípio se funda em outro — a liberdade em detrimento da igualdade.

c) *Predomínio da liberdade e competitividade.* A liberdade e a competitividade são entendidas como formas de autonomia do indivíduo para decidir o que é melhor para si e lutar por isso. Os liberais não reconhecem que a liberdade e a competitividade não asseguram igualdade de condições nem de oportunidades para todos.

d) *Naturalização da miséria.* Os liberais vêem a miséria como natural e insolúvel, pois decorre da imperfectibilidade humana, ou seja, a miséria é compreendida como resultado da moral humana e não como resultado do acesso desigual à riqueza socialmente produzida.

e) *Predomínio da lei da necessidade.* Baseados nas teses malthusianas, os liberais entendem que as necessidades humanas básicas não devem ser totalmente satisfeitas, pois sua manutenção é um instrumento eficaz de controle do crescimento populacional e do conseqüente controle da miséria.

f) *Manutenção de um Estado mínimo.* Para os liberais, o Estado deve assumir o papel "neutro" de legislador e árbitro, e desenvolver apenas ações complementares ao mercado. Sua intervenção deve restringir-se a regular as relações sociais com vistas a garantir a liberdade individual, a propriedade privada e assegurar o livre mercado.

g) *As políticas sociais estimulam o ócio e o desperdício.* Para os liberais, o Estado não deve garantir políticas sociais, pois os auxílios sociais contribuem para reproduzir a miséria, desestimulam o interesse pelo trabalho e geram acomodação, o que poderia ser um risco para a sociedade de mercado.

h) *A política social deve ser um paliativo.* Como, na perspectiva liberal, a miséria é insolúvel e alguns indivíduos (crianças, idosos e deficientes) não têm condições de competir no mercado de trabalho, ao Estado cabe apenas assegurar assistência mínima a esses segmentos, como um paliativo. A pobreza, para os liberais, deve ser minorada pela caridade privada.

3. As lutas da classe trabalhadora e a origem da política social

Com o predomínio desses princípios ferozmente defendidos pelos liberais e assumidos pelo Estado capitalista, não é difícil compreender que a resposta dada à questão social no final do século XIX foi sobretudo repressiva e apenas incorporou algumas demandas da classe trabalhadora, transformando as reivindicações em leis que estabeleciam melhorias tímidas e parciais nas condições de vida dos trabalhadores, sem atingir, portanto, o cerne da questão social. Mas mesmo as reformas sociais do período do pós-Segunda Guerra não terão esse caráter. Nesse sentido, as primeiras iniciativas de políticas sociais podem ser entendidas na relação de continuidade entre Estado liberal e Estado social. Em outras palavras, não existe polarização irreconciliável entre Estado liberal e Estado social, ou, de outro modo, não houve ruptura radical entre o Estado liberal predominante no século XIX e o Estado social capitalista do século XX. Houve, sim, uma mudança profunda na perspectiva do Estado, que abrandou seus princípios liberais e incorporou orientações social-democratas num novo contexto socioeconômico e da luta de classes, assumindo um caráter mais social, com investimento em políticas sociais (Pisón, 1998). Não se trata, então, de estabelecer uma linha evolutiva linear entre o Estado liberal e o Estado social, mas sim de chamar a atenção para o fato de que ambos têm um ponto em comum: o reconhecimento de direitos sem colocar em xeque os fundamentos do capitalismo.

O Estado europeu liberal do século XIX foi pródigo no reconhecimento dos direitos civis orientados para a garantia da propriedade privada (Marshall, 1967 e Coutinho, 1996). Ao Estado cabia proteger o direito à vida, à liberdade individual e os direitos de segurança e propriedade. Esse Estado liberal tinha características de Estado policial e repressor e sua função primordial era não intervir na liberdade individual (Pereira, 2000), de modo a assegurar que os indivíduos usufruíssem livremente seu direito à propriedade e à liberdade.

A mobilização e a organização da classe trabalhadora foram determinantes para a mudança da natureza do Estado liberal no final do século XIX e início do século XX. Pautada na luta pela emancipação humana, na socialização da riqueza e na instituição de uma sociabilidade não capitalista, a classe trabalhadora conseguiu assegurar importantes conquistas na dimensão dos direitos políticos, como o direito de voto, de organização em sindicatos e partidos, de livre expressão e manifestação (Barbalet, 1989). Tais conquistas, contudo, não conseguiram impor a ruptura com o capitalismo. Os direitos políticos, diferentemente dos direitos civis, são direitos coletivos, garantidos a todos, e independem da relação do indivíduo com a propriedade privada. As Constituições liberais, no entanto, restringiam o direito político aos proprietários. A transformação do direito universal ao sufrágio em direito positivo só aconteceu na Europa no século XX (Coutinho, 1996; Barbalet, 1989).

Assim, a generalização dos direitos políticos é resultado da luta da classe trabalhadora e, se não conseguiu instituir uma nova ordem social, contribuiu significativamente para ampliar os direitos sociais, para tencionar, questionar e mudar o papel do Estado no âmbito do capitalismo a partir do final do século XIX e início do século XX.

O surgimento das políticas sociais foi gradual e diferenciado entre os países, dependendo dos movimentos de organização e pressão da classe trabalhadora, do grau de desenvolvimento das forças produtivas, e das correlações e composições de força no âmbito do Estado. Os autores são unânimes em situar o final do século XIX como o período em que o Estado capitalista passa a assumir e a realizar ações sociais de forma mais ampla, planejada, sistematizada e com caráter de obrigatoriedade.

Discutindo a origem do *Welfare State*, Pierson (1991) entende que a simples presença de algumas medidas de regulação pública não é suficiente para definir sua existência. Para esse autor, o que ajuda a demarcar a emergência de políticas sociais são alguns elementos surgidos no final do século XIX, decorrentes da luta da classe trabalhadora. O primeiro foi a introdução de políticas sociais orientadas pela lógica do seguro social na Alemanha, a partir de 1883. Essa "novidade" na intervenção estatal, no contexto de presença marcante da social-democracia alemã no parlamento e nas lutas sociais, marcaria o reconhecimento público de que a incapacidade para trabalhar devia-se a contingências (idade avançada, enfermidades, desemprego) que deveriam ser protegidas. O segundo elemento apontado pelo autor é que as políticas sociais passam a ampliar a idéia de cidadania e desfocalizar suas ações, antes direcionadas apenas para a pobreza extrema. Em sua interpretação, ocorre uma mudança na relação do Estado com o cidadão em quatro direções: a) o interesse estatal

POLÍTICA SOCIAL: FUNDAMENTOS E HISTÓRIA

vai além da manutenção da ordem, e incorpora a preocupação de atendimento às necessidades sociais reivindicadas pelos trabalhadores; b) os seguros sociais implementados passam a ser reconhecidos legalmente como conjunto de direitos e deveres; c) a concessão de proteção social pelo Estado deixa de ser barreira para a participação política e passa a ser recurso para exercício da cidadania, ou seja, os direitos sociais passam a ser vistos como elementos da cidadania; e d) ocorre um forte incremento de investimento público nas políticas sociais, com crescimento do gasto social: os Estados europeus passam a comprometer em média 3% de seu Produto Interno Bruto (PIB) com gastos sociais a partir do início do século XX (Pierson, 1991: 107).

Em meados do século XIX, os trabalhadores organizaram caixas de poupança e previdência (sociedades de mutualidade) como estratégia de fundo de cotização para fomentar a organização operária e manter os trabalhadores em greve. O livro *Germinal*, de Emile Zola, transformado em filme, mostra essas primeiras iniciativas dos trabalhadores em um contexto de forte repressão estatal aos movimentos grevistas. Essa forma de solidariedade de classe, contudo, foi completamente desvirtuada na Alemanha, quando o governo do chanceler Otto Von Bismarck instituiu o primeiro seguro-saúde nacional obrigatório em 1883, no contexto de fortes mobilizações da classe trabalhadora. As iniciativas tomaram a forma de seguro social público obrigatório, destinado a algumas categorias específicas de trabalhadores e tinham como objetivo desmobilizar as lutas. As medidas compulsórias de seguro social público têm como pressuposto a garantia estatal de prestações de substituição de renda em momentos de perda da capacidade laborativa, decorrente de doença, idade ou incapacidade para o trabalho. A autora alemã Kott (1995) explica que essa legislação seminal foi precedida por uma série de legislações pontuais que asseguravam assistência social aos pobres. A primeira legislação responsabilizando as prefeituras alemãs a socorrer os pobres residentes na comunidade há mais de três anos data de 1842. Na interpretação da autora, as legislações sobre os seguros sociais obrigatórios têm sua origem na tradição assistencial anterior: "É a esta legislação particular existente na Alemanha do Sul que se deve atribuir a manutenção, na lei de 1883, do seguro municipal. Sua natureza subsidiária, e sobretudo seu funcionamento, remete a essa tradição assistencial" (Kott, 1995: 30).

Os seguros, conforme aponta Marshall (1967: 80)[10] foram iniciados timidamente sob a óptica privada e destinados a reduzidas categorias profissionais, mas se espalharam no final do século XIX e início do século XX, de tal modo que, em 1938, entre 30 países da Europa, Ásia, Américas e Australásia, 20 tinham seguro compulsório contra doença, 24 possuíam alguma forma de aposentadoria contributiva, quase todos tinham planos para atender acidentes no trabalho e moléstias industriais, somente 8 tinham seguro obrigatório contra o desemprego e somente 3 cobriam apenas as três situações "clássicas" de risco social: doença, velhice e desemprego. Essa modalidade de proteção social, contudo, não tinha caráter universal.

Na França, as primeiras intervenções estatais durante o século XIX foram chamadas pelos liberais de *Etat Providence* (Estado-providência). A expressão foi forjada por pensadores liberais contrários à intervenção do Estado, justamente para criticar a ação estatal, pois consideravam que, ao intervir para minorar as situações de pobreza o Estado se atribuía uma "sorte de providência divina" (Rosanvallon, 1986). Alguns autores franceses consideram que o marco de emergência do Estado-providência é o ano de 1898, com a aprovação da primeira lei cobrindo os acidentes do trabalho (Ewald, 1986 e 1996; Renard, 1995), que estabelece a proteção social obrigatória aos trabalhadores, sob responsabilidade estatal (Dorion e Guionnet, 1993).

O modelo bismarckiano é identificado como sistema de seguros sociais, pois suas características assemelham-se à de seguros privados. Em relação aos direitos, os benefícios cobrem principalmente (e às vezes exclusivamente) os trabalhadores contribuintes e suas famílias; o acesso é condicionado a uma contribuição direta anterior e o montante das prestações é proporcional à contribuição efetuada. Quanto ao financiamento, os recursos provêm fundamentalmente das contribuições diretas de empregados e empregadores, baseadas na folha de salários. Quanto à gestão, os seguros eram originalmente organizados em caixas estruturadas por tipos de risco social: caixas de aposentadorias, caixas de seguro-saúde, e assim por diante, e eram geridos pelos contribuintes, ou seja, por empregadores e empregados.

Ao analisar a origem da intervenção estatal nas políticas sociais, Pierson (1991: 110) reconhece que o desenvolvimento variado entre as nações, tan-

---

10. Marshall fez essa análise com base no *Relatório Beveridge*, que apresenta em seu Apêndice F, p. 287, a relação e a situação de 30 países na garantia de benefícios sociais.

to em termos de alcance, critérios de gasto, constituição de fundos, quanto de impactos sociais e políticos, dificulta o estabelecimento de um padrão único. Mas o autor aponta as iniciativas que indicariam as situações da intervenção estatal em período de predomínio do liberalismo:

- entre 1883 e 1914, todos os países europeus implantaram um sistema estatal de compensação de renda para os trabalhadores na forma de seguros;

- no mesmo período, 11 dos 13 países europeus introduziram seguro-saúde e 9 legislaram sobre pensão aos idosos;

- em 1920, 9 países tinham alguma forma de proteção ao desempregado.

Essas tímidas iniciativas revelam que, ao menos até o início do século XX, as idéias liberais irão prevalecer, derrotando na maior parte das vezes os humanistas, democratas, reformadores e socialistas. De ângulos e em épocas muito diferentes, T. H. Marshall (década de 1950), Michel Foucault (década de 1960), Kenneth Lux e Robert Castel (década de 1990) mostram a forte polêmica em torno da reforma social. A avalanche liberal, alimentada pelas descobertas científicas e por um crescimento econômico pujante, relegou ao esquecimento as advertências clássicas sobre a necessidade de um *mediador civilizador*. Mas isso não durou muito tempo, porque as fortes contradições daí decorrentes não tardaram a se colocar no cenário, com implicações para a política social.

4. A grande crise do capital e a condição da política social

O enfraquecimento das bases materiais e subjetivas de sustentação dos argumentos liberais ocorreu ao longo da segunda metade do século XIX e no início do século XX, como resultado de alguns processos político-econômicos, dos quais vale destacar dois. O primeiro foi o crescimento do movimento operário, que passou a ocupar espaços políticos e sociais importantes, como o parlamento, obrigando a burguesia a "entregar os anéis para não perder os dedos", diga-se, a reconhecer direitos de cidadania política e social cada vez mais amplos para esses segmentos, como se mostrou no item anterior. Vale lembrar que a vitória do movimento socialista em 1917, na Rússia, e seu efeito de fortalecimento do movimento operário internacional também foram importantes para configurar uma atitude defensiva do capital, assim como as mudanças no mundo da produção, com o advento do fordismo[11]. É que tais mudanças ofereceram maior poder coletivo aos trabalhadores, que passaram a requisitar acordos coletivos de trabalho e ganhos de produtividade, o que vai se generalizar apenas no segundo pós-guerra.

O segundo e não menos significativo processo foi a concentração e monopolização do capital, demolindo a utopia liberal do indivíduo empreendedor orientado por sentimentos morais. Cada vez mais o mercado foi liderado por grandes monopólios, e a criação de empresas passou a depender de um grande volume de investimento, dinheiro emprestado pelos bancos, numa verdadeira fusão entre o capital bancário e o industrial, que dá origem ao capital financeiro, como nos mostra o estudo de Lênin sobre o *Imperialismo, fase superior do capitalismo* (1987). Bela expressão cinematográfica desse processo se encontra no clássico *Cidadão Kane*, de Orson Welles. A concorrência intercapitalista feroz entre grandes empresas de base nacional ultrapassou as fronteiras e se transformou em confronto aberto e bárbaro nas duas grandes guerras mundiais. Mas, para além das guerras, existe um divisor de águas muito importante, a partir do qual as elites político-econômicas começam a reconhecer os limites do mercado se deixado à mercê dos seus supostos movimentos *naturais*: a crise de 1929-1932. Esse período também é conhecido como o da Grande Depressão. Foi a maior crise econômica mundial do capitalismo até aquele momento. Uma crise que se iniciou no sistema financeiro americano, a partir do dia 24 de outubro de 1929, quando a história registra o primeiro dia de pânico na Bolsa de Nova York. A crise se alastrou pelo mundo, reduzindo o comércio mundial a um terço do que era antes. Com ela instaura-se a desconfiança de que os pressupostos do liberalismo econômico poderiam estar errados (Sandroni, 1992: 151) e se instaura, em paralelo à revolução socialista de 1917, uma forte crise econômica, com desemprego em massa, e também de legitimidade política do capitalismo.

Como explicar essa crise e quais são suas implicações para o processo de consolidação da política social? Já sabemos que o que move o capital é a busca de lucros, ou seja, a extração do máximo de mais-valia a partir dos

---

11. No Capítulo 3 a questão do fordismo é discutida mais detalhadamente.

simultâneos processos de trabalho e valorização que integram a formação do valor das mercadorias, o qual se *realiza* na esfera da circulação (Braz e Netto, 2006). Esse processo ocorre diferenciadamente em contextos históricos a partir: do grau de articulação planetária do mercado mundial; dos níveis de desenvolvimento e generalização das forças produtivas e, ainda, dos níveis de consciência e organização das classes sociais e seus segmentos. A busca de lucros adquiriu forma específica em cada período do modo de produção capitalista: o capitalismo concorrencial (século XIX), o imperialismo clássico (fins do século XIX até a Segunda Guerra Mundial) e o capitalismo tardio (pós-1945 até os dias de hoje).[12] As políticas sociais se multiplicam lentamente ao longo do período depressivo, que se estende de 1914 a 1939, e se *generalizam* no início do período de expansão após a Segunda Guerra Mundial, o qual teve como substrato a própria guerra e o fascismo, e segue até fins da década de 1960. Ou seja, na passagem do imperialismo clássico (Lênin, 1987) para o capitalismo tardio ou maduro (Mandel, 1982).

O *crack* de 1929 foi uma expressão típica e paradigmática da operação da lei do valor (Netto e Braz, 2006) e esteve na base dessa passagem, da mudança de ciclo do processo de acumulação capitalista. Observemos como Mandel explica a espiral da crise. Ela precisa ser compreendida por dentro dos ciclos longos de expansão e depressão, superando-se, dessa forma, a tendência dos economistas de articularem as crises aos detonadores imediatos, que em geral são catalisadores da depressão, mas não sua causa. Segundo Mandel, o período de expansão notabiliza-se pelo crescimento da composição orgânica do capital, pelo aumento da taxa de mais-valia (o que pressupõe o recuo do movimento operário) e pela possível baixa dos preços das matérias-primas. Essa situação cria seus próprios obstáculos: com a redução do exército industrial de reserva, tende a se ampliar a resistência

---

12. Periodização da história do capitalismo desenvolvida pelo marxista belga Ernest Mandel (1982). Mandel identifica um período *concorrencial* (a partir de 1848), marcado pela revolução do vapor; o *imperialismo clássico* (final do século XIX até os anos 1930), que se distingue pelo processo de monopolização do capital; e o *capitalismo tardio* (ou maduro), período que vai do final da Segunda Guerra até os dias de hoje, em que se aprofunda a monopolização do capital e que tem como características centrais a automação (terceira revolução tecnológica) e o encurtamento do tempo de rotação do capital fixo (meios de produção), bem como a intervenção estatal, de modo a controlar a insegurança que a aceleração de conjunto do ciclo do capital tende a promover, em função da questão da rotação do capital (Behring, 1998: 111; Sandroni, 1992: 41).

do movimento operário, baixando a taxa de mais-valia. Há uma generalização da revolução tecnológica, que está na base de todo ciclo de expansão, diminuindo os superlucros extraídos do diferencial de produtividade do trabalho. Nesse contexto, impõe-se a queda tendencial da taxa de lucros em relação ao conjunto do capital social. A concorrência é acirrada, bem como a especulação. Há uma estagnação do emprego e da produtividade, o que gera uma forte capacidade ociosa na indústria. Com isso, configura-se uma superabundância de capitais e uma escassez de lucros, produzindo o desemprego generalizado e a queda do consumo, inviabilizando o processo de realização da mais-valia. Assim, as soluções para a crise de 1929-1932, que teve as características acima descritas, se darão no sentido de reativar o emprego e o consumo, daí a importância do fundo público e da guerra.

O ápice do período depressivo — a crise de 1929-1932 —, como é amplamente reconhecido, promoveu, portanto, uma inflexão na atitude da burguesia, quanto à sua confiança cega nos automatismos do mercado. Por outro lado, de um ponto de vista global (econômico, político e ideológico), seria insustentável, para o capital, vivenciar uma nova crise com as características de 1929, quando, com todos os limites, se consolidava a experiência socialista na União Soviética. A alternativa que se apresentava também no período era o fascismo. Como bem pontua Mandel, o fascismo deu fôlego imediato ao período de expansão subseqüente, através da extração desmesurada da mais-valia absoluta por métodos bárbaros durante a guerra, a exemplo dos campos de extermínio nazistas. Porém, nessa forma de organização política, o nível de tensão entre as classes sociais, no qual a margem de discussão e de negociação com a classe operária se reduzia a patamares mínimos, não poderia se sustentar a médio ou longo prazos. Essa tensão entre a saída fascista, liberal-burguesa e socialista se resolveu temporariamente na Segunda Guerra Mundial com a vitória dos aliados — o que incluiu um acordo com a União Soviética que foi decisivo para derrotar o nazi-fascismo. Naquela época, estavam em disputa econômica e territorial três grandes projetos — dois no campo da burguesia (o fascismo e o projeto liberal-reformista) — e o projeto socialista, já nesse momento sob a condução de Stálin. A humanidade saiu da guerra quente e adentrou na guerra fria, com o contraponto entre socialismo (realmente existente) e a democracia liberal-burguesa nos seus vários formatos.

POLÍTICA SOCIAL: FUNDAMENTOS E HISTÓRIA

Desses processos complexos decorre, então, uma espécie de "contestação burguesa" do liberalismo ortodoxo, expressa principalmente na chamada "revolução keynesiana". As proposições de Keynes estavam sintonizadas com a experiência do *New Deal*[13] americano, e inspiraram especialmente as saídas européias da crise, sendo que ambas têm um ponto em comum: a sustentação pública de um conjunto de medidas anticrise ou anticíclicas, tendo em vista amortecer as crises cíclicas de superprodução, superacumulação e subconsumo, ensejadas a partir da lógica do capital. Mandel sinaliza que tais medidas, nas quais se incluem as políticas sociais, objetivavam amortecer a crise. Com elas, poderia existir algum controle sobre os ciclos econômicos. As políticas sociais se generalizaram nesse contexto, compondo o rol de medidas anticíclicas do período, e também foram o resultado de um pacto social estabelecido nos anos subseqüentes com segmentos do movimento operário, sem o qual não podem ser compreendidas. É o que vamos tratar no próximo capítulo.

5. E no Brasil?

Para pensar o surgimento e o desenvolvimento da política social nas condições brasileiras no longo período temporal tratado neste capítulo, cabe uma breve caracterização da formação do capitalismo entre nós. Afinal, não fomos o berço da Revolução Industrial e as relações sociais tipicamente capitalistas desenvolveram-se aqui de forma bem diferente dos países de capitalismo central, ainda que mantendo suas características essenciais. Daí decorre que a política social no Brasil, país da periferia do mundo capitalista, se constitui com as marcas dessa particularidade histórica.[14] Que marcas são essas?

---

13. Saída pragmática empreendida por Roosevelt nos EUA durante seus dois primeiros mandatos (1932-1936 e 1936-1940) com vistas à retomada do desenvolvimento econômico. Os EUA, após a crise de 29, viviam uma conjuntura de retração econômica, pauperismo e elevadas taxas de desemprego. O *New Deal* marcou um período de forte intervenção estatal na regulação da política agrícola, industrial, monetária e social, demarcando um recuo em relação ao liberalismo predominante até então.

14. Neste item tem-se uma síntese do estudo e de algumas idéias desenvolvidas em Behring, 2003: Capítulo 2.

A partir de uma leitura dialética do processo de formação do capitalismo brasileiro, é possível identificá-las e até observar sua presença ainda nos dias de hoje. Nesse sentido, auxilia-nos a reflexão fundadora de Caio Prado Jr. (1991), que destacou o *sentido da colonização* no Brasil, o qual se delineia a partir da intrincada e complexa articulação da dinâmica do mercado mundial com os movimentos internos da economia e sociedade brasileiras. O processo da colonização entre os séculos XVI e XIX, na sua interpretação, serviu à acumulação originária de capital nos países centrais. Os períodos imperial e da república não alteram significativamente essa tendência de subordinação e dependência ao mercado mundial, embora se modifiquem historicamente as condições dessa relação. Assim, para Prado Jr. (1991), a acumulação originária, o colonialismo e o imperialismo são momentos de um *sentido* geral da formação brasileira: uma sociedade e uma economia que se organizam para fora e vivem ao sabor das flutuações de interesses e mercados longínquos (Ianni, 1989: 68 e 69). Outro tema central para o historiador foi o *peso do escravismo* na sociedade brasileira, marcando de forma deletéria (Lapa, 1999: 267) a cultura, os valores, as idéias, a ética, a estética e os ritmos de mudança. O maior exemplo desse peso é a condição do trabalho nas relações sociais e no ambiente cultural brasileiros, carregados até hoje de desqualificação, a qual é definidora da relação entre capital e trabalho no país (Ianni, 1989: 69 e 70). Por fim, um conceito orientador da análise do Brasil é o de *desenvolvimento desigual e combinado*, segundo o qual este se configura como "uma formação social na qual sobressaem ritmos irregulares e espasmódicos, desencontrados e contraditórios", numa espécie de caleidoscópio de muitas épocas (Ianni, 1992: 60). O Brasil capitalista moderno seria, então, um "presente que se acha impregnado de vários passados" (Ianni, 1992: 63), em função da nossa via não-clássica desse processo de transição para o capitalismo. Prado Jr. (1991) identificou a adaptação brasileira ao capitalismo a partir da substituição lenta do trabalho escravo pelo trabalho livre nas grandes unidades agrárias, numa "complexa articulação de 'progresso' (a adaptação ao capitalismo) e conservação (a permanência de importantes elementos da antiga ordem)" (Coutinho, 1989: 119).

Também Fernandes (1987) persegue e explica as marcas da formação social brasileira e a consolidação do capitalismo. Para ele, o processo específico brasileiro, em que pese o fato de alguns pilares do capitalismo terem sido introduzidos no país no contexto do estatuto colonial, só é realmente impulsionado com a criação do Estado nacional, e daí advém a importância da Independência, em 1822. Assim, foram decisivos processos como a ruptura com a homogeneidade da aristocracia agrária, ao lado do surgimento de novos agentes econômicos, sob a pressão da divisão do trabalho, na direção da construção de uma nova sociedade nacional. Contudo, esse movimento é marcado pela ausência de compromisso com qualquer defesa mais contundente dos direitos do cidadão por parte das elites econômico-políticas, o que é uma marca indelével da nossa formação, fato que é fundamental para pensar a configuração da política social no Brasil.

Com a Independência, o poder deixa de ser exercido de fora para dentro, para "organizar-se a partir de dentro" (Fernandes, 1987: 31). Essa nova situação incorporava elementos de ruptura com o passado. Entretanto, ao seu lado, coexistiam componentes conservadores, com propósitos de preservar uma ordem social sem condições materiais e morais para engendrar uma verdadeira autonomia, fundamental para a construção da Nação. Nesse sentido, o elemento revolucionário inspirado no liberalismo foi solapado pelo "predomínio de influências histórico-sociais que confinavam a profundidade da ruptura com o passado", ainda que aquele fosse o "fermento histórico do comportamento social inteligente" (Fernandes, 1987: 33), diga-se, uma espécie de dinamizador.

Na verdade, o liberalismo é filtrado pelas elites nativas por meio de uma lente singular: a eqüidade configura-se como emancipação das classes dominantes e realização de um certo *status* desfrutado por elas, ou seja, sem incorporação das massas; na visão de soberania, supõe-se que há uma interdependência vantajosa entre as nações, numa perspectiva passiva e complacente na relação com o capital internacional; o Estado é visto como meio de internalizar os centros de decisão política e de institucionalizar o predomínio das elites nativas dominantes, numa forte confusão entre público e privado. Essas são, claramente, características perenes da nossa formação social! Então, se o liberalismo trouxe, nos primórdios da formação do Estado nacional brasileiro, dividendos positivos, tais como uma mudança no horizonte cultural das elites ou a organização moderna dos poderes, não conseguiu dinamizar em toda a profundidade a construção de uma ordem nacional autônoma. Ao contrário, *uma marca da nossa formação social é a heteronomia, a dependência.* Fernandes (1987) mostra o significado da Independência e de seu componente cultural liberal para a formação da sociedade e do Estado nacionais: de como o senhor colonial metamorfoseiase em senhor-cidadão, elemento exclusivo da sociedade civil, na qual *os outros* não contavam. Assim, *a democracia não era uma condição geral da sociedade: estava aprisionada no âmbito da sociedade civil*, da qual faziam parte apenas as classes dominantes, as quais utilizavam o Estado nacional nascente para o patrocínio de seus interesses gerais.

Em um belíssimo ensaio sobre Machado de Assis, o já clássico "As idéias fora do lugar" (1977), Schwarz fala da tensão na relação entre as idéias liberais — que têm sua difusão associada ao trabalho livre — e uma sociedade escravista. Para ele, a retórica liberal européia entre os brasileiros é uma espécie de comédia ideológica, uma impropriedade, um escândalo no país do favor, do clientelismo e da escravidão. Era inevitável o discurso liberal num Brasil que acabara de realizar a Independência em nome dos ideais da Revolução Francesa e com articulações econômicas claras com o mundo do capital. Para Schwarz, contudo, "o favor é nossa mediação quase universal" (1977: 16), o que desmente as idéias liberais e origina um padrão particular na relação entre as classes e segmentos de classe, e também das instituições do Estado, que disfarça a violência das relações de produção no Brasil, desde a escravidão até os dias de hoje. Tanto é que houve um desenho formal moderno e liberal de instituições como a burocracia e a justiça, mas internamente estas eram regidas por relações de clientela, numa coexistência estabilizada entre princípios distintos. Segundo Schwarz (1977: 17): "Aí a novidade: adotadas as idéias e razões européias, elas podiam servir e muitas vezes serviram de justificação, nominalmente 'objetiva', para o momento de arbítrio que é da natureza do favor". Nesse sentido, para o autor, o liberalismo no Brasil não opera como ideologia que falseia a realidade. Com o liberalismo nas condições brasileiras, perde-se o pé na realidade, o pensamento torna-se um despropósito ornamental, no contexto de uma cumplicidade alinhavada pelo favor. Assim, o desacordo entre representação e contexto é funcional para a coesão social e a dominação das elites econômico-políticas, que, por sua vez, possuem até hoje a lepidez ideológica sinalizada por Schwarz, gravitando em torno das idéias produzidas no centro do capitalismo mundial. Tanto é que no Segundo Império, período de que trata seu texto e do qual vinha tratando Fernandes, "as idéias liberais não se podiam praticar, sendo ao mesmo tempo indescartáveis" (Schwarz, 1977: 22). E mais: "Por isso, pouco ajuda insistir na sua falsidade. Mais interessante é acompanhar-lhes o movimento, de que ela, a falsidade, é parte verdadeira" (1977: 22). Schwarz considera fun-

POLÍTICA SOCIAL: FUNDAMENTOS E HISTÓRIA

damental, para conhecer o Brasil, a apreensão desses deslocamentos no campo das idéias, delineando as relações sociais: "vividos e praticados por todos como uma espécie de fatalidade" (1977: 22).[15]

Para Fernandes (1987), a expansão interna do capitalismo não era exatamente uma escolha, porque decorria de uma posição prévia do país na economia internacional. No entanto, os ritmos do ímpeto *modernizador*, diferenciações no interior das classes e capacidade de concretizar utopias se definiram a partir de dentro. A composição entre passado e presente, moldando o futuro capitalista e burguês e a relação dialética entre orientação ideológica e política dos atores — sua visão social de mundo —, o aparato institucional e a inserção material que vão diferenciando e complexificando interesses na sociedade brasileira são apreendidos por Fernandes como tensões e fricções históricas, como uma articulação singular e plena de sentido dos *tempos discordantes*, que delineiam uma sociedade e um Estado nacionais particulares. O Estado brasileiro nasceu sob o signo de forte ambigüidade entre um liberalismo formal como fundamento e o patrimonialismo como prática no sentido da garantia dos privilégios das classes dominantes. O desenvolvimento da política social entre nós, como se verá, acompanha aquelas fricções e dissonâncias e a dinâmica própria da conformação do Estado.

A Independência, portanto, criou as condições para o florescimento do espírito burguês, mas não em toda a sua plenitude, e sem romper com o entrosamento visceral com o mercado externo, do que decorre uma não equiparação entre autonomização econômica e autonomização política. Cria-se uma *situação de mercado*, em acordo com possibilidades e limites socioeconômicos e culturais de expansão do mercado interno, numa economia voltada para a exportação. Nessa nova situação, tem-se uma ordem legal e política controlada de dentro e para dentro e uma economia produzindo

---

15. Roberto Schwarz desenvolve ainda mais as teses de "As idéias fora do lugar" em seu outro livro *Um mestre na periferia do capitalismo — Machado de Assis* (1990), onde estabelece a mudança profunda ocorrida na obra machadiana, quando do aparecimento das *Memórias póstumas de Brás Cubas*, sintonizada com o contexto material e intelectual e moral do final do século XIX. A maturidade de Machado traz uma relação de continuidade e ruptura com sua obra anterior. A ruptura, em destaque, está num narrador menos coibido no que se refere à caracterização dos proprietários, ou seja, num olhar para esse segmento que se torna radicalmente crítico e desesperançado de seu papel progressista, já que Machado detecta/revela uma operação íntima das elites: a suspensão do remorso.

para fora e consumindo de fora: "um mercado interno nuclearmente heteronômico e voltado para fora" (Fernandes,1987: 88). A heteronomia, portanto, é uma marca estrutural do capitalismo brasileiro, e o processo de modernização (conservadora), consolidando o capitalismo entre nós, tenderá a mantê-la. Até porque, se há uma metamorfose das elites, no sentido de seu aburguesamento, esta foi acompanhada de uma aceitação dos controles estrangeiros na vida econômica do país, a qual "processava-se sob forte identidade de interesses e, até, sob laços profundos de lealdade e de simpatia" (1987: 98).

No setor novo e urbano, cada vez mais diferenciado, cresceu a insatisfação com a situação do país, com críticas dirigidas à escravidão. Por seu perfil capitalista mais típico, esses segmentos tinham condições, ainda que limitadas, de se libertar da estagnação estrutural do setor agrário exportador, impulsionando a modernização econômica.

Estes, dentre outros — porque não se pretende aqui esgotar esse debate, mas apanhar dele aquilo que nos ajuda a pensar a política social brasileira —, são os ingredientes da entrada brasileira no capitalismo, num processo de transição condicionado pelos dinamismos do mercado mundial e marcado pela *adaptação* do sistema colonial aos novos tempos. Um aspecto dessa transição, também de natureza duradoura na formação social brasileira, é a incongruência entre as normas legais e as normas práticas. Naquela época, havia uma coexistência exótica entre a escravidão e os privilégios da aristocracia agrária e o *status* de cidadão, preconizado pela ordem social competitiva. Esta última perspectiva ganha força com a desagregação progressiva do regime escravista e eclode no movimento abolicionista, ainda que este fosse limitado ideológica e politicamente. Na verdade, era amplamente hegemonizado por um espírito de elite que delimitava o horizonte do conflito: sem as massas, sem se irmanar com os negros e mulatos. Ao contrário, disciplinando-os: "fortalecendo-se os laços que prendiam os homens aos seus níveis sociais, aos correspondentes códigos de honra e ao mito de que o Brasil é ingovernável sem a versão autocrático-paternalista do despotismo esclarecido" (Fernandes, 1987: 165).

O lento avanço da constituição de um setor novo e da urbanização evidenciou os entraves que o poder político e social da aristocracia agrária impunham ao processo de modernização, até do ponto de vista do capital estrangeiro. Entre uma visão de modernização mais acelerada e os interesses senhoriais, prevaleceu uma acomodação intermediária, na qual se barganhava certa contenção da heteronomia nos níveis econômicos e técnicos, ao lado de uma contenção do mercado interno moderno, neutralizando as vantagens econômicas da criação de um Estado nacional. Dessa forma, garantia-se o controle do ritmo da modernização, segundo os interesses dos antigos senhores, e uma acomodação limitada no tempo de formas econômicas opostas.

A transição — claramente não-clássica — para o capitalismo no Brasil, então, é marcada por uma *visão estreita do dinamismo do mercado interno* e destina-se a impedir qualquer crescimento a partir de dentro. Prevaleceram os interesses do setor agroexportador e o ímpeto modernizador não teve forças suficientes para engendrar um rumo diferente, já que promovia mudanças com a aristocracia agrária e não contra ela. Qualquer semelhança com os desdobramentos ulteriores do capitalismo brasileiro não é, portanto, mera coincidência.

A persistente presença do trabalho escravo teve impactos importantes no nascimento do trabalho livre e nas possibilidades políticas de um processo mais rápido e radicalizado de transição, com participação mais contundente do movimento operário: "em vez de fomentar a competição e o conflito, ele nasce fadado a articular-se, estrutural e dinamicamente, ao clima de mandonismo, do paternalismo e do conformismo, imposto pela sociedade existente, como se o trabalho livre fosse um desdobramento e uma prolongação do trabalho escravo" (Fernandes, 1987: 193). Trata-se de uma situação estrutural, que retardou a consciência e a ação política operárias no Brasil, cujas primeiras manifestações como tal datam do início do século XX. Estas, quando se colocam mais adiante na cena política, extrapolando o mandonismo e paternalismo tradicionais das elites, serão tratadas a partir da repressão policial e da dissuasão político-militar. A partir dessas constatações, Fernandes caracteriza o *drama crônico* típico do capitalismo à brasileira, no qual

> as impossibilidades históricas formam um círculo vicioso, que tende a repetir-se em quadros estruturais subseqüentes. Como não há ruptura definitiva com o passado, a cada passo este se reapresenta na cena histórica e cobra seu preço, embora sejam muito variáveis os artifícios da conciliação (em regra, uma autêntica negação ou neutralização da "reforma"). (1987: 202)

A crise do poder oligárquico-escravista inaugura um processo de transição — "cinzento e morno" — que cria as bases para a concretização do poder burguês no país. Ao invés de constituir instituições próprias nesse processo, ela converge para o Estado, procurando exercer pressão, orientar e controlar a aplicação de seu poder político, segundo interesses particulares. A burguesia brasileira não é "paladina da civilização ou instrumento da modernidade". Portanto, vai optar por mudanças graduais e adaptações ambíguas, polarizada por preocupações particularistas e um "entranhado conservantismo sociocultural e político" (1987: 205) e, acrescentamos, um conservantismo social. De outro lado, a influência modernizadora externa não ultrapassava os limites da criação de uma economia capitalista satélite, para não estimular sonhos de independência.

Assim, os interesses externos e internos convergiam e alimentavam uma dimensão autocrática do exercício do poder político. Se as diferenciações intra-elites foram acomodadas e toleradas, quaisquer manifestações dos de baixo, mesmo por um espaço político dentro da ordem, eram vistas como desafios insuportáveis. Fernandes fala de uma consolidação conservadora da dominação burguesa no Brasil, especialmente se se observa a imposição desta sobre a classe operária, marcada pela repressão ou pela cooptação/corrupção: "Isso faz com que a intolerância tenha raiz e sentido políticos; e que a democracia burguesa, nessa situação, seja de fato uma democracia restrita, aberta e funcional só para os que têm acesso à dominação burguesa" (1987: 212). O autor explicita que, no contexto do difícil capitalismo dependente, o horizonte histórico da burguesia brasileira dificilmente seria/será suficientemente amplo, no sentido da realização de uma revolução nacional e democrática.

Pois bem, visitando algumas reflexões clássicas acerca da formação social brasileira, buscamos identificar suas características estruturais, mas o que dizer da política social entre nós? A primeira constatação é a de que seu surgimento no Brasil não acompanha o mesmo tempo histórico dos países de capitalismo central. Não houve no Brasil escravista do século XIX uma radicalização das lutas operárias, sua constituição em classe para si, com partidos e organizações fortes. A questão social já existente num país de natureza capitalista, com manifestações objetivas de pauperismo e iniqüidade, em especial após o fim da escravidão e com a imensa dificuldade de incorporação dos escravos libertos no mundo do trabalho, só se colocou como questão política a partir da primeira década do século XX, com as primeiras lutas de trabalhadores e as primeiras iniciativas de legislação voltadas ao mundo do trabalho. É interessante notar que a criação dos direitos sociais no Brasil resulta da luta de classes e expressa a correlação de forças predominante. Por um lado, os direitos sociais, sobretudo trabalhistas e previdenciários, são pauta de reivindicação dos movimentos e manifestações da classe trabalhadora. Por outro, representam a busca de legitimidade das classes dominantes em ambiente de restrição de direitos políticos e civis — como demonstra a expansão das políticas sociais no Brasil nos períodos de ditadura (1937-1945 e 1964-1984), que as instituem como tutela e favor: nada mais simbólico que a figura de Vargas como "pai dos pobres", nos anos 1930. A distância entre a definição dos direitos em lei e sua implementação real persiste até os dias de hoje. Tem-se também uma forte instabilidade dos direitos sociais, denotando a sua fragilidade, que acompanha uma espécie de instabilidade institucional e política permanente, com dificuldades de configurar pactos mais duradouros e inscrever direitos inalienáveis.

Aquela condição geral do trabalho a que se referem Prado Jr. e Fernandes (2000) certamente tem forte relação com esse desenho instável, restrito e segmentado que marcou a política social brasileira desde seus primórdios. Se a política social tem relação com a luta de classes, e considerando que o trabalho no Brasil, apesar de importantes momentos de radicalização, esteve atravessado pelas marcas do escravismo, pela informalidade e pela fragmentação/cooptação, e que as classes dominantes nunca tiveram compromissos democráticos e redistributivos, tem-se um cenário complexo para as lutas em defesa dos direitos de cidadania, que envolvem a constituição da política social. É nesse quadro que se devem observar as medidas esparsas e frágeis de proteção social no país até a década de 1930, embora tais características sejam persistentes e nos ajudem também a pensar os dias de hoje. Vejamos algumas dessas medidas.[16]

Até 1887, dois anos antes da proclamação da República no Brasil (1889), não se registra nenhuma legislação social. No ano de 1888, há a criação de uma caixa de socorro para a burocracia pública, inaugurando uma dinâmica categorial de instituição de direitos que será a tônica da proteção social brasileira até os anos 60 do século XX. Em 1889, os funcionários da Imprensa Nacional e os ferroviários conquistam o direito à pensão e a 15 dias de férias, o que irá se estender aos funcionários do Ministério da Fazenda no

---

16. A síntese que segue está detalhada e analisada em Boschetti, 2006: Capítulos 1 e 2. Consultar também Santos, 1987, Oliveira e Teixeira, 1985.

ano seguinte. Em 1891, tem-se a primeira legislação para a assistência à infância no Brasil, regulamentando o trabalho infantil, mas que jamais foi cumprida, confirmando a tendência anteriormente sinalizada da distância entre intenção e gesto no que se refere à legislação social brasileira. Em 1892, os funcionários da Marinha adquirem o direito à pensão.

A passagem para o século XX foi sacudida pela formação dos primeiros sindicatos, na agricultura e nas indústrias rurais a partir de 1903, dos demais trabalhadores urbanos a partir de 1907, quando é reconhecido o direito de organização sindical. Esse processo se dá sob uma forte influência dos imigrantes que traziam os ares dos movimentos anarquista e socialista europeus para o país. Essa nova presença no cenário político e social promove mudanças na correlação de forças, tanto que em 1911 se reduz legalmente a jornada de trabalho para 12 horas diárias. Contudo, mais uma vez a lei não foi assegurada. Em 1919, regulamenta-se a questão dos acidentes de trabalho no Brasil, mas tratando-a pela via do inquérito policial e com ênfase na responsabilidade individual em detrimento das condições coletivas de trabalho.

O ano de 1923 é chave para a compreensão do formato da política social brasileira no período subseqüente: aprova-se a lei Eloy Chaves, que institui a obrigatoriedade de criação de Caixas de Aposentadoria e Pensão (CAPs) para algumas categorias estratégicas de trabalhadores, a exemplo dos ferroviários e marítimos, dentre outros. Por que estratégicas, e conseqüentemente com maior poder de pressão? Naquele momento, o Brasil tinha uma economia basicamente fundada na monocultura do café voltada para a exportação — eis aqui a base da nossa heteronomia —, produto responsável por cerca de 70% do PIB nacional. Por isso os direitos trabalhistas e previdenciários foram reconhecidos para aquelas categorias de trabalhadores inseridas diretamente nesse processo de produção e circulação de mercadorias. Uma maior diversificação da economia brasileira viria apenas após a crise de 1929-1932 — que paralisou o comércio de café e a economia brasileira — e a chamada Revolução de 30. As CAPs foram as formas originárias da previdência social brasileira, junto com os Institutos de Aposentadoria e Pensão (IAPs), sendo o dos funcionários públicos o primeiro a ser fundado, em 1926. Por fim, em 1927 foi aprovado o famoso Código de Menores, de conteúdo claramente punitivo da chamada delinqüência juvenil, orientação que só veio a se modificar substantivamente em 1990, com a aprovação do Estatuto da Criança e do Adolescente.

O fundamental, nesse contexto do final do século XIX e início do século XX, é compreender que nosso liberalismo à brasileira não comportava a questão dos direitos sociais, que foram incorporados sob pressão dos trabalhadores e com fortes dificuldades para sua implementação e garantia efetiva. Essa situação começa a se alterar nos anos 1920 e sofrerá mudanças substanciais a partir dos anos 1930. Mas esse é um tema para o próximo capítulo.

Filmografia

Cidadão Kane. Estados Unidos. 1941. Direção: Orson Welles Duração: 119 min.

1900 — Novecento. França/Alemanha/Itália. 1976. Direção: Bernardo Bertolucci. Duração: 243 min.

O ovo da serpente. Estados Unidos/Alemanha. 1977. Direção: Ingmar Bergman. Duração: 120 min.

Rosa Luxemburgo. Alemanha. 1986. Direção: Margarette von Trotta. Duração: 122 min.

Eternamente Pagu. Brasil. 1987. Direção: Norma Bengell. Duração: 100 min.

Germinal. França/Itália/Bélgica. 1993. Direção: Claude Berri. Duração: 158 min.

Mauá, o imperador e o rei. Brasil. 1999. Direção: Sérgio Resende. Duração: 132 min.

Capítulo 3

Keynesianismo-fordismo e a generalização da política social

No capítulo anterior caracterizamos a origem da política social e seu desenvolvimento até a crise de 1929-1932, cuja intensidade e profundidade produziram mudanças significativas no mundo do capital, que se consolidaram apenas após a Segunda Grande Guerra. Tratamos também desse processo no Brasil, com sua temporalidade histórica particular. Agora, trazemos à tona os fundamentos da expansão e consolidação da política social no período pós-crise de 1929-1932 e, sobretudo, após a Segunda Guerra Mundial, quando se adentrou na fase madura do capitalismo. Esta foi marcada em seus primeiros 30 anos por uma forte expansão, com taxas de lucro altas e ganhos de produtividade para as empresas, e políticas sociais para os trabalhadores. É quando se ergue o Estado social nos diferentes formatos históricos que adquiriu. Esse período de anos "gloriosos" ou de "ouro" dá sinais de esgotamento a partir de fins dos anos 1960, o que trataremos no próximo capítulo. Neste momento, é importante compreendermos os fundamentos da generalização das políticas sociais naquelas condições históricas determinadas.

O capitalismo tardio ou maduro caracteriza-se por um intenso processo de monopolização do capital, pela intervenção do Estado na economia e no livre movimento do mercado, constituindo-se oligopólios privados (empresas) e estatais (empresas e fundações públicas), e expande-se após a crise de 1929-1932 e, sobretudo, após a Segunda Guerra Mundial. No capítulo anterior, já falamos brevemente de uma contestação burguesa ao liberalismo ortodoxo e da "revolução" keynesiana. Na verdade, o liberalismo heterodoxo de Keynes e seus seguidores é a expressão intelectual sistemática das propostas de saída da profunda crise cujo ápice foram os anos de 1929-1932, o que se combinou às mudanças intensas no mundo da produção, por meio do fordismo que também se generaliza no pós-guerra, com novos produtos e processos de produção, e também por meio da indústria bélica, no contexto da Guerra Fria. Essa é a base material que vai propiciar a expansão dos direitos sociais. A base subjetiva para os anos de crescimento foi a força dos trabalhadores e o novo paradigma socialista que se expandia a leste da Europa, o que forjou um grande pacto social entre os segmentos do capital e do trabalho do setor monopolista, coordenado e sustentado pelo Estado, com governos social-democratas na Europa ocidental. Essas circunstâncias geraram o empolgado ensaio de Marshall (1967) sobre a cidadania e sua suposta compatibilidade com a desigualdade de classes. Um otimismo visceral que não resistiu aos processos mais profundos da sociedade capitalista... Antes de prosseguir, façamos uma visita ao keynesianismo e ao fordismo, como fundamentos para esses processos, de modo a entender as configurações da questão social, da luta de classes e as possibilidades e limites da política social. Ao final do capítulo observaremos a trajetória brasileira nesse período e as condições de expansão da política social.

1. Fundamentos sócio-históricos dos "anos de ouro"

Preocupado em compreender a crise de 1929 e em encontrar respostas para ela, John Maynard Keynes (1883-1946), em seu clássico livro *Teoria geral do emprego, do juro e da moeda*, publicado em 1936, defendeu a intervenção estatal com vistas a reativar a produção. Ele se referia a uma maior intervenção do Estado na economia, em sintonia apenas do ponto de vista dos fundamentos econômicos, com as saídas pragmáticas do período — como vimos, o *New Deal* e o nazi-fascismo. Keynes, cabe dizer, preocupava-se com saídas democráticas da crise, no que se afastava vigorosamente deste último projeto. Ele propugnava a mudança da relação do Estado com o sistema produtivo e rompia parcialmente com os princípios do liberalismo. Na verdade, muitos buscavam arranjos institucionais, econômicos e políticos para "acomodar a crônica incapacidade do capitalismo de regulamentar as condições de sua própria reprodução" (Harvey, 1993: 124). Desse ponto de vista, Keynes é absolutamente sintonizado com seu tempo, perseguindo portas de saída capitalistas para a crise do próprio capitalismo. O Estado, com o keynesianismo, tornou-se produtor e regulador, o que não significava o abandono do capitalismo ou a defesa da socialização dos meios de produção. Keynes defendeu a liberdade individual e a economia de mercado, mas dentro de uma lógica que rompia com a dogmática liberal-conservadora da época. Mas, cabe perguntar: como ele chegou a essas conclusões tão heterodoxas no berço do liberalismo, a Inglaterra?

Keynes era uma figura pública dividida entre o apego e a crítica à herança conservadora vitoriana, chegando a certa irreverência na juventude quando se aproximou do *Bloomsbury Group*, um grupo de intelectuais, poetas e militantes que defendiam ideais libertários, dentre eles a conhecida escritora Virgínia Woolf. Daí talvez tenha recolhido a força para a defesa contundente de seus pontos de vista pouco ortodoxos acerca das inquietações e curiosidades intelectuais provocadas pela Grande Depressão. Mas, após os arroubos de juventude, Keynes tornou-se um homem público e de negócios — chegando a ser o negociador do Tratado de Versalhes pelo governo inglês e Presidente do Banco Central —, afastando-se de perspectivas mais radicais. Em que aspectos, então, ele rompe com o liberalismo?

A situação dramática de desemprego generalizado dos fatores de produção — homens, matérias-primas e auxiliares, e máquinas —, no contexto da depressão, indicava que alguns pressupostos clássicos e neoclássicos da economia política não contribuíam para explicar os acontecimentos. Keynes questionou alguns deles: considerava insuficiente a lei de Say (Lei dos Mercados), segundo a qual a oferta cria sua própria demanda, impossibilitando uma crise geral de superprodução, e, nesse sentido, colocava em questão o conceito de equilíbrio econômico, pelo qual a economia capitalista é auto-regulável. O liberal insurreto dizia que a economia é uma ciência moral, posto que a intermediação da moeda possibilita escolhas e opções, rompendo com a naturalização da economia, um dogma da economia tradicional. Esse talvez seja um dos (poucos) pontos de aproximação entre Keynes e Marx. Só que este último via a economia como a mais moral das ciências, propondo uma crítica da economia política e da sociedade burguesa.

POLÍTICA SOCIAL: FUNDAMENTOS E HISTÓRIA

Assim, segundo a análise keynesiana, a operação da *mão invisível* do mercado não necessariamente produziria a harmonia entre o interesse egoísta dos agentes econômicos e o bem-estar global, como o demonstraram a grande depressão e a guerra. As escolhas individuais entre investir ou entesourar, por parte do empresariado, ou entre comprar ou poupar, por parte dos consumidores e assalariados poderiam gerar situações de crise, em que haveria insuficiência de demanda efetiva e ociosidade de homens e máquinas (desemprego). A demanda efetiva, segundo Keynes, é aquela que reúne bens e serviços para os quais há capacidade de pagamento. Quando há insuficiência de demanda efetiva, isso significa que não existem meios de pagamento suficientes em circulação, o que pode levar à crise. Nesse sentido, o Estado deve intervir, evitando tal insuficiência. Vale lembrar que, na economia de mercado, a demanda efetiva é o que importa, embora seja inferior à demanda decorrente das necessidades do conjunto da população (Sandroni, 1992: 87 e 178).

Especialmente relevantes são as decisões de investimento dos empresários, pelo volume de recursos que mobilizam, adquirindo fortes impactos econômicos e sociais. Tais decisões são tomadas a partir da expectativa de retorno mais imediato do capital investido, e não de uma visão global e de conjunto da economia e da sociedade, o que gera inquietações sobre o futuro e o risco da recessão e do desemprego. Daí decorre o caráter instável da economia capitalista, o que reafirma que a mão invisível não produz necessariamente a harmonia entre os interesses egoístas dos agentes individuais. Para Keynes, diante do *animal spirit* dos empresários, com sua visão de curtíssimo prazo e que tem fortes implicações para o investimento e a renda, o Estado — como um agente externo em nome do bem comum, o que supõe uma visão de Estado neutro e árbitro — tem legitimidade para intervir por meio de um conjunto de medidas econômicas e sociais, tendo em vista gerar a demanda efetiva, ou seja, disponibilizar meios de pagamento e dar garantias ao investimento, até mesmo contraindo déficit público, para controlar o volume de moeda disponível e as flutuações da economia. Segundo Keynes, cabe ao Estado, a partir de sua visão de conjunto, o papel de restabelecer o equilíbrio econômico, por meio de uma política fiscal, creditícia e de gastos, realizando investimentos ou inversões reais que atuem nos períodos de depressão como estímulo à economia. A política keynesiana, portanto, a partir da ação do Estado, de elevar a demanda global, antes de evitar a crise, vai amortecê-la através de alguns mecanismos, que seriam impensáveis pela burguesia liberal *stricto sensu*. São eles: a planificação indicativa da economia, na perspectiva de evitar os riscos das amplas flutuações periódicas; a intervenção na relação capital/trabalho através da política salarial e do "controle de preços"; a distribuição de subsídios; a política fiscal; a oferta de créditos combinada a uma política de juros; e as políticas sociais. Esse conjunto de estratégias e técnicas anticíclicas, realizadas pelos poderes públicos, objetiva conter a queda da taxa de lucros (Braz e Netto, 2006), obtendo, com isso, algum controle sobre o ciclo do capital. Dessa política econômica resultaria um déficit sistemático no orçamento. Nas fases de prosperidade, ao contrário, o Estado deve manter uma política tributária alta, formando um superávit, que deve ser utilizado para o pagamento das dívidas públicas e para a formação de um fundo de reserva a ser investido nos períodos de depressão (Sandroni, 1992: 85). Tal intervenção estatal para fugir da armadilha recessiva provocada pelas decisões dos agentes econômicos individuais, com destaque para o empresariado, tinha em perspectiva um programa fundado em dois pilares: pleno emprego e maior igualdade social, o que poderia ser alcançado por duas vias a partir da ação estatal:

1. Gerar emprego dos fatores de produção via produção de serviços públicos, além da produção privada;

2. Aumentar a renda e promover maior igualdade, por meio da instituição de serviços públicos, dentre eles as políticas sociais.

O Estado, diga-se, o fundo público, na perspectiva keynesiana, passa a ter um papel ativo na administração macroeconômica, ou seja, na produção e regulação das relações econômicas e sociais. Nessa perspectiva, o bem-estar ainda deve ser buscado individualmente no mercado, mas se aceitam intervenções do Estado em áreas econômicas, para garantir a produção, e na área social, sobretudo para as pessoas consideradas incapazes para o trabalho: idosos, deficientes e crianças. Nessa intervenção global, cabe, portanto, o incremento das políticas sociais.

Ao keynesianismo agregou-se o *pacto* fordista — da produção em massa para o consumo de massa e dos acordos coletivos com os trabalhadores do setor monopolista em torno dos ganhos de produtividade do trabalho. O fordismo, então, foi bem mais que uma mudança técnica, com a introdução da linha de montagem e da eletricidade: foi também uma forma de regulação das relações sociais, em condições políticas determinadas. Observemos esse processo.

A introdução, em 1914, da jornada de oito horas a cinco dólares para os trabalhadores da linha mecânica de montagem nas fábricas de Henry Ford foi uma novidade, mas que consolidava tendências em curso no mundo da produção, com a introdução dos princípios tayloristas e de Fayol, os quais preconizavam um brutal aumento da produtividade do trabalho a partir da decomposição do processo de trabalho em movimentos rigorosamente estudados, tendo em vista o controle do tempo, e um conjunto de estratégias de gestão, monitorando o fluxo de informações e da autoridade... Afinal, já sabemos que para o capital "time is money", como postula a velha frase-síntese de Benjamin Franklin.

O que havia de novo em Ford era sua perspectiva de combinar produção em massa com consumo de massa, o que pressupunha um novo sistema de reprodução da força de trabalho, bem como "uma nova política de controle e gerência do trabalho, uma nova estética e uma nova psicologia, em suma, um novo tipo de sociedade democrática, racionalizada, modernista e populista" (Harvey, 1993: 121). Gramsci, em seu importante ensaio "Americanismo e fordismo" (2001) também percebe o fordismo, para além da dimensão econômica, com seu impulso ao processo de extração da mais-valia relativa. Ele identifica sensivelmente a relação social fordista como um esforço de produção de um novo homem inserido em uma "nova" sociedade capitalista. Essa crença na articulação entre consumo de massa e produção em massa como via de sustentação de um capitalismo sem grandes abalos, para Ford, implicava o controle sobre o modo de vida e de consumo dos trabalhadores. Consta que, em 1916, Ford contratou assistentes sociais para esse controle, tendo em vista gerar entre os trabalhadores padrões de consumo compatíveis com os interesses da empresa (Harvey, 1993: 122)!

Apesar de a experiência de Ford se desenvolver nas primeiras décadas do século, seus métodos serão de fato adotados no segundo pós-guerra, colaborando para isso o próprio esforço de guerra que disciplinou os trabalhadores nas novas formas de organização racional da produção, cujo objetivo final era diminuir a porosidade de tempo no âmbito da jornada de trabalho, otimizando o processo de valorização do capital. No período entre as duas grandes guerras, as condições gerais da luta de classes tornavam muito difícil a disseminação do trabalho rotinizado — tão bem criticado por Charles Chaplin em seu antológico *Tempos modernos* —, e que enfrentou fortes resistências do movimento operário organizado, principalmente na Europa.

Após 1945, contudo, as tecnologias incrementadas no esforço de guerra transformaram-se em meios de produção na indústria civil, bem como alguns produtos. É quando haverá o *boom* de produção de bens de consumo duráveis — além dos carros, as geladeiras, televisores, rádios e outros —, combinado à urbanização e suburbanização nas cidades, o que se relaciona claramente à expansão da indústria automobilística, carro-chefe daquele período. Para Harvey, foi preciso um forte abalo nas relações de classe para que o fordismo se impusesse e disseminasse, especialmente na Europa, o que incluiu a referida mudança do papel do Estado, segundo as orientações keynesianas. Quando estas se colocam plenamente no cenário econômico e político, segundo Harvey, chega-se à maturidade do fordismo. Assim, o keynesianismo e o fordismo, associados, constituem os pilares do processo de acumulação acelerada de capital no pós-1945, com forte expansão da demanda efetiva, altas taxas de lucros, elevação do padrão de vida das massas no capitalismo central,[1] e um alto grau de internacionalização do capital, sob o comando da economia norte-americana, que sai da guerra sem grandes perdas físicas e com imensa capacidade de investimento e compra de matérias-primas, bem como de dominação militar.

Mas, além das condições econômicas, eram necessárias condições políticas e culturais como sustentação da onda longa expansiva na fase do capitalismo maduro (Mandel, 1982). Quais eram elas? Compromissos e reposicionamentos políticos das classes e seus segmentos, ajustando-se às novas condições e a difusão em massa do novo *ethos* consumista de massas. Para a burguesia, a manutenção das altas taxas de lucro, fundadas numa superexploração dos trabalhadores durante um intervalo estável de tempo, pressupunha concessões e acordos. Para o movimento operário organizado, essa possibilidade histórica implicou abrir mão de um projeto mais radical, em prol de conquistas e reformas imediatas, incluindo-se aí os direitos sociais, viabilizados pelas políticas sociais. No que diz respeito aos trabalhadores, é preciso prestar atenção em alguns processos que, combinados, geraram essa atitude mais imediatista e corporativista, contentando-se com os acordos coletivos em torno dos ganhos de produtividade e da expansão das políticas sociais, por via dos salários indiretos assegurados pelo fundo público.

---

1. Os impactos desses processos no Brasil serão tratados no último item deste capítulo.

Houve, naquele momento, uma melhoria efetiva das condições de vida dos trabalhadores fora da fábrica, com acessos ao consumo e ao lazer que não existiam no período anterior, bem como uma sensação de estabilidade no emprego, em contexto de pleno emprego keynesiano, diluindo a radicalidade das lutas e levando a crer na possibilidade de combinar acumulação e certos níveis de desigualdade. A condução desse pacto pelos grandes partidos social-democratas construídos desde fins do século XIX, com seu projeto de reforma do capitalismo e não de revolução, também tempera o ambiente sindical e operário nesse período. E, por fim, tem-se o forte isolamento da esquerda revolucionária, para o que em muito contribuíram os destinos do socialismo realmente existente, da chamada III Internacional, e a Guerra Fria. Segmentos inteiros da classe trabalhadora perdem sua identidade com o projeto socialista, sobretudo após 1956, quando são conhecidos os crimes de Stálin, na então União Soviética (Anderson, 1976). Essa derrota histórica e a capacidade de regeneração do capitalismo com base no keynesianismo-fordismo constituem os processos que dão fôlego aos "anos de ouro" do capital. Contudo, estes tiveram duração limitada e foram processos historicamente situados, cujo esgotamento viria a partir da segunda metade dos anos 1960. Resultou desse conjunto de determinações a possibilidade político-econômica e histórica do *Welfare State*.

Para ir além e desvelar um pouco mais os fundamentos econômicos da onda longa expansiva — os "anos de ouro" —, faz-se necessário resgatar os aspectos centrais da expansão, assinalando suas contradições internas, cuja manifestação levará à crise a partir de fins dos anos 1960. Observamos que na base do ciclo de expansão que se abre após 1945 estiveram: a situação excepcional da guerra e do fascismo, a terceira revolução tecnológica, com a introdução da microeletrônica, e, sobretudo, a derrota histórica do movimento operário, ensejada com o fascismo e a guerra, mas também pelo destino da experiência socialista. Cabe sinalizar, ainda, que o acordo keynesiano-fordista só se viabilizou com a capitulação de muitas lideranças operárias, a exemplo da social-democracia e dos partidos comunistas europeus, às demandas imediatas e corporativas, especialmente no setor monopolista.

O que consubstanciou, então, o capitalismo na sua fase madura e quais eram os limites daquela expansão pós-1945? Segundo Mandel, há uma progressiva incorporação da revolução tecnológica (reprodução ampliada do capital fixo). A corrida aos superlucros no capitalismo tardio está centrada na busca de rendas tecnológicas, a partir da redução do tempo de rotação do capital constante fixo. Assim, podemos perceber uma tendência à revolução tecnológica permanente, movida pela intensificação da concorrência em torno do diferencial da produtividade num mesmo ramo de produção, em escala mundial. Esse processo leva ao que Mandel (1982) considera como a "quintessência objetivada das antinomias inerentes ao modo de produção capitalista", em sua fase madura: a mudança do papel da força de trabalho no processo de constituição do valor. À medida que esse processo foi avançando, numa dura luta entre capital e trabalho, houve um intenso ressurgimento do exército industrial de reserva, configurando não um desemprego eventual, mas um desemprego estrutural e sem retorno, como denunciavam os estudantes franceses em 1968, que já não conseguiam vislumbrar as mesmas condições de vida e de trabalho que tiveram seus pais. Essa situação, derivada da aceleração de conjunto do processo de produção capitalista, veio progressivamente desafiar as contratendências de cariz keynesiano — desde o planejamento indicativo, passando pela manipulação do consumo (Baran & Sweezy, 1978), até as políticas sociais.

A expansão do setor de serviços, das funções intermediárias, ou melhor, da esfera da reprodução, absorveu durante algum tempo parcela da mão-de-obra liberada. No entanto, também aí vislumbraremos limites importantes. Mandel ressalta a tendência da supercapitalização, ou seja, da industrialização da esfera da reprodução em setores que não produzem mais-valia diretamente, mas que indiretamente aumentam a massa de mais-valia. Trata-se de impregnar o processo social de relações tipicamente capitalistas, transformando os serviços em mercadorias. Dessa forma, houve um incremento tecnológico também na esfera da reprodução, visando acelerar o conjunto do processo capitalista de produção através do estímulo nas esferas da circulação e do consumo. Porém, esse setor, a partir de um certo período, também expulsa força de trabalho.

Diante disso, o Estado, na sua condição totalizadora, mesmo tendo à sua disposição parcela considerável do valor socialmente criado, na forma de impostos e contribuições que constituem o fundo público, e um controle maior dos elementos do processo produtivo e reprodutivo, perdeu gradualmente a efetividade prática de sua ação. Isso porque ele se deparou com a contraditória demanda pela extensão de sua regulação, por um lado, e com a pressão da supercapitalização fortalecida pela queda da taxa de lucros, por outro. Para o capital, a regulação estatal só faz sentido quando gera um aumento da taxa de lucros, intervindo como um pressuposto do capital em geral. Dentro disso é que se torna aceitável certa redistribuição horizontal e limitada na forma de salários indiretos, assegurados pelas políticas sociais. A demanda contraditória sobre o Estado, por sua vez, é a expressão da contradição interna do capitalismo entre o desenvolvimento das forças produtivas e as relações de produção.

Não é inexplicável, portanto, o ataque do discurso neoliberal, na década de 1970, às políticas sociais, com o argumento do excesso de paternalismo do *Welfare State*, dentre outros. Quando a regulação estatal cede aos interesses do trabalho, interferindo em alguma medida nas demais ações reguladoras em benefício do capital, multiplicam-se as reclamações do empresariado. Com a crise fiscal, decorrente da ampliação das demandas dobre o orçamento público (O'Connor, 1977) e da diminuição dos recursos — expressão das antinomias mais profundas do capitalismo no final do século XX —, a "guerra" em torno da destinação dos recursos públicos é cada vez mais acirrada. Para a política social, esse conjunto de tendências e contratendências que constituem o capitalismo na sua fase madura traz conseqüências importantes. À luz dessa leitura dos desdobramentos expansivos do capitalismo após a crise de 1929-1932 e a Segunda Guerra, e seu processamento contraditório que levará à nova estagnação a partir do fim dos anos 1960, vejamos como a política social se desenvolveu nesse período.

2. As políticas sociais e a experiência do *Welfare State*

Como já sinalizamos no item anterior, a crise de 1929/1932 marcou uma mudança substantiva no desenvolvimento das políticas sociais nos países capitalistas da Europa ocidental. Embora o período entre as duas grandes guerras mundiais não tenha registrado forte expansão das políticas sociais, ele é reconhecido como momento de ampliação de instituições e práticas estatais intervencionistas.

A primeira grande crise do capital, com a depressão de 1929-1932, seguida dos efeitos da Segunda Guerra Mundial, consolidou a convicção sobre a necessidade de regulação estatal para seu enfrentamento. Esta só foi possível pela conjugação de alguns fatores como: a) estabelecimento de políticas keynesianas com vistas a gerar pleno emprego e crescimento econômico num mercado capitalista liberal; b) instituição de serviços e políticas sociais com vistas a criar demanda e ampliar o mercado de consumo; e c) um amplo acordo entre esquerda e direita, entre capital e trabalho (Pierson, 1991; Mishra, 1995), nas condições já tratadas anteriormente.

O chamado "consenso do pós-guerra" (Mishra, 1995) permitiu o estabelecimento de uma aliança entre classes, o que só viabilizou-se devido ao abandono, por boa parte da classe trabalhadora, do projeto de socialização da economia. As alianças entre partidos de esquerda e direita também asseguraram o estabelecimento de acordos e compromissos que permitiram a aprovação de diversas legislações sociais e a expansão do chamado *Welfare State* (Pierson, 1991).

Esse "consenso", materializado pela assunção ao poder de partidos social-democratas, institucionalizou a possibilidade de estabelecimento de políticas abrangentes e mais universalizadas, baseadas na cidadania, de compromisso governamental com aumento de recursos para expansão de benefícios sociais, de consenso político em favor da economia mista e de um amplo sistema de bem-estar e de comprometimento estatal com crescimento econômico e pleno emprego (Pierson, 1991: 130). Ao analisar as "origens e desenvolvimento do *Welfare State*", esse autor aponta três elementos que marcam esse período como a "idade de ouro" das políticas sociais.

O primeiro desses elementos é o crescimento do orçamento social em todos os países da Europa que integravam a OCDE,[2] cuja média de gasto, em relação ao produto interno bruto, passou de 3%, em 1914, para 5%, em 1940, entre 10% e 20% em 1950 e 25% em 1970. Outro deles é o crescimento incremental de mudança demográfica, expresso pelo aumento da população idosa nos países capitalistas centrais, que ampliou os gastos com aposentadorias e saúde, e pelo aumento da taxa da população economicamente inativa que mudou a relação contribuinte (ativo) e usuário das pensões (inativo). O terceiro é o crescimento seqüencial de programas sociais no período. O autor aponta que a ordem de adoção e expansão de programas sociais foi bastante similar em quase todos os países: primeiro a cobertura de acidentes de trabalho, seguida pelo seguro-doença e invalidez, pensões a idosos, seguro-desemprego e, por último, auxílio-maternidade; em rela-

---

2. OCDE: Organização para Cooperação e Desenvolvimento Econômico.

POLÍTICA SOCIAL: FUNDAMENTOS E HISTÓRIA

ção à cobertura, os primeiros beneficiados foram os trabalhadores de indústrias estratégicas, seguidos pelos trabalhadores rurais, dependentes, trabalhadores autônomos, e, por último, a população como um todo; e por fim o autor sinaliza a introdução de amplas formas de acesso a benefícios generosos e a aplicação menos restritiva dos critérios de elegibilidade, o que perdurou até 1950 (Pierson, 1991: 111-114). Observe-se que a relação de programas apontados pelo autor refere-se a políticas sociais do tipo bismarckiano, baseadas na lógica do seguro, iniciada na Alemanha, no final do século XIX, conforme vimos no capítulo 2.

É certo que essas iniciativas têm sua origem nas reivindicações da classe trabalhadora durante o século XIX, tendo sido ampliadas no "consenso pós-guerra", sobretudo com a influência do *Plano Beveridge*,[3] publicado na Inglaterra em 1942, e que propunha uma nova lógica para a organização das políticas sociais, a partir da crítica aos seguros sociais bismarckianos.

Os seguros,[4] conforme aponta Marshall (1967: 81), foram iniciados timidamente sob a óptica privada e destinados a reduzidas categorias profissionais no final do século XIX e se espalharam no início do século XX, mas não tinham caráter universal nem recebiam a designação de *Welfare State*. Para esse autor, o que marca a emergência do *Welfare State* é justamente a superação da óptica securitária e a incorporação de um conceito ampliado de seguridade social com o *Plano Beveridge* na Inglaterra, que provocou mudanças significativas no âmbito dos seguros sociais até então predominantes. Mishra (1995),[5] ao qualificar o *Welfare State*, assume que o con-

---

3. O *Plano Beveridge* foi publicado no Brasil em 1943, sob o título *O Plano Beveridge: relatório sobre o seguro social e serviços afins*. Traduzido do inglês *Social Insurance and Allied Services. Report of Sir William Beveridge, presented to Parliament by Command of His Majesty*, november 1942. Published by His Majesty's Stationery Office. No texto original em inglês a expressão utilizada é *social security*. Na tradução brasileira, assim como na portuguesa, o termo utilizado foi "segurança social". No Brasil, lembre-se que o termo seguridade social só foi cunhado a partir de 1988.

4. Parte do texto que segue, sobre o *Welfare State*, foi publicado por Boschetti no artigo "Implicações da reforma da previdência na seguridade social brasileira", na Revista *Psicologia e Sociedade*, n. 1, 2003.

5. A versão original foi publicada em 1990 com o título *The Welfare State in Capitalist Society — Policies of Retrenchement and Maintenance in Europe, North America and Autralia*. Esse texto foi traduzido para uma edição portuguesa em 1995, com o título *O Estado providência na sociedade capitalista: políticas públicas na Europa, América do Norte e Austrália*. Oeiras: Celta. Observe-se que o termo *Welfare State* foi traduzido como Estado-providência.

ceito com o qual trabalha é "uma abstração dos princípios e instituições subjacentes ao Estado-providência inglês do pós-guerra, influenciado pelas idéias de J. M. Keynes e W. Beveridge" (Mishra, 1995: 113). Ao datar histórica e geograficamente o surgimento do fenômeno que passa a ser designado como *Welfare State*, o autor busca distingui-lo da compreensão genérica de política social. Para o autor, não são todas e quaisquer formas de política social que podem ser designadas de *Welfare State*:

> [...] é de certo modo enganador, na minha opinião, utilizar o termo "política social" como quase equivalente a "Estado-providência". A "política social", parece-me, é um conceito genérico, enquanto o Estado-providência tem uma conotação histórica (pós-guerra) e normativa ("institucional") bastante específica, que não podemos ignorar. (Mishra, 1995: 113)

Os princípios que estruturam o *Welfare State*, segundo o autor, são aqueles apontados no *Plano Beveridge*: 1) responsabilidade estatal na manutenção das condições de vida dos cidadãos, por meio de um conjunto de ações em três direções: regulação da economia de mercado a fim de manter elevado nível de emprego; prestação pública de serviços sociais universais, como educação, segurança social, assistência médica e habitação; e um conjunto de serviços sociais pessoais; 2) universalidade dos serviços sociais; e 3) implantação de uma "rede de segurança" de serviços de assistência social.

Nessa mesma linha de raciocínio, Johnson (1990: 17) também define o *Welfare State* a partir da experiência iniciada na Inglaterra, apontando as principais mudanças ocorridas e que definiriam o que é o *Welfare State*: 1) introdução e ampliação de serviços sociais em que se incluem a seguridade social, o serviço nacional de saúde, os serviços de educação, habitação, emprego e assistência aos idosos, a pessoas com deficiência e a crianças: 2) a manutenção do pleno emprego; 3) um programa de nacionalização. Contudo, segundo Marshall (1967), é um equívoco confundir o *Welfare State* anglo-saxão com o *Plano Beveridge* ou atribuir exclusivamente a Sir William Beveridge a autoria do sistema inglês. Para esse autor, não se pode dissociar o surgimento do *Welfare State* das circunstâncias vividas pela Inglaterra na Segunda Guerra Mundial:

> A magnitude de seu esforço de guerra e sua vulnerabilidade ao ataque exigiram sacrifícios de todos e, igualmente, assistência concedida, de bom grado e sem discriminação, a todos os que passavam necessidade. [...] E a estabilida-

POLÍTICA SOCIAL: FUNDAMENTOS E HISTÓRIA

de política do país, combinada com sua confiança inabalável na vitória, explicam a característica mais notável da história, a saber, a maneira pela qual o povo e seu Governo, no decorrer da guerra, meteram mãos à obra de elaborar o projeto de uma nova sociedade [...] orientada pelos mesmos princípios de reunião e da partilha que orientaram as medidas de emergência da guerra. Desse modo, a idéia do Estado de Bem-Estar Social veio a identificar-se com os objetivos de guerra de uma nação que lutava por sua sobrevivência. (Marshall, 1967: 95)

O trabalho de formulação de propostas relativas aos três pilares que constituem o *Welfare State* inglês — educação, seguros e saúde — foi confiado a três Comissões que apresentaram, cada uma, um plano para estas áreas. Afirma Marshall:

A Lei de Educação, a Lei de Seguro Nacional e a Lei de Serviço Nacional de Saúde se constituíram nas três vigas-mestras do Estado de Bem-Estar Social britânico. Estão associadas com os nomes de Butler, Beveridge e Bevan — um conservador, um liberal e um socialista. [...] não é de se surpreender que se verifique que o Estado do Bem-Estar Social, quando finalmente veio à luz, era de parentesco misto. (Marshall, 1967: 111)

O "liberal" Sir Beveridge, assim, torna-se o autor de um aspecto do *Welfare State* inglês, qual seja, o da seguridade social, como indica em seu relatório *Social Insurance and Allied Services*.[6] Na interpretação de Marshall, o Plano Beveridge consistiu em fazer uma fusão das medidas esparsas já existentes, ampliar e consolidar os vários planos de seguro social, padronizar os benefícios e incluir novos benefícios como seguro acidente de trabalho, abono familiar ou salário-família, seguro-desemprego e outros seis auxílios sociais: auxílio-funeral, auxílio-maternidade, abono nupcial, benefícios para esposas abandonadas, assistência às donas de casa enfermas e auxílio-treinamento para os que trabalhavam por conta própria (Beveridge, 1942: 7-9; Marshall, 1967: 99).[7] Cabe ainda precisar que o termo *social security* (seguridade social), popularizado e universalizado após sua incorporação

---

6. No relatório, Beveridge utiliza os termos "social insurance" e "social security" como sinônimos.

7. Muitos desses benefícios estão (ou estiveram) presentes na previdência social brasileira. Boschetti, 2006, mostra a influência do Plano Beveridge no desenvolvimento da Previdência Social no Brasil.

no Plano Beveridge, contudo, foi utilizado oficialmente pela primeira vez nos Estados Unidos, em 1935, pelo governo Roosevelt em seu *Social Security Act*, mas com sentido bastante restritivo em relação àquele atribuído posteriormente por Beveridge (Rosanvallon, 1986; Lesemann, 1988).

É comum encontrar na literatura sobre políticas sociais a utilização do termo *Welfare State* para designar genericamente os países que implementaram políticas sociais sob a orientação keynesiano-fordista, ainda que alguns países não se definam dessa forma, como é o caso da França e da Alemanha.[8] Também é usual encontrar na literatura brasileira esse mesmo tratamento, ou então utilizar sua tradução (Estado de Bem-Estar) para explicar a realidade brasileira. Encontra-se ainda, mas de modo menos freqüente, também a utilização do termo Estado-providência para designar genericamente a ação social do Estado. Essas expressões, entretanto, são formuladas e utilizadas em cada nação para designar formas determinadas e específicas de regulação estatal na área social e econômica e muitas vezes são incorporadas ou traduzidas sem o devido cuidado na sua precisão e explicitação. Se é consensual que a expressão *Welfare State* origina-se na Inglaterra, o mesmo não se pode afirmar quanto à sua utilização como referência para todos os países europeus. Autores como Meny e Thoening (1989), por exemplo, mesmo reconhecendo que a expressão nasce na Inglaterra na década de 1940, afirmam que uma visão ampliada do *Welfare State* o concebe como todo esforço do Estado para modificar as condições do mercado e proteger os indivíduos das suas conseqüências econômicas e sociais e, nesses termos, seria possível afirmar que ações públicas nessa direção, ainda que "rudimentares", são originárias do século XIX e se ampliariam no século XX (Meny e Thoening, 1989: 25). Mas concordam que a expressão *Welfare State* seria mais apropriada para designar a generalização dessas ações após a Segunda Guerra Mundial.

Desse modo, é importante reconhecer que o termo *Welfare State* origina-se na Inglaterra e é comumente utilizado na literatura anglo-saxônica. Mas há outras designações, que nem sempre se referem ao mesmo fenôme-

---

8. Vasta literatura registra polêmicas sobre a utilização genérica desse termo, ou mesmo o debate sobre como identificar se um país tem ou não *Welfare State*. Para citar os autores mais conhecidos ver Flora e Heidenheimer (1981) Esping-Andersen (1991), Gough (1982), Mishra (1995), Rosanvallon (1986), Dumont (1995), Murard (1993), Filgueira (1997). Os principais autores a adotarem e utilizarem a expressão no Brasil são Draibe e Aureliano (1989); Draibe (1990); Vianna (1998).

no e não podem ser tratadas como sinônimo de *Welfare State*. É o caso do termo *Etat-Providence* (Estado- providência), que tem origem no Estado social na França e o designa, enquanto na Alemanha o termo utilizado é *Sozialstaat*, cuja tradução literal é Estado social.

Não nos importa aqui, especificamente, discutir a terminologia utilizada por um ou outro autor, mas sinalizar a imprecisão existente e a necessidade de maior aproximação conceitual no debate sobre as políticas sociais. Sabe-se que a conceituação, assim como os argumentos sobre a origem e a abrangência do *Welfare State* são cercadas de polêmicas e divergências, até mesmo quanto à utilização do termo para designar realidades históricas, econômicas e sociais particulares (Pierson, 1991; Gough, 1982).

Entretanto, parece consensual entre os autores que os seguros sociais, ou seja, a garantia compulsória de prestações de substituição de renda em momentos de riscos derivados da perda do trabalho assalariado pelo Estado foi uma inovação da Alemanha na era bismarckiana. Já o modelo beveridgiano, surgido na Inglaterra, tem como principal objetivo a luta contra a pobreza. Nesse sistema de proteção social, os direitos são universais, destinados a todos os cidadãos incondicionalmente ou submetidos a condições de recursos (testes de meios), e o Estado deve garantir mínimos sociais a todos em condições de necessidade. O financiamento é proveniente dos impostos fiscais (e não da contribuição direta de empregados e empregadores) e a gestão é pública, estatal. Os princípios fundamentais do sistema beveridgiano são a unificação institucional e a uniformização dos benefícios (Beveridge, 1943; Marshall, 1967; Palier e Bonoli, 1995; Castel, 1998).

Na Alemanha, a expressão *Sozialstaat* (Estado social) é utilizada para designar o conjunto de políticas de proteção social que incluem os seguros sociais, mas não se restringem a eles (Kott, 1995). Por outro lado, a expressão *Wohlfahrstaat*, que seria a tradução literal de *Welfare State*, era empregada na Alemanha desde 1870 pelos socialistas e designava também os aspectos "positivos" da ação da polícia alemã (Rosanvallon, 1981: 141). A autora alemã (Kott, 1995) observa que o *Sozialstaat* alemão assegura educação universal, habitação e seguridade social que, por sua vez, engloba aposentadorias e pensões, saúde, seguro acidente de trabalho e auxílios familiares. Mas, de acordo com Dumont (1995: 4), outro analista dos sistemas de proteção social predominantes na Europa, a Alemanha não instituiu um sistema de seguridade social universal, com prestações uniformes para todos. Os regimes de seguros sociais obrigatórios, organizados por categoria profissional, cujas prestações dependem do montante e do tempo de contribuição do segurado, deixam entre 1 e 5% da população excluída do acesso a um dos regimes existentes (Dumont, 1995: 4).

As reservas na utilização generalizada do termo *Welfare State* são mais marcantes na literatura francesa, de onde é possível extrair algumas conclusões quase consensuais entre os autores. A primeira é que os termos adotados em cada idioma possuem ligação com a historicidade de cada nação. E, nesse sentido, a maioria da literatura francesa não incorpora o termo *Welfare State* para designar o sistema de proteção social francês, preferindo utilizar a expressão *Etat Providence* (Estado-providência) como uma referência à "representação de um Estado providencial, construído no século dezenove" (Renard, 1995: 13). O conceito francês de *Etat Providence*, em sua acepção atual, assemelha-se ao conceito inglês de *Welfare State* ao incorporar a perspectiva da responsabilidade estatal na regulação do mercado, com vistas a manter o equilíbrio entre oferta e demanda e assegurar benefícios de proteção aos trabalhadores em momento de perda da capacidade laborativa e, mais globalmente, aos cidadãos em situações de dificuldades econômicas e sociais. Mas difere tanto no sentido mesmo da expressão (enquanto o primeiro tem uma conotação positiva de bem-estar, o segundo está associado à ligação entre Estado e providência) quanto na definição de sua emergência. Para os autores franceses, o *Etat Providence* nasce em 1898, com a primeira lei cobrindo os acidentes do trabalho (Ewald, 1986 e 1996), porque estabelece a proteção social obrigatória aos trabalhadores, sob responsabilidade estatal (Dorion e Guionnet, 1993). Outros autores, como Castel (1998) preferem utilizar o termo Estado social para designar o modelo francês, fugindo assim tanto da conotação de "Estado providencial" quanto da importação do conceito *Welfare State.*

O que se pode depreender dessas análises é que as políticas sociais vivenciaram forte expansão após a Segunda Guerra Mundial, tendo como fator decisivo a intervenção do Estado na regulação das relações sociais e econômicas. A sua simples instituição e expansão, contudo, não pode ser interpretada automaticamente como instauração do *Welfare State.* Por outro lado, as análises internacionais, mesmo utilizando terminologias distintas, sempre adotam como referência os clássicos modelos bismarckiano e beveridgiano como parâmetros para a caracterização do Estado social e dos sistemas de seguridade social predominantes nos países capitalistas da Europa ocidental.

Embora não existam sistemas e "modelos puros", quando ocorre predomínio da lógica do seguro, os autores tendem a identificar o sistema como sendo de seguros ou bismarckiano; quando predominam amplos serviços não contributivos, tendem a identificá-lo como sistema beveridgiano ou de seguridade social, com base no Plano Beveridge (Dumont, 1995; Dufourcq, 1994).

Muitos autores estabelecem tipologias e classificações na análise de políticas sociais, e realizamos a crítica a essa tendência no Capítulo 1. Contudo, cabe uma breve menção à análise de Esping-Andersen (1991),[9] considerando sua influência no debate. Ele distingue os países em três "tipos" de regime de *Welfare State*. O primeiro, que caracteriza como "liberal", predominaria nos Estados Unidos, Canadá e Austrália, com as seguintes características: políticas focalizadas de assistência aos comprovadamente pobres, reduzidas transferências universais ou planos modestos de previdência; benefícios restritos à população de baixa renda; reforma social limitada pelas normas tradicionais e liberais da ética do trabalho; critérios rigorosos para acesso aos benefícios e associados ao estigma e benefícios modestos. Nos países em que predominam tais características, o Estado encoraja o mercado, tanto passiva (ao garantir apenas o mínimo) quanto ativamente (ao subsidiar esquemas privados de previdência). Para o autor, políticas sociais com tais características contribuem para edificar uma ordem de estratificação que mistura igualdade relativa da pobreza entre os beneficiários do Estado e serviços diferenciados pelo mercado para a maioria, produzindo um dualismo político de classe (Esping-Andersen, 1991: 108).

Outro regime, que o autor classifica como conservador e corporativista, e que teria como base o modelo bismarckiano, predominaria na Áustria, França, Alemanha e Itália. Nestes, não haveria uma obsessão liberal com a mercadoria e a busca pela eficiência nunca foi marcante; a concessão de direitos sociais não é uma questão controvertida; os direitos preservam o *status* ligado à estratificação social, o que limitaria sua capacidade redistri-

---

9. É bastante conhecido o artigo "As três economias políticas do *Welfare State*", publicado na revista *Lua Nova*, n. 24, de set. 1991. Esse artigo é o primeiro capítulo do livro *The Three Worlds Of Welfare Capitalism,* Princeton University Press, 1990, que não foi publicado integralmente no Brasil.

butiva; o edifício estatal substitui o mercado enquanto provedor de benefícios sociais, de modo que a previdência privada possui papel secundário. Para o autor, nesses regimes corporativos há uma ênfase estatal na manutenção das diferenças de *status*, os benefícios são comprometidos com a família tradicional devido ao legado da Igreja, os benefícios voltados para as famílias incentivam a maternidade e baseiam-se no princípio da subsidiaridade, o que levaria o Estado a intervir apenas quando a capacidade da família se exaure (Esping-Andersen, 1991: 109).

O terceiro "regime", que o autor designa como "social-democrata", agruparia os países[10] que instituíram políticas sociais universais e cujos direitos sociais foram estendidos às classes médias. Para o autor, esse "modelo" de *Welfare State* promove uma igualdade com melhores padrões de qualidade e não apenas igualdade das necessidades mínimas. Dois princípios estariam na base de implementação das políticas sociais: serviços e benefícios compatíveis com os gastos mais refinados da classe média e igualdade na prestação de serviços que garante aos trabalhadores plena participação na qualidade dos direitos desfrutados pelos mais ricos. Os benefícios são desmercadorizantes e universalistas, todas as camadas são incorporadas a um sistema universal de seguros, mas com benefícios graduados de acordo com os ganhos habituais. O autor chega a afirmar que o "modelo é uma fusão peculiar de liberalismo e socialismo" (Esping-Andersen, 1991: 110).

Apesar dos limites metodológicos de análises que engessam os países em supostos "modelos" com características homogêneas,[11] o trabalho de Esping-Andersen revela a importância da expansão das políticas sociais no período aqui analisado (1945-1970), ao mesmo tempo em que demonstra que essa expansão não seguiu o mesmo padrão de desenvolvimento em todos os países capitalistas. Isso pode ser verificado também a partir do aumento dos gastos sociais com políticas de proteção social, conforme aponta o estudo de Pierson (1991: 128), a partir de dados da OCDE (Tabela 1):

---

10. O autor não os cita nesse artigo, mas depreende-se que são os países do Norte da Europa: Suécia, Dinamarca, Escandinávia.

11. É bastante discutível, por exemplo, a inclusão da França no regime denominado conservador corporativo. Se, por um lado, esse país mantém políticas de previdência e saúde orientadas pela lógica do seguro, a seguridade social francesa é considerada pelos autores franceses como mista, pois mantém um significativo número de benefícios familiares (*allocation familiale*). Cf. Murard, 1993.

POLÍTICA SOCIAL: FUNDAMENTOS E HISTÓRIA

Tabela 1. Crescimento do gasto social (7 maiores países da OCDE),
1960-1975, em percentual do PIB (%)

País	1960	1975
Canadá	11,2	20,1
França	14,4	26,3
Alemanha Ocidental	17,1	27,8
Itália	13,7	20,6
Japão	7,6	13,7
Reino Unido	12,4	19,6
Estados Unidos	9,9	18,7
Média	12,3	21,9

Fonte: Pierson, 1991: 128. Tradução das autoras.

Não é surpreendente, assim, que a expansão das políticas sociais e dos direitos por elas assegurados, após a Segunda Guerra Mundial, seja considerada um elemento central e indissociável da cidadania, desde o famoso ensaio de T. H. Marshall, *Cidadania, classe social e status*, escrito em 1949 e publicado no Brasil em 1967.

A formulação de T. H. Marshall (1967) sobre a *cidadania*, num contexto de ampla utilização das estratégias fordistas-keynesianas, é paradigmática das transformações societárias daqueles anos, em que o tema da política social ganha um novo estatuto teórico, expressão de sua nova condição nas realidades concretas dos países, com destaque para o padrão de bem-estar social europeu. Daí o incremento do debate conceitual antes referido.

Partindo das postulações liberais, pelas quais a educação era o único direito social incontestável, definidora de uma igualdade humana básica, T. H. Marshall sustenta que esta foi enriquecida, ao longo dos últimos 250 anos, com um conjunto formidável de direitos. E conclui: há compatibilidade entre *desigualdade de classes* e *cidadania*, sendo esta última "o arcabouço da desigualdade social legitimada" (1967: 62), ou seja, essa igualdade básica deve ser preservada, invadindo o mercado competitivo, e por isso um mercado *com* limites seria uma característica da *evolução* da cidadania moderna. Para Marshall, há uma tendência moderna para a igualdade social, a qual convergiria para o socialismo (1967: 62).

Para T. H. Marshall, o conceito de cidadania, em sua fase madura, comporta: as liberdades individuais, expressas pelos *direitos civis* — direito de ir e vir, de imprensa, de fé, de propriedade —, institucionalizados pelos tribunais de justiça; os *direitos políticos* — de votar e ser votado e à livre organização política sindical e partidária, ou seja, de participar do poder político — por meio do parlamento e do governo, bem como dos partidos e sindicatos; e os *direitos sociais*, caracterizados como o acesso a um mínimo de bem-estar econômico e de segurança, com vistas a levar a vida de um ser civilizado. O esquema de Marshall referenciou um amplo debate que se dá até os dias de hoje. Especialmente no que se refere à política social, ele traz a questão para o centro do debate político, econômico e sociológico, fornecendo argumentos importantes em sua defesa, mas pouco consistentes do ponto de vista explicativo. Trata-se de um raciocínio que não passou sem críticas, em que pese sua importância para a projeção de um novo patamar civilizatório nos marcos do capitalismo — o que é discutível —, no qual haveria uma singular combinação entre acumulação e eqüidade. Percebe-se que Marshall situava a experiência do *Welfare State* como uma espécie de fim humanista da história. Criava também uma medida de civilidade centrada na experiência européia, a despeito da história concreta de cada país.

Muitas críticas foram feitas ao trabalho de Marshall, a começar de sua linearidade,[12] sua tentativa de generalização da experiência inglesa numa suposta teoria da cidadania, e sua explícita subsunção da desigualdade à cidadania. Mas um balanço consistente e obrigatório do debate sobre a cidadania encontra-se no trabalho de J. M. Barbalet (1989). Na relação entre política social e cidadania, Barbalet chama a atenção para alguns elementos: 1) *esta não é uma relação imediata*, já que a política social é o centro de um conflito de classe e não apenas um meio para diluí-lo ou desfazê-lo (como parecia supor Marshall); 2) ainda que seja desejável pelos segmentos democráticos que essa relação — política social/cidadania — se estabeleça plenamente, pode haver contradição entre a formulação/execução dos serviços sociais e a consecução de direitos. Por esse motivo, não há uma necessária identidade prática entre política social e direito social, ou seja, um altíssimo grau de seletividade no âmbito da elegibilidade institucional, por exemplo, pode ser contraditório com a perspectiva universal do direito so-

---

12. Qualidade do que é linear. Diz-se que um raciocínio é linear quando ele dá uma idéia de seguir em linha reta, sem desvios, complicações, complexidade e, por vezes, profundeza.

POLÍTICA SOCIAL: FUNDAMENTOS E HISTÓRIA

cial; 3) o conceito de direito social de cidadania pode conter ou não um elemento de crítica e de proposição da política social na perspectiva da sua ampliação. Há que qualificar, portanto, a relação entre cidadania e direito social nas pautas de luta dos movimentos sociais.

Barbalet sublinha a importância da contribuição de Marshall, mas chama a atenção para a inexistência de uma teoria da cidadania, embora reconheça que esse trabalho clássico é uma passagem obrigatória para o estudo da temática. A questão da cidadania e sua relação com a política social é polêmica, até mesmo entre os assistentes sociais, entre os quais está presente a visão de Marshall, não obstante compareçam também outras concepções (Faleiros, 1986; Pereira, 1996; Menezes, 1993; Behring, 1993 e 1998; Schons, 1999).

Contudo, os "anos de ouro" do capitalismo "regulado" começam a se exaurir no final dos anos 1960 (Hobsbawm, 1995). As taxas de crescimento, a capacidade do Estado de exercer suas funções *mediadoras civilizadoras* cada vez mais amplas, a absorção das novas gerações no mercado de trabalho, restrito já naquele momento pelas tecnologias poupadoras de mão-de-obra, não são as mesmas, contrariando as expectativas de pleno emprego, base fundamental daquela experiência. As dívidas públicas e privadas crescem perigosamente... A explosão da juventude em 1968, em todo o mundo, e a primeira grande recessão — catalisada pela alta dos preços do petróleo em 1973-1974 — foram os sinais contundentes de que o sonho do pleno emprego e da cidadania relacionada à política social havia terminado no capitalismo central e estava comprometido na periferia do capital, onde nunca se realizou efetivamente. As elites político-econômicas, então, começaram a questionar e a responsabilizar pela crise a atuação agigantada do Estado *mediador civilizador*, especialmente naqueles setores que não revertiam diretamente em favor de seus interesses. E aí se incluíam as políticas sociais. Esses processos serão analisados no próximo capítulo. Agora vejamos os acontecimentos pós-1930 no Brasil e a condição da política social.

3. O Brasil após a Grande Depressão e as características da política social

A economia e a política brasileiras foram fortemente abaladas pelos acontecimentos mundiais das três primeiras décadas do século XX, e mais ainda depois da crise de 1929-1932, quando se abre uma época de expansão acelerada das relações capitalistas entre nós, com intensas repercussões para as classes sociais, o Estado e as respostas à questão social. Analisemos alguns processos desse período.

Desde a primeira década do século, como já vimos, houve expressões de organização sindical no país, com as primeiras greves. Andava-se a passos firmes na direção de uma consciência de classe para si, com o incremento da organização política dos trabalhadores, sobretudo após 1907, quando se reconhece o direito de livre organização sindical, naquele momento com total autonomia em relação ao Estado. A Revolução Russa de 1917 também teve repercussões importantes, influenciando a fundação do Partido Comunista Brasileiro, em 1922, que por muito tempo foi a maior e principal organização partidária de esquerda no país. Naquele ano, também se realizou a importante Semana de Arte Moderna, promovida por uma vanguarda artística e cultural em parte preocupada com um projeto de nação, a exemplo de Oswald e Mário de Andrade, Tarsila do Amaral e outros. As expressões radicalizadas da questão social num Brasil recém saído do escravismo começavam a ser enfrentadas na forma de greves e mobilizações e também de uma parca e inócua legislação social, como vimos no capítulo anterior. De outro lado, crescia a insatisfação política do empresariado não ligado ao café, e que em conseqüência não dispunha de mecanismos de poder para assegurar seus interesses econômicos e políticos, no contexto de um liberalismo muito singular — o *laissez-faire* repressivo (Santos, 1987). A instabilidade política na chamada República Velha era flagrante.

Pois bem, o advento da crise internacional de 1929-1932 teve como principal repercussão no Brasil uma mudança da correlação de forças no interior das classes dominantes, mas também trouxe conseqüências significativas para os trabalhadores, precipitando os acontecimentos na efervescente sociedade brasileira daqueles tempos. Estamos falando da chamada "Revolução" de 30.[13] Segundo Boris Fausto (1975), é possível questionar a

---

13. É interessante notar que Florestan Fernandes dá uma importância periférica aos episódios de 1930, diferentemente da maior parte da historiografia brasileira. Para ele, a Independência e os processos de substituição de importações principalmente a partir de 1950 são mais relevantes para a explicação de nossa via não clássica de transição para o capitalismo. Na verdade, há muita polêmica em torno da interpretação desse marco historiográfico, mas nesse momento vamos tomar como referência a lúcida interpretação de Fausto (1975).

POLÍTICA SOCIAL: FUNDAMENTOS E HISTÓRIA

idéia de que tenha acontecido em 1930 uma revolução no Brasil. Quais são, então, os significados dos acontecimentos? Vimos no capítulo anterior que a produção do café era responsável por cerca de 70% do PIB brasileiro, ou seja, nossa economia estava fundada numa monocultura para exportação. Com a paralisia do mercado mundial em função da crise de 1929-1932, as oligarquias agroexportadoras cafeeiras ficaram extremamente vulneráveis econômica e politicamente. E aquelas oligarquias do gado, do açúcar e outras, que estavam fora do núcleo duro do poder político, aproveitaram as circunstâncias para alterar a correlação de forças e diversificar a economia brasileira. Aqui, há destaque para os produtores de carne do Sul, de onde vem a principal liderança desse processo, Getúlio Vargas, e que consegue o apoio dos segmentos militares médios, os tenentes — alguns deles partícipes da famosa Coluna Prestes e outros com clara inspiração autoritária e fascista —, bem como de bases sociais mais populares. Essa "revolução", na verdade, foi uma espécie de quartelada, com um afastamento não muito contundente da oligarquia cafeeira, a qual, por seu peso econômico, era o setor com capital acumulado para investir em outros produtos e impulsionar a diversificação da economia brasileira.

Assim, chegam ao poder político as outras oligarquias agrárias e também um setor industrialista, quebrando a hegemonia do café, e com uma agenda modernizadora. O movimento de 1930 não foi a revolução burguesa no Brasil, com o incremento da indústria, como interpretaram muitos intelectuais e historiadores, mas foi sem dúvida um momento de inflexão no longo processo de constituição de relações sociais tipicamente capitalistas no Brasil. Vargas esteve à frente de uma ampla coalizão de forças em 1930, que a historiografia caracterizou como um Estado de compromisso, e que impulsionou profundas mudanças no Estado e na sociedade brasileiras. Os primeiros sete anos foram marcados por uma forte disputa de hegemonia e da direção do processo de modernização. De certa forma, a Constituição de 1934 expressa as tendências e contratendências desse período. Mas a radicalização de segmentos do movimento tenentista, a chamada Intentona Comunista, em 1935, o crescimento do integralismo — o movimento fascista brasileiro — e sua influência nas hostes governistas alteraram a situação do pacto de compromisso inicial, e em 1937 instaura-se a ditadura do Estado Novo, com Vargas à frente.

A agenda modernizadora no Brasil, como já sabemos desde o capítulo anterior, não comportou procedimentos decisórios democráticos, com o que as mudanças intensas desencadeadas a partir daí se deram sob uma ditadura, num processo de modernização conservadora. Dentro dessa agenda, desde a fase do Estado de compromisso, além da perspectiva de dar um salto adiante do ponto de vista econômico, impulsionando as demais oligarquias agrárias e a indústria, estavam pendentes a regulamentação do trabalho e o enfrentamento da questão social, até então vista exclusivamente como questão de polícia, conforme pensava Washington Luís. Nesse sentido, se o governo Vargas enfrentou também com a polícia os componentes mais radicalizados do movimento operário nascente, em especial após 1935, ele soube combinar essa atitude com uma forte iniciativa política: a regulamentação das relações de trabalho no país, buscando transformar a luta de classes em colaboração de classes, e o impulso à construção do Estado social, em sintonia com os processos internacionais, mas com nossas mediações internas particulares.

Esse esforço regulatório inicial, segundo Draibe (1990), se deu entre os anos de 1930 e 1943, que podem ser caracterizados como os anos de introdução da política social no Brasil. Com base na extensa pesquisa de Draibe (1990) e de Faleiros (2000), dentre outros, façamos um inventário das principais medidas no período. Em relação ao trabalho, o Brasil seguiu a referência de cobertura de riscos ocorrida nos países desenvolvidos, numa seqüência que parte da regulação dos acidentes de trabalho, passa pelas aposentadorias e pensões e segue com auxílios doença, maternidade, família e seguro-desemprego. Em 1930, foi criado o Ministério do Trabalho, e em 1932, a Carteira de Trabalho, a qual passa a ser o documento da cidadania no Brasil: eram portadores de alguns direitos aqueles que dispunham de emprego registrado em carteira. Essa é uma das características do desenvolvimento do Estado social brasileiro: seu caráter corporativo e fragmentado, distante da perspectiva da universalização de inspiração beveridgiana.

O sistema público de previdência começou com os IAPs — Institutos de Aposentadorias e Pensões —, que se expandem na década de 1930, cobrindo riscos ligados à perda da capacidade laborativa (velhice, morte, invalidez, doença), naquelas categorias de trabalhadores estratégicas, mas com planos pouco uniformizados e orientados pela lógica contributiva do seguro. O primeiro IAP foi criado em 1933 — o IAPM, dos marítimos —, e com isso foram se extinguindo as CAPs, organizações privadas por empresa, até 1953. Os trabalhadores participavam da direção dos IAPs, o que foi

POLÍTICA SOCIAL: FUNDAMENTOS E HISTÓRIA

um decisivo instrumento de cooptação de dirigentes sindicais, conhecidos como "pelegos". Segundo Santos, "o sistema previdenciário estatal permitiu assim a consolidação dos laços que amarravam a um mesmo destino a oligarquia política que controlava as instituições do Ministério do Trabalho e a oligarquia sindical que controlava os organismos operários" (1987: 71). Os IAPs ofereciam um conjunto de benefícios e serviços de acordo com a contribuição dos trabalhadores, dos empresários e do Estado, que não eram uniformes e, segundo Bravo (2000), possuíam uma orientação *contencionista*, diga-se, estavam menos preocupados com a prestação de serviços e mais com a acumulação de reservas financeiras. Desde o final do governo Vargas já existia uma pauta de uniformização e unificação da previdência social no Brasil, que desaguou na Lei Orgânica da Previdência Social, aprovada apenas em 1960. Para Mota (2000), esse período é marcado pelo desenvolvimento de uma gestão estatal da força de trabalho, que incluiu as políticas sociais e que incidia sobre "a organização do mercado de trabalho, a reprodução ampliada da força de trabalho e a regulação de normas de produção e de consumo" (2000: 173). Contudo, esse desenvolvimento foi restrito e incompleto, em comparação com a experiência keynesiano-fordista no capitalismo central.

Em 1930, foi criado também o Ministério da Educação e Saúde Pública, bem como o Conselho Nacional de Educação e o Conselho Consultivo do Ensino Comercial. Até os anos 1930, não existia uma política nacional de saúde, sendo que a intervenção efetiva do Estado inicia-se naquele momento, a partir de dois eixos: a saúde pública e a medicina previdenciária, ligada aos IAPs, para as categorias que tinham acesso a eles. A saúde pública era conduzida por meio de campanhas sanitárias coordenadas pelo Departamento Nacional de Saúde, criado em 1937. Há também o desenvolvimento da saúde privada e filantrópica, no que se refere ao atendimento médico-hospitalar (Bravo, 2000). Em relação à assistência social, Draibe e Aureliano (1989) consideram que é difícil estabelecer com precisão o âmbito específico dessa política no Brasil devido ao caráter fragmentado, diversificado, desorganizado, indefinido e instável das suas configurações. Contudo, uma certa centralização se inicia, em âmbito federal, com a criação da Legião Brasileira de Assistência (LBA), em 1942. Essa instituição foi criada para atender às famílias dos pracinhas envolvidos na Segunda Guerra e era coordenada pela primeira-dama, Sra. Darci Vargas, o que denota aquelas características de tutela, favor e clientelismo na relação entre Estado e sociedade no Brasil, atravessando a constituição da política social. Posteriormente, a LBA vai se configurando como instituição articuladora da assistência social no Brasil, com uma forte rede de instituições privadas conveniadas, mas sem perder essa marca assistencialista, fortemente seletiva e de primeiro-damismo, o que só começará a se alterar muito tempo depois, com a Constituição de 1988. Na área da infância e juventude, desdobra-se o Código de Menores, de natureza punitiva, no Serviço de Assistência ao Menor (SAM), em 1941. Apesar dos objetivos declarados de proteção a esse segmento, pela ausência de financiamento e pela cultura da época, prevaleceram a coerção e os maus-tratos aos jovens pobres e delinqüentes (Carvalho, 2000: 186), o que só irá ter perspectivas de alteração com a promulgação do Estatuto da Criança e do Adolescente, em 1990.

Esse período de introdução da política social brasileira teve seu desfecho com a Constituição de 1937 — a qual ratificava a necessidade de reconhecimento das categorias de trabalhadores pelo Estado — e finalmente com a Consolidação das Leis Trabalhistas, a CLT, promulgada em 1943, que sela o modelo corporativista e fragmentado do reconhecimento dos direitos no Brasil, o que Santos (1987) caracterizou como "cidadania regulada". Embora essa caracterização seja correntemente referida e aceita na literatura sobre a política social no Brasil, ela não passa sem críticas, uma vez que não há cidadania sem regulação, e tal caracterização parece pressupor essa possibilidade histórica, contradizendo a formulação marshalliana e o próprio processo histórico de constituição dos direitos. Mas esse limite não retira a importância do estudo de Santos acerca da particularidade da política social brasileira.[14] A CLT inspirava-se na *Carta del Lavoro* da era fascista de Mussolini, propugnando o reconhecimento das categorias de trabalhadores pelo Estado e atrelando sua organização sindical ao Ministério do Trabalho. Estava, então, desenhada a arquitetura formal-legal da relação do Estado com a sociedade civil, e que marcou profundamente o período subseqüente de expansão fragmentada e seletiva das políticas sociais, que segue até 1964. Cabe reter, portanto, que o Brasil acompanha as tendências internacionais de incremento da intervenção do Estado diante das expressões da questão social, mas com características muito particulares.

O período compreendido entre 1943 e 1945 foi de ocaso da ditadura Vargas, até mesmo por suas opções oscilantes de alinhamento durante a

---

14. Para este debate, conferir Boschetti, 2006, e Reis, 1990.

guerra. Num primeiro momento, o varguismo teve simpatias pelo nazifascismo, como mostra o filme *Olga*, baseado na obra de mesmo nome de Fernando Morais. Porém, sob a pressão norte-americana e em função das condições geopolíticas e econômicas brasileiras, bem como por alguma pressão de segmentos da sociedade brasileira, enfileirou-se com os aliados (EUA, França e Inglaterra, dentre outros), entrando na guerra em 1942. Mas essa decadência se deu, sobretudo, pelo esgotamento do regime e por sua incapacidade de coordenar a frações burguesas, mais diferenciadas e heterogêneas após o processo de modernização conservadora desencadeado por Vargas, bem como a nova situação dos "de baixo", os trabalhadores do campo e da cidade e suas lutas.

Em 1945, após 15 anos no poder, Getúlio Vargas caiu, e abriu-se um novo período no país, de intensas turbulências econômicas, políticas e sociais. Afinal, o Brasil tornou-se um país mais urbanizado, com uma indústria de base já significativa, apesar de a vocação agrário-exportadora permanecer forte, e com um movimento operário e popular mais maduro e concentrado, com uma agenda de reivindicações extensa. A Constituição de 1946 foi uma das mais democráticas do país, chegando até a retirar o Partido Comunista da ilegalidade. O período 1946-1964 foi marcado por uma forte disputa de projetos e pela intensificação da luta de classes. A burguesia brasileira encontrava-se muito fragmentada e a maior expressão disso eram suas organizações político-partidárias, divididas entre a União Democrática Nacional (UDN), o Partido Social Democrático (PSD) e o Partido Trabalhista Brasileiro (PTB). A UDN expressava mais autenticamente a burguesia industrial e financeira, com um projeto de desenvolvimento associado ao capital estrangeiro. Sua maior figura pública era o jornalista e deputado Carlos Lacerda. O PSD reunia os setores agrários mais tradicionais e alguns segmentos industriais que não se identificavam diretamente com o udenismo, mas que faziam alianças pontuais com ele, e eventualmente também com o PTB, constituindo-se como um partido centrista e uma espécie de fiel da balança. Jânio Quadros era um expoente desse partido. O PTB expressava um projeto nacionalista de desenvolvimento, com inspiração na liderança populista e carismática de Vargas, e reunia industriais e segmentos operários e populares nacionalistas. No campo do trabalho, o PCB, a maior organização político-partidária dos trabalhadores na época, e cujo período de legalidade foi brevíssimo, forjava alianças com o PTB durante os processos eleitorais, na perspectiva de estimular um projeto nacional de desenvolvimento capitalista como a ante-sala da revolução socialista.

Esse reposicionamento das forças políticas e das classes e a intensa disputa de projetos deparavam-se com uma base material também em ebulição, com o desenvolvimentismo dentro de uma estratégia de substituição de importações,[15] cuja principal expressão foi o Plano de Metas do governo Kubitschek, que se propunha a fazer o país crescer 50 anos em 5. Esse processo de salto para diante na economia capitalista brasileira acirrava a luta de classes, pois implicava o aumento numérico e a concentração da classe trabalhadora, com suas conseqüências em termos de maior organização política e consciência de classe. Nesse período, também crescem as tensões no campo, com a organização das Ligas Camponesas, em função da inexistência de uma reforma agrária consistente e da imensa concentração da terra. Também cresce a tensão entre as camadas médias urbanas, com destaque para os estudantes universitários e suas reivindicações pela ampliação do ensino público superior.

Pois bem, nesse cenário complexo, como fica a política social? Pode-se afirmar que sua expansão foi lenta e seletiva, marcada por alguns aperfeiçoamentos institucionais, a exemplo da separação entre os Ministérios da Saúde e da Educação em 1953, e da criação de novos IAPs. A disputa de projetos implicou uma certa paralisia no campo da política social no contexto da ordem democrática limitada (Santos, 1987), tanto que propostas que já estavam em pauta desde o final da ditadura Vargas, a exemplo da Lei Orgânica da Previdência Social (LOPS) e da previdência rural, só foram aprovadas no Congresso em 1960 e 1963, respectivamente. A instabilidade institucional do período — da qual o suicídio de Vargas (1954) e a renúncia de Jânio Quadros (1961) e o próprio golpe militar de 1964 que depôs João Goulart são exemplos paradigmáticos — dificultou consensos em torno de um projeto nacional, em que se incluía o desenho da política social. Assim, esse período ficou marcado pela expansão lenta dos direitos, que se mantiveram ainda no formato corporativista e fragmentado da era Vargas. No

---

15. O processo de substituição de importações implica passar a produzir internamente aquilo que era importado, constituindo dessa forma um mercado interno de trabalho, de meios de produção e de consumo. Esse processo se deu a partir de decisões internas de restrição de importações. Para tanto, o Brasil aproveitou bem a liquidez de capitais dos anos de ouro, por meio dessa estratégia desenvolvimentista.

dia 31 de março de 1964, o dilema, presente na situação de crise de hegemonia, entre o projeto nacional-desenvolvimentista que, com o apoio do PCB, propunha as chamadas reformas de base — o que incorporava o incremento das políticas sociais —, e o projeto de desenvolvimento associado ao capital estrangeiro, em especial o capital norte-americano, se resolveu pela violência militar. O golpe de 1964 instaurou uma ditadura que durou 20 anos e impulsionou um novo momento de modernização conservadora no Brasil, com importantes conseqüências para a política social, as quais serão tratadas no próximo capítulo.

Filmografia

Tempos modernos. Estados Unidos. 1936. Direção: Charles Chaplin. Duração: 87 min.

Assim caminha a humanidade. Estados Unidos. 1956. Direção: George Stevens. Duração: 201 min.

Jango. Brasil. 1984. Direção: Silvio Tendler. Duração: 117 min.

Memórias do cárcere Brasil. 1984. Direção: Nelson Pereira dos Santos. Duração: 187 min.

Europa. Dinamarca. 1991. Direção: Lars Von Trier. Duração: 107 min.

Longe do paraíso. Estados Unidos. 2002. Direção: Todd Haynes. Duração: 107 min.

Olga. Brasil. 2004. Direção: Jayme Monjardim. Duração: 141 min.

Capítulo 4

Crise, reação burguesa e barbárie: a política social no neoliberalismo

Como anunciamos no capítulo anterior, a fase expansiva do capitalismo maduro começou a dar sinais de esgotamento em fins dos anos 1960, com conseqüências avassaladoras nas últimas décadas do século XX para as condições de vida e trabalho das maiorias, rompendo com o pacto dos anos de crescimento, com o pleno emprego keynesiano-fordista e com o desenho social-democrata das políticas sociais. Vejamos as razões e a natureza dessa nova crise do capital, que explicam as mudanças no campo da política social nos planos internacional e nacional.

1. Para entender as causas da crise dos "anos de ouro"[1]

As pressões para uma reconfiguração do papel do Estado capitalista nos anos 1980 e 1990, e seus impactos para a política social, estão articuladas a uma reação burguesa à crise do capital que se inicia nos anos 1970. Essa reação aprofunda ou mantém algumas características enunciadas no

---

[1]. O texto que segue acerca dos fundamentos da onda longa de estagnação é um extrato não publicado da tese de doutorado de Behring, intitulada *A contra-reforma do Estado no Brasil* (UFRJ, 2002), acrescido de algumas passagens de Behring, 2003: Capítulo 1.

conceito mandeliano de capitalismo maduro, em particular na chamada onda longa de estagnação — que se desenvolve desde o final dos anos 1960 até os dias de hoje, segundo as melhores análises críticas dos processos contemporâneos.[2] Mas essa crise acrescenta também elementos novos, com o que se faz necessário agregar outras reflexões, de maneira a aumentar o entendimento de alguns processos que se tornaram mais claros e visíveis nesse último período.

O esforço teórico — e político, sempre — de Mandel, falecido em 1996, em seu O *capitalismo tardio* (1982), foi o de apreender como as variáveis que compõem a lei do valor, e que se comportam de forma parcialmente independente entre si, manifestaram-se ao longo da história do capitalismo, em especial em sua fase tardia ou madura, aberta após 1945. Esta última é uma tradução mais adequada para o conceito que ele quer desenvolver. Por que maduro? É uma referência ao desenvolvimento pleno das possibilidades do capital, considerando esgotado seu papel civilizatório. Assim, a idéia de maduro remete ao aprofundamento e à visibilidade de suas contradições fundamentais, e às decorrentes tendências de barbarização da vida social (Menegat, 2003).

Mandel estava preocupado com os ciclos de expansão e estagnação do capital de uma maneira geral. Contudo, sua pesquisa tem como centro a expansão nos anos de ouro pós-1945 e os sinais de seu esgotamento em fins dos anos 1960, anunciando um longo período de estagnação. Ele parte do princípio dialético fundamental da crítica marxiana da economia política de que não existe produção sem perturbações, ou melhor, não se configuram tendências de equilíbrio no capitalismo. A perseguição dos superlucros é sempre a busca pelo diferencial de produtividade do trabalho e, como conseqüência, a fuga a qualquer nivelamento da taxa de lucros. Assim, é inerente ao mundo do capital seu desenvolvimento desigual e combinado, ou seja, um vínculo estrutural entre desenvolvimento e subdesenvolvimen-

---

2. Há uma constatação generalizada no campo da tradição marxista contemporânea de que o capital desencadeou uma reação implacável à queda das taxas de lucro ao longo dos anos 1980 e 1990, retomando níveis de rentabilidade por parte das empresas transnacionais e do capital financeiro, em especial, mas mantendo taxas de crescimento medíocres em todos os cantos do planeta, o que permite afirmar que não houve retomada de uma nova onda expansiva, apesar das autocomemorações neoliberais. Consultar: Anderson, 1995; Chesnais, 1996; Harvey, 1993; Montes, 1996; e Husson, 1999. A clássica saída belicista da crise, configurada após os atentados a Nova York de 11 de setembro de 2001, corrobora a tese da longa estagnação.

to. A combinação variada das possibilidades de extração de superlucros — e cabe dizer que em Mandel não há nenhuma naturalização desses processos embebidos de subjetividade e historicidade[3] — é a base para os movimentos de aceleração e desaceleração sucessivos no capitalismo: as ondas longas. Nos ciclos de reprodução ampliada do capital pode-se perceber um incremento tecnológico, o qual engendra primeiro, pela via da convergência tecnológica, uma possibilidade de nivelamento e, na seqüência, de queda da taxa de lucros, em função da diminuição do diferencial de produtividade do trabalho. Essas tendências vão encontrar contraposição nas renovadas estratégias de extração de superlucros, dentre as quais o aumento permanente da composição orgânica do capital, por meio de inovações tecnológicas.

Para Mandel, a situação excepcional envolvendo a economia de guerra e a ascensão do fascismo esteve na base do processo de acumulação que antecedeu e possibilitou os anos de ouro, como vimos no capítulo anterior, e que ele caracteriza como terceira onda com tonalidade expansionista da história do capitalismo. A essa acumulação prévia que propiciou aquelas precondições antes referidas, somam-se outras condições políticas especiais que viabilizaram a experiência do *Welfare State*: o contexto da Guerra Fria e a necessidade de fazer um contraponto civilizado ao ainda recente Estado socialista (com todos os seus problemas e limites, hoje largamente reconhecidos), que fundou o Plano Marshall, de reconstrução da Europa; decorrente disso, a dificuldade de conviver com uma crise das proporções de 1929-1932, sem grandes perdas econômicas e de legitimidade e, portanto, o desencadeamento de estratégias anticíclicas keynesianas; a possibili-

---

3. Husson (1999), com muita propriedade, diz que o raciocínio dos ciclos longos não é a descoberta de uma espécie de "respiração" do capitalismo, movida por automatismos, calendários ou processos naturais. Nesse sentido, faz uma citação de Mandel que merece ser reproduzida: "A emergência de uma nova onda longa expansiva não pode ser considerada como o resultado endógeno (ou, por outras palavras, mais ou menos espontâneo, mecânico, autônomo) da onda longa recessiva precedente, qualquer que seja a sua duração ou gravidade. Não são as leis de desenvolvimento do capitalismo mas **os efeitos da luta de classes de todo um período histórico** que decidem do ponto de viragem. O que supomos aqui é a existência de uma dialéctica entre os factores objectivos e subjectivos do desenvolvimento histórico, em que os factores subjectivos são caracterizados por uma autonomia relativa, ou seja: não são directamente e unilateralmente predeterminados por aquilo que aconteceu antes do ponto de vista das tendências de fundo na acumulação de capital e as mutações tecnológicas, ou pelo impacto dessas evoluções sobre a própria organização do trabalho" (Mandel, 1995 *apud* Husson, 1999: 43).

dade de uma integração maior dos trabalhadores no circuito do consumo, a partir de uma repartição dos ganhos de produtividade advindos do fordismo; a capitulação de segmentos do movimento operário, motivada por essas condições objetivas — as possibilidades de acesso ao consumo e as conquistas no campo da seguridade social — que davam a impressão de que o capitalismo, a partir daí, ao menos nos países de capitalismo central, havia encontrado a fórmula mágica, tão ao gosto da social-democracia, para combinar acumulação e eqüidade. Tudo isso, ao lado de uma desconfiança política em relação ao projeto em curso a leste da Europa.

Detendo-nos um pouco mais nesse período, temos que uma de suas características principais foi a busca contínua de rendas tecnológicas derivadas da monopolização do progresso técnico, direcionada à diminuição dos custos salariais diretos, e cuja expressão maior é a automação. Chama atenção que Mandel, em fins dos anos 1960, já identificava alguns elementos em desenvolvimento e que aparecem hoje de forma mais clara e intensa, que são essenciais para desvendar os anos 80 e 90 do século XX, no que se refere à extração da mais-valia e ao mundo do trabalho: o forte deslocamento do trabalho vivo pelo trabalho morto; a perda ainda maior da importância do trabalho individual a partir de um amplo processo de integração da capacidade social de trabalho; a mudança da proporção de funções desempenhadas pela força de trabalho no processo de valorização do capital, quais sejam de criar e preservar valor; as mudanças nas proporções entre criação de mais-valia na própria empresa e aquela gerada em outras empresas; o aumento no investimento em equipamentos; a diminuição do período de rotação do capital; a aceleração da inovação tecnológica com fortes investimentos em pesquisa; e, por fim, uma vida útil mais curta do capital fixo e a conseqüente tendência ao planejamento (controle dos riscos). A automação intensifica as contradições do mundo do capital, quais sejam: a socialização crescente do trabalho agregada à redução do emprego e à apropriação privada; a produção de valores de uso e a realização de valores de troca; o processo de trabalho e o de valorização (Mandel, 1982: 138-139). Nesse sentido é que se coloca a questão da maturidade do mundo do capital, com um forte desenvolvimento das forças produtivas, em contradição cada vez mais intensa com as relações de produção. Nessas contradições residem os limites históricos para a onda longa de expansão e a entrada em um período de estagnação, a partir do início dos anos 1970, e que colocam uma nova condição para a implementação de políticas sociais. Segundo Mandel (1990), a recessão de 1974-1975 jogou por terra as crenças de que as crises do capital estariam sempre sob controle por meio do intervencionismo keynesiano. O sonho marshalliano[4] da combinação entre acumulação, eqüidade e democracia política parecia estar chegando ao fim. Na verdade, o avanço, já nesse momento, do processo de internacionalização do capital foi um limitador da eficácia das medidas anticíclicas dos Estados nacionais.

O que ocorreu em 1974-1975, na verdade, foi uma crise clássica de superprodução, se observadas as tendências de longo prazo fundadas na lei do valor. O já presente agravamento do problema do desemprego (não nas proporções atuais) pela introdução de técnicas capital-intensivas e poupadoras de mão-de-obra, a alta dos preços de matérias-primas importantes, a queda do volume do comércio mundial, e um poder de barganha razoável dos trabalhadores empregados, advindo do ainda recente período de pleno emprego no capitalismo central: todos esses são elementos que estão na base da queda da demanda global (de um ponto de vista keynesiano) e da erosão inexorável da taxa média de lucros, de uma óptica marxista, no início dos anos 1970. A inflação induzida já não era estimuladora da demanda global. Ao contrário, desencadeou a busca de valores-refúgio pela via da especulação financeira. A expansão do crédito associada à inflação, por outro lado, acelerou processos privados e públicos de endividamento. Diante das dificuldades de conter a espiral da crise, a depender da opção política e social dos governos (Mandel, 1990: 39), iniciou-se a implementação de programas de austeridade de natureza deflacionista, os chamados ajustes estruturais. Um elemento que ganhou visibilidade nessa crise foi uma sutil perda de hegemonia econômica dos EUA, o que não significou perda de influência militar e política, e foi decorrente de um aumento da competitividade da parte do Japão e Alemanha, como economias centrais polarizadoras de regiões inteiras.

O capitalismo administrou a crise do início dos anos 1970, que marcou o ponto de inflexão (diga-se: a entrada em um período de estagnação), por meio de limitadas estratégias de reanimação monetária ainda de estilo keynesiano, apesar dos discursos em contrário. Assim, mais uma vez, o Estado atuou como uma almofada amortecedora anticrise. No entanto, a

---

4. Referimo-nos aqui ao sociólogo T. H. Marshall, cujas idéias já foram comentadas no capítulo anterior (Marshall, 1967).

partir de então houve uma dificuldade crescente do capitalismo contemporâneo de escapar ao dilema entre recessão profunda ou inflação acentuada. A retomada, então, foi frágil e hesitante ao longo do período 1976-1979, já no contexto de inversão do ciclo: sem os índices de produção industrial de antes e sem absorver o desemprego gerado na recessão. Na verdade, a partir daí, o desemprego passa a ser crescente, numa dinâmica na qual em cada recessão ele aumenta, sem ser revertido na retomada, considerando pequenos ciclos dentro da onda longa depressiva. O fundamental é que os momentos de retomada, para Mandel, foram marcados por uma depressão dos fatores de crescimento. Em 1980-1982, tem-se uma nova crise, desencadeada nos EUA. As saídas monetaristas apontavam para o prolongamento do quadro recessivo e as alternativas, mesmo moderadas, de cariz keynesiano, depararam-se com a crise fiscal do Estado e os riscos de inflação galopante.

Ao lado disso, os "mercados de substituição", a exemplo do Brasil, estavam em situação de penúria e endividamento. Mandel analisa os esforços do capital para uma retomada das taxas de lucro nos anos 1980, que passaram por: eliminação, absorção ou redução da atividade de empresas menos rentáveis; introdução de técnicas de produção mais avançadas; redução da produção de produtos com demanda em estagnação e aumento daqueles com maior procura; investimentos de racionalização de custos com matérias-primas, energia, força de trabalho e emprego de capital fixo; crescimento da velocidade de circulação do capital; intensificação dos processos de trabalho, no sentido de aumentar de maneira mais durável a taxa de mais-valia relativa; redistribuição de antigos mercados, dentre outros (1990: 197). Houve no período uma desvalorização maciça de capitais — com falências e aquisições, estas últimas implicando maior concentração do capital — em função do estreitamento do crédito e do estrangulamento da inflação.

A crise, nessa perspectiva de análise, tem a função objetiva de se constituir como o meio pelo qual a lei do valor se expressa e se impõe. Ela é a consolidação de dificuldades crescentes de realização da mais-valia socialmente produzida, o que gera superprodução, associada à superacumulação. A própria lógica interna do crescimento cria empecilhos no momento subseqüente: a situação keynesiana de "pleno emprego" dos fatores de produção, incorporando grandes contingentes da força de trabalho — diminuindo, em conseqüência, o exército industrial de reserva —, dificultou o aumento da extração da mais-valia, com a ampliação do poder político dos trabalhadores e maior resistência à exploração; e a generalização da revolução tecnológica diminuiu o diferencial de produtividade. Esses são processos que implicaram a queda da taxa de lucros.

A onda longa de caráter depressivo ou de estagnação — que é atravessada por breves momentos de recuperação, que logo se esgotam —, com início nos anos 1970, foi propiciada, portanto, pelo encontro de: crises clássicas de superprodução, cujos esforços de limitação por meio do crédito perderam eficácia, em cada pequeno ciclo; contenção brusca dos rendimentos tecnológicos (poucas ou marginais invenções novas); crise do sistema imperialista (mesmo da dominação indireta dos países coloniais e semi-industrializados); crise social e política nos países imperialistas, com ascenso das lutas (a exemplo da greve dos mineiros na Inglaterra no início dos anos 1980), em função do início das políticas de austeridade; e crise de credibilidade do capitalismo, enquanto sistema capaz de garantir o pleno emprego, o nível de vida e as liberdades democráticas (Behring, 1998: 159). A análise mandeliana não vislumbrava uma recuperação do capital, seja a partir da constituição de uma nova hegemonia japonesa ou alemã, considerando o peso dos Estados Unidos e apesar do aumento da concorrência no mercado mundial com perdas iniciais para o "império americano", seja com as políticas neoliberais, em cujo receituário não reconhecia consistência suficiente para conduzir uma retomada do crescimento.

Tudo indica que a hipótese geral de Mandel permanece válida, qual seja: "Uma retomada expansiva, profunda e ampla dessa economia nos anos vindouros está totalmente excluída" (1990: 329). Como já foi dito, há um consenso entre analistas qualificados e críticos acerca da persistência de um período depressivo neste início de milênio, em que pesem várias características novas, como parte de uma reação burguesa nos anos 1980 e 1990, incrementada com a crise do chamado socialismo real.

David Harvey (1993) parece corroborar essa análise. Para ele, sob a superfície tênue e evanescente da atual economia política — o período da acumulação flexível —, operam três condições necessárias do mundo do capital, apreendidas por Marx: o capitalismo orienta-se para o crescimento, condição para a acumulação, independente de conseqüências sociais, políticas, ecológicas e outras; esse crescimento em valores reais tem apoio na exploração do trabalho vivo, que tem a capacidade de criar valor, ou seja, o

POLÍTICA SOCIAL: FUNDAMENTOS E HISTÓRIA

crescimento funda-se na relação capital/trabalho, que é uma relação de classe, de controle e dominação; o capitalismo é organizacional e tecnicamente dinâmico, já que a concorrência impele para as inovações em busca da maximização dos lucros, o que repercute nas relações capital/trabalho. Tais condições em operação geram contradições e fases periódicas de superacumulação, que Harvey define como "uma condição em que podem existir ao mesmo tempo capital ocioso e trabalho ocioso sem nenhum modo aparente de se unirem para atingir tarefas socialmente úteis" (1993: 170). A crise que se inicia em 1973, tal como em 1930, para Harvey, é de superacumulação, um processo ineliminável sob o capitalismo. Esse autor identifica, diante disso, "um lado heróico da vida e política burguesas", que passa pelas estratégias de fazer frente à superacumulação e assegurar a continuidade do sistema, a qualquer custo: a desvalorização controlada de mercadorias, capacidade produtiva e dinheiro; o controle macroeconômico, do que o fordismo/keynesianismo foi uma possibilidade, que se esgotou; a absorção da superacumulação por meio do deslocamento temporal e espacial. A reação burguesa dos anos 1980 e 1990 à superacumulação combina esse conjunto de estratégias, com ênfase nesta última.

Já Michel Husson (1999) ressalta também o caráter excepcional do período 1949-1974, com seu crescimento da produção e da produtividade em média de 5% ao ano, durante vinte e cinco anos seguidos. A chave da explicação da passagem de uma fase de tamanho crescimento para a onda longa depressiva está na dinâmica da taxa de lucro, como em Mandel. Husson aponta que a lei da queda tendencial da taxa de lucro não significa que esta baixe de forma constante e objetiva, mas que atua a médio e longo prazos, quando as razões da alta rentabilidade revelam-se contraproducentes, desembocando numa depressão longa. Nesse sentido, Husson sublinha o caráter *tendencial* da lei, cuja lógica objetiva é influenciada pelo salário real, pela produtividade do trabalho e pela eficácia do capital. A manutenção da taxa de mais-valia relativa é compatível com a progressão do salário real se esta é acompanhada por um aumento equivalente da produtividade do trabalho, o que por sua vez se associa à composição técnica do capital e sua eficácia por trabalhador. Assim, a tendência do capitalismo é intensificar incessantemente a produtividade do trabalho, aumentando a massa de meios de produção, de forma que a produtividade tem um papel central na determinação da taxa de lucro, mas não exclusiva. Nos *anos de ouro*, salário real, eficácia do capital e produtividade aumentaram na mesma velocidade. Husson chega à seguinte conclusão: "O que impede no fundo a taxa de mais-valia de subir indefinidamente é a necessidade de escoamento e portanto uma condição que se situa na esfera da circulação, e é de resto por isso que a taxa de lucro é uma grandeza sintética que exprime não só as modalidades da produção de mais-valia, mas também de sua realização" (1999: 26). Ele postula que o salário real pode aumentar sem degradar a taxa de lucro, em relação, é claro, com o comportamento dos outros dois elementos.

A partir desse argumento, Husson passa a observar a evolução dessas tendências nos períodos longos, em países centrais. Identifica um paralelo notável entre as taxas de lucro e de crescimento, com uma bifurcação a partir do fim dos anos 1980, quando se tem uma taxa de lucro restabelecida e uma taxa de crescimento em queda ou submetida a flutuações fortes. No início dos anos 1970, há uma queda simultânea das duas taxas, sendo que a baixa da taxa de lucro *precede* o choque do petróleo, o que confirma a análise mandeliana da virada do ciclo já com indícios em fins dos anos 1960.[5]

As políticas keynesianas têm um impacto pífio nessa época, e sobrevém a segunda recessão generalizada, de 1980-1982, com um recuo das duas taxas ainda mais nítido e sincronizado entre os países. Nos anos 1980, entra-se num novo período, com a ascensão dos neoliberais conservadores nos EUA e na Inglaterra, e o desencadeamento de políticas que já não visam sustentar a demanda, mas exclusivamente restaurar o lucro. Estas atingem seu objetivo nos principais países capitalistas, alcançando uma pequena ascensão das taxas de crescimento, o que gerou um certo triunfalismo no início dos anos 1990, acentuado pela queda do Muro de Berlim. Contudo, esse clima durou pouco. Sobreveio a recessão na primeira metade dos anos 1990, abrindo novo período marcado pela desconexão sem precedentes entre taxa de lucro (aumentando) e taxa de crescimento (medíocre).[6] Husson identifica um recuo na produtividade global dos fatores entre os anos de ouro e o período neoliberal. Outro indicador é o crescimento máxi-

---

5. Uma crítica à explicação da crise pelo "elemento externo" da oferta de petróleo, justificando a reconversão do aparato produtivo e a aplicação do receituário neoliberal na seqüência, encontra-se em Montes, 1996: 66.68. Esse autor incorpora a idéia de que a crise do petróleo foi um elemento catalisador e de que as razões profundas da reversão do ciclo encontram-se na superacumulação.

6. Esse fato também é registrado no balanço do neoliberalismo realizado por Anderson (1995).

mo do salário real compatível com a manutenção da taxa de lucro. Este era de 4,1% antes de 1973, e passa a ser de 1,2%, depois de 1979. O comportamento da taxa de lucro mostra nitidamente os ciclos longos do capital.

A apropriação da lei da queda tendencial da taxa de lucros por Husson combina elementos da análise marxista com a regulacionista, tentando fugir das hipóteses do colapso inelutável do capital oriundas de um certo *catastrofismo marxista* e do que chama de *harmonicismo regulacionista*. O que ele caracteriza como uma versão mitigada da lei passa, portanto, pela seguinte afirmação:

> As condições de funcionamento do capitalismo podem estar reunidas durante um período bastante longo, mas os dispositivos que garantem a sua obtenção não são estáveis ou em todo caso não podem ser reproduzidos duradouramente. Porque, de certa maneira, isso não está na sua *natureza*. E é aí que se encontram os variantes estruturais do sistema e os dois determinantes fundamentais da baixa tendencial. A concorrência capitalista impele constantemente para a sobreacumulação, e isso remete para as relações de produção essenciais. (Husson, 1999: 38)

A lei, então, se manifesta pela difícil opção entre duas escolhas: "[...] uma partilha desfavorável para os assalariados, mas que já não assegura saídas endógenas suficientes, ou uma inércia da relação salarial, que pouco a pouco se vê desligada dos ganhos de produtividade, nomeadamente pela socialização crescente de uma parte dos salários" (1999: 39). Assim, a crise é de produtividade e das formas institucionais de que se reveste o capitalismo em cada uma de suas fases. A expressão da lei da queda da taxa de lucro requer, para Husson, *uma articulação entre produtividade e realização*. É isso que permite compreender a passagem de uma fase para outra. Cada crise combina um problema de saídas de escoamento (superprodução) com problemas de valorização do capital. Se a inovação tecnológica está associada às ondas longas, sua introdução não pode ser tratada em separado da dinâmica geral da acumulação, como elemento externo.

Da mesma forma, a luta de classes é interna a essa dinâmica geral e as saídas e entradas em crise, em seus tempos, têm a ver com uma *radical historicidade do capitalismo*. Esse é o quadro teórico que Husson traça para analisar as características do capitalismo contemporâneo, partindo da contribuição mandeliana em combinação com aportes regulacionistas. Suas conclusões nos parecem próximas à Harvey (1993), quando este incorpora a discussão regulacionista sobre as formas institucionais "que permitem que um sistema capitalista altamente dinâmico e, em conseqüência, instável adquira suficiente semelhança de ordem para funcionar de modo coerente ao menos por um dado período de tempo" (1993: 117). Mas Harvey também constata que "os elementos e relações invariantes que Marx definiu como peças fundamentais de todo modo capitalista de produção ainda estão bem vivos e, em muitos casos, com uma vivacidade ainda maior do que a de antes, por entre a agitação e a evanescência superficiais tão características da acumulação flexível" (1993: 175-176).

Voltando a Husson, este ainda traz outras considerações importantes para realizar seu balanço da miséria (para os trabalhadores) do capitalismo contemporâneo. Ele reforça a abordagem marxiana, que não separa produção e consumo,[7] donde decorre que a análise da tendência de queda da taxa de lucro deve considerar o ciclo do capital como uma totalidade. A idéia de *norma de consumo*,[8] valorizada pelos regulacionistas, merece atenção por colocar em evidência o fato de que a estrutura da produção deve adequar-se ao consumo, do ponto de vista dos valores de uso, diga-se, das necessidades sociais. E tal adequação só se confirma *ex post*. Husson afirma que se deve pensar a reprodução do capital considerando a formação do lucro e o modo de reconhecimento e satisfação das necessidades sociais. Na onda longa expansiva, a já referida articulação entre salário real, produtividade do trabalho e eficácia do capital assegurou durante um tempo limitado a saída, ou melhor, a realização do valor. Na onda longa depressiva, caracterizada por Husson como *acumulação desigual*, o salário real per-

---

7. Nunca é demais lembrar o texto escrito entre 1857 e 1858 por Marx, "Para a crítica da economia política" tornou-se a Introdução dos *Grundrisse der Kritik der Politischen Ökonomien*, publicados na íntegra apenas em 1939 em Moscou. Neles se discutem os necessários entrelaçamentos e articulações entre produção e consumo e a perspectiva teórico-metodológica da totalidade (Marx, 1982). Uma tradução confiável e completa dos *Grundrisse* foi lançada em espanhol pela Editora Siglo XXI, em três volumes e já na décima sexta edição. Os Grundrisse serão integralmente publicados no Brasil pela Editora Contraponto, em 2007.

8. Apesar de incorporar a noção de norma de consumo como um enriquecimento da teoria marxista por parte da Escola da Regulação, admitindo que a estrutura do consumo retroage sobre as condições de rentabilidade do capital, Husson critica o que chama de um postulado harmonicista da Escola e que resulta dessa ênfase no consumo. Segundo a crítica de Husson, e que o afasta dessa perspectiva, "há a idéia de que o capitalismo contemporâneo se tornou plástico ao ponto de ser capaz de inventar novos compromissos, novos dispositivos e formas institucionais que permitem firmar novos compromissos sociais" (1999: 57), a exemplo da idéia de neofordismo, em Aglietta (1991).

POLÍTICA SOCIAL: FUNDAMENTOS E HISTÓRIA

manece constante ou fracamente crescente, o que significa que os ganhos de produtividade são apropriados como mais-valia e a parte do salário tende a baixar duradouramente. Assim, os trabalhadores produzem mais, com um poder de compra estagnado. Nesse quadro, o problema da realização encontra duas possibilidades de solução: um crescimento da acumulação maior que o do produto social, ou seja, um incremento no setor de meios de produção que induz ao crescimento rápido da composição orgânica do capital e remete a uma baixa da taxa de lucro no prazo longo; ou abrir à produção capitalista novas saídas de escoamento distintas dos elementos de procura primária — bens de consumo e de capital, que podem ser a penetração do capital no campo, a conquista colonial de novos mercados, o crescimento dos rendimentos financeiros e os processos de supercapitalização, identificados por Mandel, o que inclui a mercantilização dos direitos sociais.

O problema clássico marxiano do modo de partilha do valor acrescentado é, portanto, um elemento fundamental para compreender a passagem de uma onda longa para outra. Nos anos de ouro, parte dos ganhos de produtividade transferiu-se para o salário real e até financiou alguma redução na duração do trabalho, permitindo a manutenção do pleno emprego ao lado da rentabilidade do capital. A condição para isso foi a existência de elevados níveis de produtividade e de realização, assegurando a continuidade de um contrato social com grande legitimidade. A partir dos anos 1970, o capitalismo encontrou fortes dificuldades para abrir saídas de massa em escala suficiente. O consumo de bens que foram o suporte do fordismo — automóveis e eletrodomésticos — chegou a um ponto relativo de saturação. Husson dá como exemplo a estrutura de consumo das famílias francesas em 1994, na qual os bens tradicionais (alimentação e vestuário) e bens fordistas (transporte e equipamentos para casa) representam 48% do consumo, com tendência de queda. A outra metade (52%) compõe-se do consumo de bens coletivos e serviços (habitação, iluminação e aquecimento; saúde; educação; lazer e cultura e outros). Portanto, a seção não-industrial — especialmente os serviços — vem se tornando mais dinâmica, em função do crescimento da procura, gerando mais empregos, enquanto a indústria os destruiu.

Há, pois, alguns processos essenciais que caracterizam o capitalismo atual: o esgotamento da procura dos bens fordistas, acompanhado de uma incapacidade de fazer emergir um volume suficiente de procura de novos bens fordistas, e uma dificuldade para industrializar plenamente uma procura de serviços em forte progressão. A acumulação capitalista não depende exclusivamente de sua capacidade de assegurar condições de reprodução, mas também de se orientar para esferas portadoras de altos ganhos de produtividade.

Houve uma resposta contundente do capital à queda das taxas de lucro da década de 1970. Os anos 1980 foram marcados por uma revolução tecnológica e organizacional na produção, tratada na literatura disponível como reestruturação produtiva — confirmando a assertiva mandeliana (reforçada por Husson, 1999) da corrida tecnológica em busca do diferencial de produtividade do trabalho, como fonte dos superlucros (Mandel, 1982) —, cuja característica central é a geração de um desemprego crônico e estrutural. Esse desemprego implicou uma atitude defensiva e ainda mais corporativa dos trabalhadores formais e um intenso processo de desorganização política da resistência operária e popular, quebrando a espinha dorsal dos trabalhadores, que, segundo a assertiva neoliberal, estavam com excesso de poder e privilégios, na forma dos direitos sociais. Dessa forma, a retomada das taxas de lucros desvincula-se do crescimento e do pleno emprego que sustentavam o pacto dos anos anteriores, inaugurando um período regressivo para os trabalhadores, com uma correlação de forças desfavorável, do ponto de vista político e da luta de classes. Outro aspecto dessa reação é o processo de mundialização da economia, diga-se, uma reformulação das estratégias empresariais e dos países no âmbito do mercado mundial de mercadorias e capitais, que implica uma redivisão social e internacional do trabalho e uma relação centro/periferia diferenciados do período anterior, combinada ao processo de financeirização (hipertrofia das operações financeiras), conforme analisa exaustivamente Chesnais (1996). Combinam-se aos dois processos anteriores os ajustes neoliberais, especialmente com um novo perfil das políticas econômicas e industriais desenvolvidas pelos Estados nacionais, bem como um novo padrão da relação Estado/sociedade civil, com fortes implicações para o desenvolvimento de políticas públicas e sociais — que serão abordadas no próximo item — para a democracia e para o ambiente intelectual e moral, marcado pelo consumismo, hedonismo e autismo. Se os "anos de ouro" comportaram algumas reformas democráticas, o que incluiu os direitos sociais, viabilizados pelas políticas sociais, o período que se abre é contra-reformista, desestruturando as conquistas do período anterior, em especial os direi-

POLÍTICA SOCIAL: FUNDAMENTOS E HISTÓRIA **125**

tos sociais. Estes são processos imbricados e interdependentes no seio da totalidade concreta, que é a sociedade burguesa contemporânea,[9] e que configuraram a reação burguesa à crise global do capital. No âmbito deste livro cabe caracterizar os impactos dessa reação burguesa na política social, considerando a questão social e as condições da luta de classes.

2. A desestruturação do *Welfare State* em tempos neoliberais

Conforme foi abordado no item anterior, a mundialização do capital não é um resultado inevitável de fatores econômicos refratáveis à ação política. Como componente intrínseco do processo de produção e reprodução capitalista, marca um período de esgotamento da perspectiva de regulação keynesiana das relações econômicas, políticas e sociais e do compromisso firmado entre grupos e classes sociais para gerar crescimento econômico, com impacto na estrutura das desigualdades sociais, o que só foi possível pelo estabelecimento de políticas sociais amplas e universais.

Se o Estado social foi um mediador ativo na regulação das relações capitalistas em sua fase monopolista, o período pós-1970 marca o avanço de ideais neoliberais que começam a ganhar terreno a partir da crise capitalista de 1969-1973. Os reduzidos índices de crescimento com altas taxas de inflação foram um fermento para os argumentos neoliberais criticarem o Estado social e o "consenso" do pós-guerra, que permitiu a instituição do *Welfare State.*

Ao fazer um "balanço do neoliberalismo", Anderson (1995) afirma que este surgiu logo após a Segunda Guerra Mundial, como uma reação teórica ao Estado intervencionista e de bem-estar, e que suas premissas estavam elaboradas originalmente no texto de Friedrich Hayeck, *O caminho da servidão*, publicado em 1944, sendo que "seu propósito era combater o keynesianismo e o solidarismo reinantes e preparar as bases para um outro tipo de capitalismo, duro e livre de regras para o futuro" (Anderson, 1995: 10). Esse autor ressalta que o período de forte crescimento imposto pela economia regulada entre os anos 1945-1970 minou a possibilidade de expansão dos ideais neoliberais. A longa e profunda recessão entre 1969-1973, contudo, alimentou o solo sobre o qual os neoliberais puderam avançar. Para eles, a

---

9. Tais processos são analisados mais detalhadamente em Behring, 2003: Capítulo 1.

crise resultava do poder excessivo e nefasto dos sindicatos e do movimento operário, que corroeram as bases da acumulação, e do aumento dos gastos sociais do Estado, o que desencadearia processos inflacionários (Anderson, 1995). Em sua lógica analítica, o déficit estatal é intrinsecamente negativo para a economia, pois absorve a poupança nacional e diminui as taxas de investimento, levando a propor a redução do déficit para aumentar o investimento privado. Outro argumento é que a intervenção estatal na regulação das relações de trabalho também é negativa, pois impede o crescimento econômico e a criação de empregos. Para os neoliberais, a proteção social garantida pelo Estado social, por meio de políticas redistributivas, é perniciosa para o desenvolvimento econômico, pois aumenta o consumo e diminui a poupança da população (Navarro, 1998).

Com base em tais argumentos, os neoliberais defendem uma programática em que o Estado não deve intervir na regulação do comércio exterior nem na regulação de mercados financeiros, pois o livre movimento de capitais garantirá maior eficiência na redistribuição de recursos internacionais (Navarro, 1998). Sustentam a estabilidade monetária como meta suprema, o que só seria assegurado mediante a contenção dos gastos sociais e a manutenção de uma taxa "natural" de desemprego, associada a reformas fiscais, com redução de impostos para os altos rendimentos (Anderson, 1995: 11).

Para Anderson (1995) e Navarro (1998), a hegemonia do neoliberalismo só ocorreu no final dos anos 1970, quando seus princípios foram assumidos nos programas governamentais em diversos países da Europa e dos Estados Unidos. Os primeiros expoentes foram os governos Thatcher (Inglaterra, 1979), Reagan (EUA, 1980), Khol (Alemanha, 1982) e Schlutter (Dinamarca, 1983). O neoliberalismo, contudo, não se restringiu a esses países e quase todos os governos eleitos na Europa ocidental na década de 1980 implementaram programas seguindo suas diretivas (Anderson, 1995: 11).

Ao pontuar as políticas desses governos, Anderson (1995: 12-15) considera que a Inglaterra foi o país que incrementou os princípios neoliberais de forma mais "pura": contraiu a emissão monetária, elevou as taxas de juros, baixou os impostos sobre altos rendimentos, aboliu o controle sobre os fluxos financeiros, criou níveis de desemprego maciço, enfraqueceu as greves, aprovou legislações anti-sindicais, realizou corte nos gastos sociais e instituiu um amplo programa de privatização. O governo norte-americano de Reagan, país que não implantou um *Welfare State* desenvolvido, priorizou sua política neoliberal na competição militar com a União Soviética como estratégia para "quebrar" a economia soviética e reindustrializar a América, reduziu impostos em favor dos ricos, elevou as taxas de juros, enfraqueceu a única greve de trabalhadores em sua gestão e criou déficit público ao entrar na corrida armamentista. O elevado investimento em gastos militares e a redução de gastos sociais no período 1981-1984 levaram Navarro (1998: 195) a caracterizar esse período como *"welfare* e keynesianismo militarista na era Reagan". Também Anderson (1995: 12) considera que Reagan estabeleceu um "keynesianismo militar disfarçado", que foi decisivo para reativar a economia capitalista na Europa ocidental e na América do Norte.

Em relação ao continente europeu, Anderson (1995: 13) afirma que os países do norte (Alemanha, Dinamarca) aplicaram políticas de cunho neoliberal, mais voltadas para a ênfase na disciplina orçamentária e em reformas fiscais que nos cortes sociais ou no enfrentamento com sindicatos, como aconteceu na Inglaterra e EUA. O sul da Europa, em contrapartida, elegeu governos de esquerda: Miterrand (França), González (Espanha), Soares (Portugal), Craxi (Itália) e Papandreou (Grécia), que mantiveram uma política de deflação e redistribuição, pleno emprego e proteção social. Esses países "se apresentavam como uma alternativa progressista, baseada em movimentos operários ou populares, contrastando com a linha reacionária dos governos de Reagan, Thatcher, Khol e outros do norte da Europa" (Anderson, 1995: 13). Contudo, o autor afirma que esse projeto fracassou e que desde 1982 e 1983 os governos de esquerda passaram a adotar políticas próximas ao neoliberalismo, com estabilidade monetária, contenção orçamentária, ajuste fiscal e abandono do pleno emprego. Para esse autor, ao final da década de 1980, as políticas neoliberais foram adotadas não apenas pela social-democracia européia (à exceção da Áustria e Suécia), mas também, e de forma "intransigente", pelos países do Leste europeu.

A hegemonia neoliberal na década de 1980 nos países capitalistas centrais não foi capaz de resolver a crise do capitalismo nem alterou os índices de recessão e baixo crescimento econômico, conforme defendia. As medidas implementadas, contudo, tiveram efeitos destrutivos para as condições de vida da classe trabalhadora, pois provocaram aumento do desemprego, destruição de postos de trabalho não-qualificados, redução dos salários devido ao aumento da oferta de mão-de-obra e redução de gastos com as políticas sociais. Vejamos mais detalhadamente esses efeitos.

Em relação ao crescimento econômico, que era uma das principais metas das políticas neoliberais, Navarro (1998) mostra que os índices de crescimento na década de 1980 (hegemonia neoliberal) só foram superiores aos da década de 1970, quando os países já viviam o auge da crise econômica, mas foram inferiores aos índices da década 1960 quando havia hegemonia das políticas keynesianas, e também tiveram redução na década de 1990, ainda sob o predomínio de políticas neoliberais. A Tabela 2, elaborada por Navarro (1998: 78) com base em dados da OCDE, é reveladora do fracasso da programática neoliberal para produzir crescimento econômico a partir da desregulamentação das relações econômicas e sociais, confirmando a análise da crise feita no item anterior:

Tabela 2. Taxa de crescimento econômico anual, durante o
período 1960-1993 (taxa de crescimento do PIB)

	1960-1973	1973-1979	1979-1982	1982-1990	1990-1993
EUA	4,0	2,4	-0,1	3,6	1,2
Europa	4,8	2,6	0,9	2,7	0,6
Japão	9,6	3,6	3,7	4,5	2,1
OCDE	4,9	2,7	0,8	3,5	1,1

Fonte: Navarro, 1998: 78. Tradução das autoras.

Se as políticas neoliberais não foram capazes de gerar crescimento econômico, a austeridade da política fiscal conseguiu promover a redução das taxas de inflação, cuja média nos países da OCDE caiu de 8,8% (1973-1979), para 5,2% (1979-1990), e para 4,4% em 1990. Para Navarro, esse "êxito" se deveu a políticas monetárias e fiscais austeras e ao crescimento do desemprego, o que reduziu o percentual de ajuste de salários, combinado à diminuição de preços de matérias-primas no mercado internacional, sobretudo dos preços do petróleo (1998: 78-79). Outro efeito das políticas neoliberais foi provocar o aumento das taxas do lucro líquido empresarial, sobretudo no setor de manufatura na maioria dos países da OCDE, cujos índices passaram de -4% entre 1973-1979 para 6% entre 1979-1989. Na análise de Navarro (1998: 79), esse aumento decorreu muito mais da redução dos salários e da queda nos índices de emprego do que do aumento da produtivi-

POLÍTICA SOCIAL: FUNDAMENTOS E HISTÓRIA

dade. Esse crescimento do lucro líquido do empresariado, portanto, não se converteu em aumento de investimento produtivo e de capital fixo, o que põe em xeque o dogma liberal que afirma haver uma relação entre aumento dos lucros empresariais e aumento de investimento produtivo. O autor também afirma que "não há evidências [de] que o aumento da taxa de poupança tenha conduzido a um aumento de investimento, outro dos dogmas do pensamento liberal" e acrescenta que o "período em que houve maior crescimento de poupança (8,2%) foi precisamente a década dos anos 70 (1973-1978), reduzindo-se dramaticamente nos anos oitenta, precisamente quando as políticas neoliberais estavam em pleno apogeu e quando estas se justificavam referindo-se a um suposto estímulo para a poupança" (1998: 81). A diminuição da taxa de crescimento e do investimento produtivo foi acompanhada, ainda, por outras duas tendências: redução nos investimentos públicos em infra-estrutura nos países da OCDE, caindo de uma média de 3,4% do PIB em 1979, para 2,8%; e aumento de investimentos no setor financeiro e de serviços, com transferência de fluxo de capital do setor produtivo para o setor financeiro e de serviços (Navarro, 1998: 83).

Outra conseqüência da onda neoliberal foi o aumento do desemprego em quase todos os países da OCDE nas décadas de 1980 e 1990, devido à redução de postos de trabalho e à desaceleração na criação de novos empregos, como conseqüência da reestruturação produtiva, conforme demonstram os dados apresentados na Tabela 3:

Tabela 3. Taxa de desemprego e taxa de criação de emprego

	Desemprego		Criação de empregos por ano (% sobre a população)	
	1974-1979	1980-1990	1973-1979	1979-1988
OCDE	4,2	7,4	-0,1	-0,1
União Européia	4,4	7,9	-0,5	-0.6
EUA	6,7	7,2	0,9	0,7
Japão	1,9	2,5	0,1	0,2

Fonte: Navarro 1998: 83. Tradução das autoras.

As desigualdades sociais resultantes do aumento do desemprego foram agudizadas também por mudanças na composição do financiamento e dos gastos públicos, visto que a maioria dos países passou a ampliar a arrecadação pela via de impostos indiretos, o que acaba onerando toda a sociedade e penalizando os trabalhadores com rendimentos mais baixos. Por um lado, ocorreu redução dos gastos públicos na maioria dos países. Por outro, houve aumento da arrecadação com impostos indiretos (regressivos) e redução da arrecadação com impostos diretos (mais progressivos),[10] o que agrava as desigualdades, visto que os impostos indiretos são pagos por todos e independentemente de seus rendimentos, conforme revelam os dados da Tabela 4.

Tabela 4. Gastos e impostos (em % do PIB)

	Gastos públicos		Impostos diretos		Impostos indiretos		Contribuição à seguridade social	
	1985	1994	1985	1994	1985	1994	1985	1994
Bélgica	61	56	19	16	11,8	11,6	15,8	16,4
Dinamarca	58	62	27	29	16,8	16	1,9	1,5
França	52	55	7,7	7,6	13	11,7	19,3	19,5
Alemanha	47	49	13,7	12,2	9,8	10,6	13,9	15,2
Luxemburgo	50	53	22	17	12	13,7	12,6	13,7
Holanda	58	55	11,6	14,7	11,3	12,1	19,5	18,2
Grã-Bretanha	44	42	15	12	11,7	12,1	6,8	6,3
Itália	50	55	12	16	8,8	11,4	12	13,3
Portugal	43	42	8	9	13,5	14,2	8,2	8,4
Espanha	52	48	7,5	11,7	8,3	10,7	11,9	14,6
Grécia	48	57	6,1	7,4	15	18	12,5	12,4
Irlanda	51	42	12,6	14,2	16	14	5,4	5,5

Fonte: Navarro, 1998: 85. Tradução das autoras.

A tabela revela, ainda, que as contribuições para a seguridade social tiveram aumentos reduzidos no período, o que é um reflexo do aumento

---

10. Para uma análise sobre progressividade e regressividade no financiamento das políticas sociais, consultar Boschetti e Salvador, 2006.

POLÍTICA SOCIAL: FUNDAMENTOS E HISTÓRIA

do desemprego, sendo que em quatro países (Grã-Bretanha, Holanda, Grécia e Dinamarca) houve retração na arrecadação.

A redução e/ou manutenção dos gastos públicos implicaram também a redução dos gastos com os sistemas de proteção social. Vimos no capítulo anterior que no período que se seguiu à Segunda Guerra ocorreu aumento significativo dos gastos sociais, que permitiu a expansão das políticas sociais. As políticas neoliberais vigentes nos países capitalistas da Europa ocidental provocaram uma interrupção nessa tendência de crescimento, e a partir da década de 1980 o que se observa é a estagnação ou a redução dos gastos sociais, apesar do aumento dos gastos públicos em praticamente todos os países como proporção do PIB. Navarro (1998: 85), referindo-se globalmente aos países da OCDE, afirma que a média de gastos sociais no período 1970-1979 foi de 8,2%, tendo decrescido para 1,6% no período 1979-1989. A queda mais acentuada ocorreu na Alemanha, Grã-Bretanha e Holanda, e em menor grau na Bélgica, Suécia, Nova Zelândia e Austrália. Outros países, contudo, tiveram aumento nos gastos sociais: Espanha, França, Itália, Noruega, Finlândia e Grécia.

Seguindo essa mesma argumentação, e utilizando dados da OCDE, Murard (1993: 97) apresenta a comparação de gastos com as políticas de proteção social em seis países da Europa, revelando a redução ocorrida durante a década de 1980 (Tabela 5):

Tabela 5. A proteção social na Europa

Gastos com proteção social em % do PIB				Estrutura do financiamento em % dos recursos					
				Contribuição assalariados		Contribuição empregadores		Impostos fiscais	
	1970	1980	1983	1989					
					1980	1989	1980	1989	1980	1989
França	18,9	25,4	28,3	28,0	23,7	28,7	55,7	51,7	17,5	17,2
Alemanha	21,5	28,7	28,8	27,3	28,3	30,5	41,5	40,4	27,0	26,2
Dinamarca	19,6	28,7	30,1	29,6	2,3	5,0	10,0	8,7	83,2	79,6
Itália	14,4	19,4	22,9	23,2	13,8	14,7	58,7	52,6	23,8	29,8
Países Baixos	19,6	30,4	33,8	30,2	31,5	34,9	37,1	31,2	20,8	16,6
Reino Unido	14,3	21,5	23,9	20,6	14,6	17,8	33,4	29,2	43,2	41,3

Fonte: Murard, 1993: 97. Tradução das autoras.

As tendências apontadas por Murard são as mesmas mostradas por Navarro: redução dos gastos sociais no final da década de 1980 em relação ao seu início (à exceção da Itália), ampliação das contribuições dos assalariados e redução das contribuições dos empregadores. Mas, ao contrário de Navarro, Murard indica que ocorreu retração na arrecadação de impostos fiscais indiretos. Apesar dessa diferença, o que os autores revelam é que a estrutura de financiamento e gastos públicos no período de hegemonia neoliberal vem produzindo uma sobrecarga de aumento de impostos regressivos para a classe trabalhadora e a redução de gastos com políticas sociais, sem ter conseguido retomar o crescimento econômico. Tais medidas agravam as desigualdades sociais e a concentração da riqueza socialmente produzida: os 20% mais ricos do mundo ficam com mais de 80% do PIB mundial, enquanto o número de pobres cresce ao ritmo do crescimento da população — 2% ao ano; atualmente, 1 bilhão e meio de seres humanos vivem com rendimentos suficientes apenas para sobreviver (Mongin, 1996: 158).

Essas tendências não se alteraram na década de 1990 e início do século XXI. O estudo de Magalhães (2005: 86),[11] também com dados da OCDE, mostra que a média de gastos sociais nos países da OCDE caiu de 22,55% do PIB em 1995 para 21,87% em 2001. A redução nesses anos nos EUA foi de 15,45% do PIB em 1995 para 14,78% em 2001; no Canadá, de 19,62% para 17,81%; na Alemanha, de 27,46% para 27,39%; na França, de 29,24% para 28,45%; na Bélgica, de 28,07% para 27,23%; na Suécia, de 32,96% para 28,92% e na Dinamarca, de 32,40% para 29,22%. Esses dados demonstram que, mesmo nos países da Europa do norte, onde prevaleceu o *Welfare State* com características mais universalistas, vem ocorrendo retração do investimento social. Nesse período, apenas dois países tiveram aumento nos gastos sociais: Itália, que passou de 23,02% do PIB em 1995 para 24,45% em 2001, e Suíça, que aumentou de 23,88% em 1995 para 26,41%, em 2001.

Durante os 30 anos que se seguiram à Segunda Guerra Mundial, esses países investiram na expansão de políticas sociais e na universalização de direitos sociais ligados ao trabalho, como salário mínimo, condições de trabalho, seguro-desemprego, aposentadorias, pensões, e em direitos sociais implementados pelas políticas de saúde, educação, assistência social, habi-

---

11. Os dados sobre os 30 países da OCDE estão disponíveis em: OECD, 2006.

POLÍTICA SOCIAL: FUNDAMENTOS E HISTÓRIA

tação, conformando o Estado social do pós-guerra. A seguridade social, nos termos propostos por *Beveridge* (1943: 165), e que se expandiu em quase toda a Europa, constituindo o núcleo central do Estado social, instituiu prestações de substituição de renda para os momentos de perda da renda derivada do trabalho sob a lógica do seguro, mas também políticas de saúde, assistência, educação e habitação.

A reestruturação produtiva, as mudanças na organização do trabalho e a hegemonia neoliberal, conforme apontado neste capítulo, têm provocado importantes reconfigurações nas políticas sociais. O desemprego de longa duração, a precarização das relações de trabalho, a ampliação de oferta de empregos intermitentes, em tempo parcial, temporários, instáveis e não associados a direitos, limitam o acesso aos direitos derivados de empregos estáveis. Além das tendências já apontadas acima, outra que vem ganhando destaque desde a década de 1970, em quase todos os países da Europa, é a expansão de programas de transferência de renda.[12] O exaustivo estudo de Stein (2005: 242-244) sobre as políticas de transferência de renda na Europa e na América Latina mostra que todos os países da Europa ocidental instituíram essa modalidade de política social: Dinamarca (1933), Reino Unido (1948), Finlândia (1956), Alemanha (1961), Holanda (1963), Áustria (1974), Bélgica (1974), Irlanda (1977), Suécia (1982), Luxemburgo (1986), França (1988), Espanha (1988-1992), Portugal (1997) e Itália (1998). Observe-se que os países da Europa do norte foram os pioneiros, o que se explica pela natureza universalista e beveridgiana de seus sistemas de proteção social. Mas a maioria dos países só passou a implementar esses programas a partir da crise de 1969-1973.

Esses programas, globalmente, apresentam as seguintes características: são condicionados à situação de ausência ou baixa renda; são completivos e/ou substitutivos aos salários; possuem abrangência nacional e são regulamentados em lei nacional; os beneficiários devem ter acima de 18 anos e devem comprovar cidadania ou residência legal no país; em muitos países os beneficiários devem mostrar disposição para inserção econômica e/ou social em alguma atividade ligada à qualificação profissional ou atividade de trabalho; o financiamento é de responsabilidade do governo federal (em alguns poucos países é partilhado com municípios); a gestão é,

---

12. Sobre o debate acerca dos programas de transferência de renda e da transformação do Estado social na Europa, ver Boschetti, 1997 e 1999.

em geral, compartilhada entre governo federal, estados e municípios; são permanentes e assegurados a partir de critérios objetivos (Stein, 2005).

O século XXI se inicia com transformações profundas nas políticas sociais nos países capitalistas centrais. Se não se pode falar em desmantelamento, é inegável que as reestruturações em curso seguem na direção de sua restrição, seletividade e focalização; em outras palavras, rompem com os compromissos e consensos do pós-guerra, que permitiram a expansão do *Welfare State*. Seu "futuro" é uma questão polêmica e as análises variam conforme a matriz teórico-política. Vão desde aqueles que preconizam a possibilidade de retorno à sua áurea fase dos "anos de ouro", como parte da solução para o enfrentamento da crise até aqueles que se rendem à sua inviabilidade e pleiteiam o pluralismo de bem-estar (Jonhson, 1990), baseado na articulação entre Estado, mercado e sociedade na provisão social.[13] Sua potencialidade como mecanismo de regulação social e econômica já foi comprovada e ele pode impor algum limite à acumulação do capital (Gough, 1982), mas a hegemonia neoliberal e as tendências contemporâneas de desestruturação tendem a minar essa possibilidade e a transformá-lo em mecanismo de favorecimento da acumulação do capital. Concordamos com Dumenil e Lévy, quando analisam criticamente o imperialismo estadunidense na era neoliberal, e reafirmam e identificam que há "por trás desses mecanismos uma gigantesca luta de classes e de poder" (Dumenil e Lévy, 2004: 36), cujo desfecho não se pode prever, pois faz parte do processo aberto da história.

3. O Brasil: da ditadura à redemocratização e a política social

Analisemos agora como o Brasil se insere no período no qual já está em curso, no plano internacional, a reação burguesa à crise do capital iniciada no final dos anos 1960, e as conseqüências para a política social. O primeiro elemento a ser identificado é uma aparente falta de sincronia entre o tempo histórico brasileiro e os processos internacionais. Enquanto no plano internacional desencadeava-se a reação burguesa, o Brasil, no contexto da ditadura militar pós-1964, vivia a expansão do "fordismo à brasileira" (Sabóia, 1988 e 1990), por meio do chamado Milagre Brasileiro. Essa

---

13. Para um debate sobre o pluralismo ver Behring, 2004, Abrahamson, 2004 e Pereira, 2004.

POLÍTICA SOCIAL: FUNDAMENTOS E HISTÓRIA

foi a forma que assumiu a introdução da produção em massa de automóveis e eletrodomésticos para o consumo de massa restrito — que, ademais, já vinha acontecendo desde 1955, com o Plano de Metas mas que na ditadura militar ganha um contorno mais agressivo. No Brasil da lapidar frase "Ame-o ou deixe-o", tais mecanismos são introduzidos sem o pacto social-democrata e sem os consensos dos anos de crescimento na Europa e EUA, e com uma redistribuição muito restrita dos ganhos de produtividade do trabalho, mas que ampliou o mercado interno, embora aquém de suas possibilidades, alimentando os sonhos da casa própria, dos filhos doutores e do "Fuscão" na garagem entre os segmentos médios e de trabalhadores. De outro lado, expandia-se também a cobertura da política social brasileira, conduzida de forma tecnocrática e conservadora, reiterando uma dinâmica singular de expansão dos direitos sociais em meio à restrição dos direitos civis e políticos, modernizando o aparato varguista.

Na verdade, apesar da aparente ausência de sincronia, o intenso salto econômico para diante promovido pela ditadura tem a ver com um projeto de intensa internacionalização da economia brasileira, aproveitando-se da necessidade imperiosa do capital de restaurar as taxas de crescimento dos esgotados "anos de ouro". Como vimos no item anterior, um dos movimentos do capital foi a tentativa de se valorizar, pela ampliação dos mercados de bens fordistas nos locais em que estes tinham algum potencial de crescimento, como é o caso brasileiro, e pela exportação de capitais, buscando nichos de valorização. Os segmentos da burguesia local, mais uma vez profundamente associados ao capital estrangeiro, perceberam a liquidez de capitais no contexto da crise e os atraíram para o Brasil, num processo intensivo de substituição de importações, incentivado e conduzido pelo Estado. Esse processo implicou o extraordinário crescimento do bolo, mas sem nenhuma perspectiva de divisão posterior. Portanto, é interessante notar que nosso *timing* interno não acompanhou a dinâmica externa "ao pé da letra", mas sempre esteve conectado a ela, assegurando a continuidade de sua trajetória de heteronomia.[14]

No entanto, a sustentação de taxas de crescimento entre 11% e 14% ao ano durante um longo período de tempo demonstrou-se insustentável, diante dos limites da ampliação do mercado interno de massas — cuja consti-

---

14. Ver Capítulo 2.

tuição, evidentemente, não era o projeto da ditadura —, da crise internacional e também diante das imensas contradições mobilizadas por esse desenvolvimentismo autocrático-burguês, dentre as quais a imensa concentração operária, a exemplo de São Paulo, que se tornou a maior do mundo no período. Assim, a ditadura militar reeditou a modernização conservadora como via de aprofundamento das relações sociais capitalistas no Brasil, agora de natureza claramente monopolista (Netto, 1991), reconfigurando nesse processo a questão social, que passa a ser enfrentada num *mix* de repressão e assistência, tendo em vista manter sob controle as forças do trabalho que despontavam. Nesse quadro, houve um forte incremento da política social brasileira.

Quais são, então, as características da política social no período da ditadura militar? Para Faleiros (2000), no contexto de perda das liberdades democráticas, de censura, prisão e tortura para as vozes dissonantes, o bloco militar-tecnocrático-empresarial buscou adesão e legitimidade por meio da expansão e modernização de políticas sociais. A unificação, uniformização e centralização da previdência social no Instituto Nacional de Previdência Social (INPS), em 1966, retiram definitivamente os trabalhadores da gestão da previdência social, que passa a ser tratada como questão técnica e atuarial. Em 1967, os acidentes de trabalho passam também para a gestão do INPS, apesar de certa contrariedade das seguradoras privadas. Ao lado disso, a previdência foi ampliada para os trabalhadores rurais, por meio do Funrural, política que adquiriu, neste caso, um caráter mais redistributivo, já que não se fundava na contribuição dos trabalhadores, mas numa pequena taxação dos produtores, apesar de seu irrisório valor de meio salário mínimo (1971). A cobertura previdenciária também alcançou as empregadas domésticas (1972), os jogadores de futebol e os autônomos (1973), e os ambulantes (1978). Em 1974, cria-se a Renda Mensal Vitalícia para os idosos pobres, no valor de meio salário mínimo para os que tivessem contribuído ao menos um ano para a previdência.

O Ministério da Previdência e Assistência Social foi criado em 1974, incorporando a LBA, a Fundação Nacional para o Bem-estar do Menor (Funabem, criada em 1965) — que veio a substituir o antigo SAM extinto em 1964, sem necessariamente alterar seu caráter punitivo, mantido no Código de Menores de 1979 —, a Central de Medicamentos (CEME) e a Empresa de Processamento de Dados da Previdência Social (Dataprev). Esse complexo se transformou, com uma ampla reforma administrativa, no Sistema Nacional de Assistência e Previdência Social (SINPAS), em 1977, que compreendia o INPS, o Instituto Nacional de Assistência Médica (Inamps) e o Instituto Nacional de Administração da Previdência Social (Iapas), além daquelas instituições referidas acima. Nessa associação entre previdência, assistência e saúde, impôs-se uma forte medicalização da saúde, com ênfase no atendimento curativo, individual e especializado, em detrimento da saúde pública, em estreita relação com o incentivo à indústria de medicamentos e equipamentos médico-hospitalares, orientados pela lucratividade (Bravo, 1996 e 2000).

Além dessa intensa institucionalização da previdência, da saúde e, com muito menor importância, da assistência social, que era basicamente implementada pela rede conveniada e de serviços prestados pela LBA, a ditadura impulsionou uma política nacional de habitação com a criação do Banco Nacional de Habitação (BNH). Aqui, tratava-se de uma estratégia tipicamente keynesiana de impulsionar a economia por meio do incremento da construção civil na construção de moradias populares. Esse foi um período de forte crescimento das empreiteiras, num contexto de nenhuma transparência e controle dos gastos públicos, dada a opacidade do Estado ditatorial (Cignolli, 1985). Combinava-se a essa política a criação de fundos de indenização aos trabalhadores e que constituíram mecanismos de poupança forçada para o financiamento da política habitacional, dentre outras (FGTS, PIS, Pasep). Contudo, no mesmo passo em que se impulsionavam políticas públicas mesmo restritas quanto ao acesso, como estratégia de busca de legitimidade, a ditadura militar abria espaços para a saúde, a previdência e a educação privadas, configurando um sistema dual de acesso às políticas sociais: para quem pode e para quem não pode pagar. Essa é uma das principais heranças do regime militar para a política social e que nos aproxima mais do sistema norte-americano de proteção social que do *Welfare State* europeu. Outra herança é a de que, mesmo com uma ampliação dos acessos públicos e privados, milhões de pessoas permaneciam fora do *complexo assistencial-industrial-tencocrático-militar* (Faleiros, 2000).

Em 1974, começam a transparecer as primeiras fissuras e sinais de esgotamento do projeto tecnocrático e modernizador-conservador do regime, em função dos impactos da economia internacional, restringindo o fluxo de capitais, e também dos limites internos. Os anos subseqüentes serão marcados pela distensão, pela abertura lenta e gradual do regime, num processo de transição para a democracia que irá condicionar em muito a adesão brasileira às orientações conservadoras neoliberais, já em curso no nível mundial, implicando o caráter tardio da adesão brasileira ao neoliberalismo. Dessa forma, colocou-se em marcha uma transição democrática fortemente controlada pelas elites para evitar a constituição de uma vontade popular radicalizada (Sader, 1990: 1), o que era possível diante do volume de demandas represadas oriundas do aprofundamento da questão social em face do projeto da ditadura e das mudanças estruturais no país, que sai desse processo mais urbanizado e industrializado. Isso configurou o que O'Donnel denominou como "transição transada" (1988) e Fernandes chamou de uma transição conservadora sem ousadias e turbulências (1986: 18-19). Essas fraturas começam a se tornar expostas em função do esgotamento do milagre brasileiro, que já mostrava que seus frutos não seriam redistribuídos, e os trabalhadores e movimentos sociais já avaliavam essa tendência pela crise econômica que se avizinhava.

Os anos 1980 são conhecidos como a década perdida do ponto de vista econômico, ainda que também sejam lembrados como período de conquistas democráticas, em função das lutas sociais e da Constituição de 1988. O recrudescimento do endividamento externo e suas conseqüências são dados fundamentais para entender o ocaso da ditadura e nosso passaporte para a crise econômica crônica daqueles anos, após o curto tempo virtuoso do milagre. Na entrada dos anos 1980, tem-se um aprofundamento das dificuldades de formulação de políticas econômicas de impacto nos investimentos e na redistribuição de renda, não só no Brasil, mas no conjunto da América Latina. Segundo o rico estudo de Kucinski e Branford (1987), no processo do endividamento localizam-se as principais decorrências da reorientação da política econômica norte-americana em busca da hegemonia do dólar, bem como o início das pressões cujos resultados derruíram a possibilidade de ruptura com a heteronomia, contida no desenvolvimentismo, este, por sua vez, fundado na substituição de importações no Brasil e na América Latina. Segundo Toussaint (1998), nesse período partiu-se de taxas de juros baixas e até negativas para um salto percentual em torno de 19% em 1981 e de 27,5% em 1982, por parte dos credores, de forma que houve uma inversão explosiva da transferência de divisas dos países que contraíram empréstimos em prazos muito curtos, mas que foi acompanhada também da queda das exportações de matérias-primas, nos países ao sul da Linha do Equador. Ocorreu um verdadeiro estrangulamento da economia latino-americana, a qual, entre 1980 e 1985, obteve indicadores catastróficos, a exemplo de: investimento interno bruto em queda de 26,9%; PIB *per capita* em queda de 8,9%; fluxo de importações em queda de 41,0%; e um crescimento médio do PIB de 2,3% entre 1981 e 1985, ou seja, pífio (Kucinski e Branford, 1987).

Cano (1994: 26. 42) aponta que o constrangimento do endividamento gerou uma queda na taxa de inversão, em especial do investimento do setor público, ao longo de 16 anos (de 26% em 1974, para 15-16% em 1989), dificultando o que designa como ação de um *Estado estruturante* e, ainda, o ingresso do país na terceira revolução industrial. Se a maior parte da dívida foi contraída pelo setor privado, por pressões do FMI houve uma crescente e impressionante socialização dessa dívida. No Brasil, 70% da dívida externa tornou-se estatal. Com isso, "criou-se uma contradição entre a intensa geração de receitas de exportação pelo setor privado e o intenso endividamento do setor público. [...] Ao governo só restaram três caminhos: cortar gastos públicos, imprimir dinheiro ou vender títulos do Tesouro a juros atraentes" (Kucinski e Branford, 1987: 43). Desde então, para Cano, o gasto público passa a ser estruturalmente desequilibrado. Os resultados desse processo foram terríveis na "década perdida" brasileira: taxa média de crescimento de 2,1% (na indústria, de 1%); redução da taxa de investimento e recrudescimento da inflação (Cano, 1994: 52).

A opção diante daqueles três caminhos, ao longo da década de 1980, foi pela emissão de títulos da dívida, elevando os juros e alimentando o processo inflacionário. O Brasil saltou de uma inflação anual de 91,2%, em 1981, para 217,9% em 1985 (Kucinski e Branford, 1987: 45). Os efeitos da crise do endividamento foram muitos: empobrecimento generalizado da América Latina, especialmente no seu país mais rico, o Brasil; crise dos serviços sociais públicos num contexto de aumento da demanda em contraposição à não expansão dos direitos; desemprego; agudização da informalidade da economia; favorecimento da produção para exportação em detrimento das necessidades internas. Ou seja, características regionais preexistentes à crise da dívida foram exacerbadas no contexto dos anos 1980, quando a estagnação chega à periferia, fazendo cair os índices de crescimento, deslegitimando os governos militares e dando fôlego às transições democráticas, tendo como sua maior expressão o endividamento. Decresce radicalmente o fluxo de recursos para a América Latina a partir daí. Para Cano (1994: 85), o mundo desenvolvido voltou as costas para a

América Latina naqueles anos, quando os fluxos de investimento externo caíram de 12% para 6% (no Brasil, de 4,2% para 1%).

Após a crise da dívida do início dos anos 1980, diante da possibilidade de colapso financeiro internacional, impõe-se o discurso da necessidade dos ajustes e dos planos de estabilização em toda a região latino-americana. Na verdade, tratou-se de parte de um ajuste global, reordenando as relações entre o centro e a periferia do mundo do capital. Houve uma espécie de coordenação da reestruturação industrial e financeira nos países centrais, cujo custo foi pago duramente pela periferia (Tavares e Fiori, 1993: 42). Para Tavares, nos anos 1980 ocorreu uma transformação produtiva, cujos benefícios ficaram extremamente concentrados nas economias centrais, enquanto os custos foram pagos pela crise financeira do Estado com fortes impactos para a política social, pelos sindicatos e pelos países da periferia. Nos países de desenvolvimento industrial intermediário, Tavares identifica dificuldades para converter a estrutura industrial e conquistar uma inserção internacional dinâmica, em função da heterogeneidade estrutural de suas economias e da piora das relações internacionais com o endividamento, e seus impactos, em particular a quebra financeira do Estado.

Segundo Tavares, as políticas de estabilização no Brasil dos anos 1980 — ortodoxas ou heterodoxas — tiveram fôlego fraco e, portanto, pouca capacidade de reverter a crise desencadeada no início da década. Ao longo desses anos, a média de inflação foi de 200%, acompanhada do agravamento da fragilidade financeira do setor público e do comportamento defensivo dos agentes privados. É quase ocioso falar neste momento do imenso impacto social da crise, que esteve na raiz do movimento político contra a ditadura. Assim, a década de 1980 terminou com uma situação econômica vizinha à hiperinflação, mesmo tendo o país vivido numa espécie de ajuste fiscal permanente, "seja pelo lado do gasto (1980-84), da receita (1986 e 1990) ou do aumento da dívida interna (1987-89 e novamente 1991-92)" (Tavares e Fiori, 1993: 98). Escrevendo em 1993, Tavares e Fiori lembram que foram realizados no Brasil dez ajustes fiscais e sete máxi ou minidesvalorizações da moeda, que não obtiveram de forma duradoura os resultados desejados (1993: 104). Portanto, em síntese, de um ponto de vista econômico, tem-se, na entrada dos anos 1990, um país derruído pela inflação — a "dura pedagogia da inflação" a que se refere Oliveira (1998: 173) e que será o fermento para a possibilidade histórica da hegemonia neoliberal; paralisado pelo baixo nível de investimento privado e público; sem solução consistente para o problema do endividamento; e com uma questão social gravíssima. Tem-se a mistura explosiva que delineia uma situação de crise profunda.

Um outro aspecto de destaque nos anos 1980 foi a redefinição das regras políticas do jogo, no sentido da retomada do Estado democrático de direito. Essa foi a tarefa designada para um Congresso constituinte e não para uma Assembléia Nacional livre e soberana, como era a reivindicação do movimento dos trabalhadores e dos movimentos sociais. Ainda assim, a Constituinte tornou-se uma grande arena de disputas e de esperança de mudanças para os trabalhadores brasileiros, após a seqüência de frustrações — colégio eleitoral, morte de Tancredo Neves e falência do Plano Cruzado (Behring, 2003 e Boschetti, 2006). Esse movimento operário e popular novo era um ingrediente político decisivo da história recente do país, que ultrapassou o controle das elites. Sua presença e sua ação interferiram na agenda política ao longo dos anos 1980 e pautaram alguns eixos na Constituinte, a exemplo de: reafirmação das liberdades democráticas; impugnação da desigualdade descomunal e afirmação dos direitos sociais; reafirmação de uma vontade nacional e da soberania, com rejeição das ingerências do FMI; direitos trabalhistas; e reforma agrária. Para Sader, a transição democrática brasileira diferencia-se de outras na América Latina, exatamente a partir deste elemento fundamental: as mudanças estruturais engendradas pela industrialização e a urbanização, que criaram as condições para o surgimento de um movimento operário e popular novo, que foi decisivo para uma espécie de refundação da esquerda brasileira. Com isso, para ele, o Brasil se transformou num elo explosivo do capitalismo latino-americano, em função das enormes contradições econômicas, das tutelas financeira e militar, e da constituição de sujeitos políticos dispostos a enfrentá-las (Sader, 1990: 88). Dessa forma, todos os movimentos da transição democrática ao longo da década foram tencionados por essa presença incômoda para as classes dominantes brasileiras e forâneas.

Mas já estavam presentes também as expectativas de mudança em outra direção, a da nova agenda neoliberal. Assim, a Constituinte foi um processo duro de mobilizações e contramobilizações de projetos e interesses mais específicos, configurando campos definidos de forças. O texto constitucional refletiu a disputa de hegemonia, contemplando avanços em alguns aspectos, a exemplo dos direitos sociais, com destaque para a seguridade social, os direitos humanos e políticos, pelo que mereceu a caracterização de "Constituição Cidadã", de Ulisses Guimarães. Mas manteve fortes traços conservadores, como a ausência de enfrentamento da militarização do poder no Brasil (as propostas de construção de um Ministério da Defesa e do fim do serviço militar obrigatório foram derrotadas, dentre outras), a manutenção de prerrogativas do Executivo, como as medidas provisórias, e na ordem econômica. Os que apostaram na Constituinte como um espaço de busca de soluções para os problemas essenciais do Brasil depararam-se com uma espécie de híbrido entre o velho e o novo (sempre reiterado em nossas paragens...): uma Constituição programática e eclética, que em muitas ocasiões foi deixada ao sabor das legislações complementares. Houve forte mobilização social, por meio das emendas populares — 122 emendas, assinadas por 12.277.423 brasileiros (Boschetti, 2006) —, num movimento intenso e por vezes subestimado pelos analistas. Todavia, prevaleceram os acordos estabelecidos por uma maioria mais conhecida como "Centrão" — apelido que diz muito sobre a natureza de tal articulação —, que chegou até a prolongar o impopular governo Sarney por mais um ano. Assim, Nogueira tem razão quando afirma que a Carta de 1988 "não se tornou a Constituição ideal de nenhum grupo nacional" (1998: 159) e de que expressou "a tendência societal (e particularmente das elites políticas) de entrar no futuro com os olhos no passado ou, mais ainda, de fazer história de costas para o futuro" (1998: 160).

O divisor de águas — e a renovação das esperanças — deslocou-se, então, para a primeira disputa presidencial direta, em 1989, num ambiente marcado pelo que Velasco e Cruz (1997) chama de consensos negativos: uma crise que chegava ao limite do suportável e que exigia a mudança das regras do jogo e a percepção de que no seu âmago estava a questão do Estado. No entanto, os diagnósticos e projetos eram radicalmente diferentes nas candidaturas de Lula e Collor, que chegaram ao segundo turno do pleito, expressando as tensões entre as classes sociais e segmentos de classe ao longo dos anos 1980. Pragmaticamente, as elites depositaram, no segundo turno e um tanto a contragosto, a confiança em Fernando Collor de Mello. Afinal, seu discurso era também o dos setores insatisfeitos com a Carta Constitucional e que já preconizavam, após o Plano Cruzado, a guinada rumo ao ajuste neoliberal. E sua origem social e trajetória política advinham das classes possuidoras, o que lhe dava créditos de classe, num enfrentamento com um candidato de origem operária. Sader sinaliza o desconforto na ocasião: "as classes dominantes saíam vitoriosas eleitoralmente do pleito, tendo sofrido um enorme susto e percebido que não dispunham de alternativas partidárias para reproduzir seu poder" (1990: 65), e "nos braços de um político que se coloca no lugar de uma dominação organizada em partido político, com programa, tática, alianças relativamente claras, filiados" (1990: 73). Dessa forma, para além da crise econômica que se arrastava, configurou-se uma crise política, delineada pelo avanço do movimento sindical e popular, colocando-se como alternativa de poder, combinando-se explosivamente à fragmentação da burguesia brasileira, num período grávido de possibilidades de aprofundamento da democracia política e econômica, mas também repleto de tendências regressivas e conservadoras ainda fortes e arraigadas na sociedade brasileira, mesmo depois de tão intenso acúmulo de forças pelos trabalhadores e movimentos populares.

Na interessante análise de Nogueira (1998), observa-se que, ao longo dos anos 1980, as dificuldades do Estado brasileiro adquiriram transparência em alguns aspectos: sua intensa centralização administrativa; suas hipertrofia e distorção organizacional, por meio do empreguismo, da sobreposição de funções e competências e da feudalização; sua ineficiência na prestação de serviços e na gestão; sua privatização expressa na vulnerabilidade aos interesses dos grandes grupos econômicos e na estrutura de benefícios e subsídios fiscais; seu déficit de controle democrático, diante do poder dos tecnocratas e, dentro disso, o reforço do Executivo em detrimento dos demais poderes.

O sentido neoliberal do ajuste estrutural capitalista dos anos 1990, com todas as suas conseqüências para a política social, como se viu, foi sendo delineado na década anterior, na periferia do mundo do capital, de uma forma generalizada, e no Brasil, em particular. No próximo capítulo vamos desenvolver as características da política social brasileira na década de 1990, quando se abre um novo período de inovação, delineadas na tensão entre as conquistas constitucionais asseguradas pelo forte movimento social da redemocratização e a contra-reforma neoliberal. Entretanto, antes de prosseguir, cabe uma caracterização breve dos acontecimentos no âmbito da política social dos anos 1980 e que favoreceram os eixos conquistados no marco constitucional. Do ponto de vista dos últimos anos da ditadura e do governo Sarney, na chamada Nova República, apesar dos anúncios de priorizar a área social, houve iniciativas pífias no enfrentamento das expressões da questão social. O carro-chefe da política social de Sarney, por exemplo, foi o conhecido Programa do Leite, mais voltado para instrumentalizar as associações populares — incumbidas de distribuir os *tickets* para as famílias, o que gerou vantagens clientelistas — do que em promover a ampliação do acesso à alimentação. Assim, nesse período, mantém-se o caráter compensatório, seletivo, fragmentado e setorizado da política social brasileira, subsumida à crise econômica, apesar do agravamento das expressões da questão social. As propostas de reestruturação das políticas sociais, formuladas no âmbito dos grupos de trabalho criados pelo governo Sarney destinados a "repensar" as políticas de previdência, saúde, educação e assistência social, não foram implementadas. Suas contribuições, contudo, foram incorporadas no processo constituinte e ajudaram a definir o conceito de seguridade social.[15]

A grande novidade, portanto, era o processo de redemocratização, apesar da crise econômica, com seu forte conteúdo reformista, no sentido de desenhar na Constituição políticas orientadas pelos princípios da universalização, responsabilidade pública e gestão democrática. Constituiu-se nesse período uma Articulação Nacional de Entidades pela Mobilização Popular na Constituinte, reunindo movimentos sociais, personalidades e partidos políticos com compromissos democráticos que participaram dos grupos de trabalho. Daí decorre, por exemplo, a introdução do conceito de seguridade social, articulando as políticas de previdência, saúde e assistência social, e dos direitos a elas vinculados, a exemplo da ampliação da cobertura previdenciária aos trabalhadores rurais, agora no valor de um salário mínimo e do Benefício de Prestação Continuada (BPC) para idosos e pessoas com deficiência. Advém também desse processo uma série de inovações democratizantes, tais como: o novo estatuto dos municípios como entes federativos autônomos, os conselhos paritários de políticas e de direitos e a instituição de um ciclo orçamentário que passa a comportar um orçamento da seguridade social. Alguns trabalhos mostram o processo de luta, a participação dos sujeitos políticos, profissionais e de usuários, e que foram decisivos para a formatação legal dos direitos sociais no Brasil, pela primeira vez sob inspiração beveridgiana. Boschetti (2006) mostra a difícil travessia do deserto da assistência social para se elevar à condição de política pública de seguridade, na perspectiva de superar suas características de território do clientelismo, do aleatório e do improviso. Bravo (1996 e 2000) reflete sobre esse processo na saúde, pensada na Constituição com grande influência do movimento da reforma sanitária que já vinha se orga-

---

15. Sobre esse processo, ver a análise de Boschetti, 2006, sobretudo capítulo 4.

nizando desde fins dos anos 1970, como movimento social e como luta institucional, o que se consolida na VIII Conferência Nacional de Saúde (1986), com sua proposição do Sistema Único e Descentralizado de Saúde (SUDS) e do conceito de saúde integral, relacionada às condições de vida e trabalho da população. A luta da saúde foi árdua, deparando-se com fortes interesses econômicos do setor privado, a exemplo da Federação Brasileira dos Hospitais e da indústria farmacêutica, que conseguiram lamentavelmente assegurar sua participação no SUS, com acesso, portanto, aos recursos públicos. Na política previdenciária, além de sua inserção numa lógica de seguridade, em especial no que se refere ao financiamento, houve ampliação de direitos, a exemplo: da licença-maternidade de 120 dias, extensiva aos trabalhadores rurais e empregadas domésticas; do direito de pensão para maridos e companheiros; e da redução do limite de idade — 60 anos para homens e 55 para mulheres para acesso à aposentadoria; da indexação dos benefícios previdenciários ao salário mínimo, dentre outros (Cabral, 2000). Nesse período também teve destaque a intervenção dos movimentos sociais em defesa dos direitos de crianças e adolescentes, que inscreveram a perspectiva da criança como prioridade absoluta e a inimputabilidade penal abaixo dos 18 anos, o que se desdobrou posteriormente no Estatuto da Criança e do Adolescente (1990), que implicou um forte reordenamento institucional voltado para a atenção a esse segmento.

Apesar dos avanços, foram também inscritas no texto constitucional, produto de uma correlação de forças desfavorável, conforme apontamos acima, orientações que deram sustentação ao conservantismo no campo da política social. Exemplo disso é a contraditória convivência entre universalização e seletividade, bem como o suporte legal ao setor privado, em que pese a caracterização de dever do Estado para algumas políticas. Outro exemplo importante foi a derrota das emendas sobre reforma agrária e a vitória dos ruralistas, grandes proprietários de terras. Sabemos, contudo, que as condições políticas e econômicas da década de 1990 em diante, e que implicaram um giro conservador para o neoliberalismo (Bravo, 2000), dificultaram em muito a implementação real dos princípios orientadores democráticos e dos direitos a eles correspondentes, processo que analisaremos detidamente no próximo e último capítulo deste livro.

Filmografia

Estado de sítio. França/Itália/Alemanha. 1973. Direção: Costa Gavras. Duração: 119 min.

O apito da panela de pressão. Brasil. 1977. Direção: Sérgio Tufik. Documentário.

Eles não usam black-tie. Brasil. 1981. Direção: Leon Hirszman. Duração: 134 min.

Cabra marcado para morrer. Brasil. 1984. Direção: Eduardo Coutinho. Duração: 119 min.

Meu nome é Joe. Estados Unidos. 1998. Direção: Ken Loach. Duração: 105 min.

Pão e rosas. Inglaterra. 2000. Direção: Ken Loach. Duração: 110 min.

Os ferroviários/The Navigators. Inglaterra/Alemanha/Espanha. 2001. Duração: 96 min.

Cidade de Deus. Brasil. 2002. Direção: Fernando Meirelles. Duração: 130 min.

Invasões bárbaras. Canadá/França. 2003. Direção: Denys Arcand. Duração: 99 min.

Crianças invisíveis. Itália. 2005. Direção: Mehdi Charef, Katia Lund, John Woo, Emir Kusturica, Spike Lee, Ridley Scott, Jordan Scott e Stefano Veneruso. Duração: 116 min.

O corte. França/Bélgica/Espanha. 2005. Direção: Costa Gavras. Duração: 122 min.

O jardineiro fiel. Estados Unidos. 2005. Direção: Fernando Meirelles. Duração: 129 min.

Capítulo 5

Política social no Brasil contemporâneo: entre a inovação e o conservadorismo*

Concluímos o capítulo anterior com um prognóstico não muito otimista para os desdobramentos da política social no Brasil, apesar das importantes conquistas de 1988. Isso porque, se aquelas conquistas anunciavam uma importante reforma democrática do Estado brasileiro e da política social, engendrando um formato social-democrata com mais de 40 anos de atraso, as condições econômicas internas e internacionais, como também se analisou no Capítulo 4, eram extremamente desfavoráveis. Apesar do ascenso das lutas democráticas e dos movimentos sociais, que apontavam condições políticas e uma base de legitimidade forte para a realização de reformas efetivas, muitas contratendências se interpuseram a essa possibilidade. Os anos 1990 até os dias de hoje têm sido de contra-reforma[1] do Estado e de obstaculização e/ou redirecionamento das conquistas de 1988, num contexto em que foram derruídas até mesmo aquelas condições políticas por meio da expansão do desemprego e da violência. Iniciamos este último capítulo com uma caracterização da contra-reforma

---

* Parafraseando Boschetti, 2003.

1. Processo que é amplamente tratado em Behring (2003), cuja análise é parcialmente recuperada neste item.

neoliberal e de seus impactos mais gerais para a política social, para em seguida discutir mais detalhadamente as características e mudanças que ocorreram nessa tensão entre o marco legal e as condições reais em tempos de neoliberalismo e barbárie. Finalizamos o capítulo relacionando essas características à configuração das expressões da questão social no Brasil contemporâneo.

1. A contra-reforma neoliberal e a política social

A rigor esse título é um contra-senso, já que o desenvolvimento das políticas sociais esteve imbuído historicamente de um forte espírito reformista, sob pressão do movimento dos trabalhadores: as reformas dos anos de ouro, conforme caracterizamos no Capítulo 3. Contudo, em tempos de estagnação, reação burguesa e neoliberalismo, adentramos num ambiente contra-reformista e, por que não dizer?, contra-revolucionário. Quais são as características desse processo no Brasil?

Ao longo dos anos 1990, propagou-se na mídia falada e escrita e nos meios políticos e intelectuais brasileiros uma avassaladora campanha em torno de reformas. A era Fernando Henrique Cardoso (FHC) foi marcada por esse mote, que já vinha de Collor, cujas características de *outsider* (ou o que vem de fora) não lhe outorgaram legitimidade política para conduzir esse processo. Tratou-se, como se pôde observar, de "reformas" orientadas para o mercado, num contexto em que os problemas no âmbito do Estado brasileiro eram apontados como causas centrais da profunda crise econômica e social vivida pelo país desde o início dos anos 1980. Reformando-se o Estado, com ênfase especial nas privatizações e na previdência social, e, acima de tudo, desprezando as conquistas de 1988 no terreno da seguridade social e outros — a carta constitucional era vista como perdulária e atrasada —, estaria aberto o caminho para o novo "projeto de modernidade". O principal documento orientador dessa projeção foi o Plano Diretor da Reforma do Estado (PDRE/MARE, 1995), amplamente afinado com as formulações de Bresser Pereira, então à frente do Ministério da Administração e da Reforma do Estado (MARE).[3]

---

3. Cuja análise crítica encontra-se em Behring, 2003: Capítulo 4.

Embora o termo reforma tenha sido largamente utilizado pelo projeto em curso no país nos anos 1990 para se autodesignar, partimos da perspectiva de que se esteve diante de uma apropriação indébita e fortemente ideológica da idéia reformista,[4] a qual é destituída de seu conteúdo redistributivo de viés social-democrata, sendo submetida ao uso pragmático, como se qualquer mudança significasse uma reforma, não importando seu sentido, suas conseqüências sociais e sua direção sócio-histórica. Cabe lembrar que esse é um termo que ganhou sentido no debate do movimento operário socialista, ou melhor, de suas estratégias revolucionárias, sempre tendo em perspectiva melhores condições de vida e trabalho para as maiorias. Portanto, o reformismo, mesmo que não concordemos com suas estratégias e que se possa e se deva criticá-lo, como o fizeram revolucionários de períodos diferentes, a exemplo de Rosa Luxemburgo e Ernest Mandel, dentre outros, é um patrimônio da esquerda.

Esse argumento fica mais claro quando se considera a história do século XX em âmbito mundial, na qual o que se pôde chamar de reforma associava-se à legislação social e, no pós-guerra, ao *Welfare State*. Estas foram reformas, como já demonstramos anteriormente, intrínsecas ao capitalismo, sob a pressão dos trabalhadores, com uma ampliação sem precedentes do papel do fundo público, desencadeando medidas keynesianas de sustentação da acumulação, ao lado da proteção ao emprego e do atendimento de algumas demandas dos trabalhadores. Foram procedimentos viabilizados pelo Estado de direito, e, na maior parte das vezes, sob a condução da social-democracia. Uma social-democracia que renunciou à revolução já desde o início do século, como evidenciavam as formulações revisionistas de Bernstein e Kautsky e suas tensões, no âmbito da II Internacional, com Rosa Luxemburgo e Lênin,[5] mas que lutava por direitos e

---

4. Uma ressemantificação, conforme Oliveira (1998), que não recaiu apenas sobre esse termo, mas que envolveu, por exemplo, o conceito de sociedade civil (Montaño, 2002), de democracia (Duriguetto, 2003), de solidariedade (Gusmão, 2000), dentre outros, o que faz pensar que se tratou de uma estratégia político-ideológica para a busca de consensos e legitimidade, tendo em vista assegurar a direção intelectual e moral e, dessa forma, a hegemonia do projeto neoliberal.

5. Referimo-nos aqui ao clássico debate sobre reforma e revolução que ocorreu no âmbito da II Internacional, organização que reunia os principais partidos da social-democracia, naquela ocasião (fins do século XIX e início do XX) de orientação marxista. Com a decisão de adesão à Primeira Guerra Mundial, por parte do Partido Social-Democrata Alemão e também com o advento da Revolução Russa de 1917, houve uma divisão duradoura entre social-democratas e comunistas (Bottomore, 1988: 196-197 e os verbetes relacionados a Bernstein, Kautsky, Plekhanov, Rosa Luxemburgo, Lênin e Trostsky).

melhores condições de vida e trabalho para a classe trabalhadora, dentro de uma estratégia gradualista de reformas de largo prazo. Tanto que, com todas as diferenças, a esquerda revolucionária e comunista preconizava estratégias de luta conjuntas, a exemplo do que expressava a estratégia de frente única operária. A trajetória da social-democracia, no entanto, foi a de se afastar cada vez mais da luta e da tradição marxista, sendo que, no contexto do neoliberalismo, passou a trair suas próprias reformas, adotando políticas neoliberais em vários países a partir dos anos 1980 (Anderson, 1995).

É evidente que, nos áureos anos da social-democracia, havia um verdadeiro pânico burguês diante da existência e do efeito-contágio da União Soviética como referência política, ideológica e econômica de contraponto ao mundo do capital, mesmo com suas contradições e limites flagrantes, com destaque para a questão democrática. Tem-se, portanto, que o *Welfare State* foi claramente uma reforma — uma tentativa temporal e geopoliticamente situada de combinar acumulação e diminuição dos níveis de desigualdade, com alguma redistribuição de renda (Behring, 1998).

No Brasil, do ponto de vista da reforma democrática anunciada na Constituição de 1988, em alguns aspectos embebida da estratégia social-democrata e do espírito *welfariano* — em especial no capítulo da ordem social —, pode-se falar de uma contra-reforma em curso entre nós, solapando a possibilidade política, ainda que limitada, de *reformas* mais profundas no país, que muito possivelmente poderiam ultrapassar os próprios limites da social-democracia, realizando tarefas democrático-burguesas inacabadas em combinação com outras de natureza socialista. O conceito de revolução permanente, retomado de Marx por Trotsky, na análise deste último acerca da revolução de 1905, na Rússia, e posteriormente aprofundado em seu texto de 1930, *A revolução permanente* (1971), oferece pistas para refletir sobre a afirmação anterior e sobre a relação entre reforma e revolução. Para Trotsky, a burguesia tornou-se progressivamente incapaz de realizar tarefas democráticas internas, a exemplo da democratização do Estado e da distribuição da terra, e de assumir uma posição antiimperialista conseqüente. Essas tarefas e posições só poderiam ser realizadas e assumidas sob a hegemonia dos trabalhadores. Mas, para ele, o poder dos trabalhadores seria incompatível com a subsunção ao capital e todas as suas conseqüências, donde decorre uma dialética transformação das reformas em revolução, com medidas anticapitalistas. Na boa síntese de Löwy, "[...]

POLÍTICA SOCIAL: FUNDAMENTOS E HISTÓRIA

um processo de 'transcrescimento' da revolução democrática em socialista, um processo de revolução permanente no qual se articulam e se sucedem as medidas democráticas, agrárias, nacionais e anticapitalistas" (2002: 3). Não havia nenhum fatalismo nessa formulação, já que, para Trotsky, tal possibilidade objetiva estaria condicionada à iniciativa dos trabalhadores, da luta de classes, o que evitaria a tentação de qualquer automatismo histórico. Trotsky dá a essa reflexão uma dimensão internacional, ou seja, esse processo dialético e permanente seria impensável isolado em um só país. Com essa formulação, ele recusava duas idéias caras ao marxismo-leninismo mais vulgar: a "revolução por etapas" e o "socialismo num só país".

Dentro dessa lógica, portanto, empreender reformas democráticas, num país como o Brasil, poderia implicar um processo de radicalização e de ultrapassagem do Estado burguês, já que elas podem superar a si mesmas, considerando-se a cultura visceralmente antidemocrática e conservadora da burguesia brasileira. Nas nossas paragens não houve reformas no sentido social-democrata, mas processos de modernização conservadora ou de revolução passiva (Coutinho, 1989). Tais processos promoveram mudanças objetivas nas condições de vida e de trabalho dos "de baixo" — o que incluiu o desenvolvimento de um Estado social, como observamos nos capítulos anteriores —, mas sempre contidas e limitadas diante das possibilidades, e sempre sob controle das classes dominantes, para manter em "seu lugar" as "classes perigosas", sem dividir o bolo dos saltos para diante. Os avanços constitucionais de 1988, de natureza reformista, foram possíveis numa conjunção bastante particular de elementos, numa conjuntura de radicalização democrática após uma ditadura de 20 anos, como vimos no capítulo anterior.

E o que ocorreu nos anos 1990? Vivenciamos naquela década, e principalmente a partir da instituição do Plano Real, em 1994, algo bastante diferente desse crescimento mal dividido do tão criticado desenvolvimentismo. Houve o desmonte (Lesbaupin, 1999) e a destruição (Tavares, 1999), numa espécie de reformatação do Estado brasileiro para a adaptação passiva à lógica do capital.[6] Revelou-se, sem surpresas, a natureza pragmática, imediatista, submissa e antipopular das classes dominantes brasileiras. E foram medidas que, em alguns setores, fizeram com que o país evoluísse

---

6. Ver no Capítulo 4 a análise dessa lógica.

de forma inercial e, em outros, o fizeram permanecer no mesmo lugar ou até mesmo andar para trás, se pensamos nos critérios de Florestan Fernandes: a ruptura com a heteronomia e com o drama social. Houve, portanto, uma abrangente contra-reforma do Estado no país, cujo sentido foi definido por fatores estruturais e conjunturais externos e internos, e pela disposição política da coalizão de centro-direita protagonizada por Fernando Henrique Cardoso. Uma contra-reforma que foi possível a partir de algumas condições gerais, que precedem os anos 1990: a crise econômica dos anos 1980 e as marchas e contramarchas do processo de democratização do país.

Comparações simplistas com a crise de 1929 e a referência genérica — ignorando a particularidade histórica brasileira — ao intervencionismo estatal nas suas variadas formas ao longo do século no PDRE (1995), no entanto, procuravam justificar a direção da "reforma" como *necessária e irreversível*. Observa-se que o centro da "reforma", na verdade, foi o ajuste fiscal. O "reformismo" neoliberal traz em si uma forte incongruência entre o discurso da chamada reforma e a política econômica. Aqui ocorreu uma espécie de *aparente* esquizofrenia (Behring, 2003: 199): argumentava-se que o problema estaria localizado no Estado, e por isso seria necessário reformá-lo para novas requisições, corrigindo distorções e reduzindo custos, enquanto a política econômica corroía aceleradamente os meios de financiamento do Estado brasileiro através de uma inserção na ordem internacional que deixou o país à mercê dos especuladores no mercado financeiro, de forma que todo o esforço de redução de custos preconizado escoou pelo ralo do crescimento galopante das dívidas interna e externa.

Os libelos produzidos pelo jornalista Aloysio Biondi (1999 e 2000) acerca do significado dos processos de privatização no Brasil em termos da comparação entre os argumentos difundidos e seu impacto socioeconômico efetivo mostram, de forma contundente e com riqueza de dados, o sentido da "reforma" do Estado, quando se tratou de retirá-lo de suas funções produtivas. Biondi aponta como se desencadeou uma verdadeira campanha de mídia para legitimar e facilitar as privatizações, criando uma subjetividade antipública — o que não era uma tarefa difícil, haja vista como se deu a expansão do Estado brasileiro no período ditatorial, e a parca vontade política na recente democracia, no sentido da construção da esfera pública, já sob a orientação neoliberal. Alguns argumentos centrais estiveram presentes como justificativa dos processos de privatização: atrair capitais, reduzindo a dívida externa; reduzir a dívida interna; obter preços mais baixos para os consumidores; melhorar a qualidade dos serviços; e atingir a eficiência econômica das empresas, que estariam sendo ineficientes nas mãos do Estado. Biondi (2000) mostrou por que as estatais tiveram um desempenho altamente lucrativo *após* as privatizações: pelo aumento de preços e tarifas, pelas demissões antes e depois das privatizações, pelas dívidas "engolidas" pelo governo, que também assumiu os compromissos dos fundos de pensão e das aposentadorias. Denunciou, ainda, as facilidades oferecidas aos compradores, a exemplo de empréstimos a juros baixos comparados às taxas normais no país (cerca de 6% ao mês, diga-se 1/5 da taxa de juros real no mercado, segundo Oliveira[7]), títulos antigos (moedas podres) e outros truques e financiamentos que não ficaram transparentes para a população brasileira, lesada repetidas vezes nesse processo.

Para Oliveira, esse movimento mostra o quanto é preciso muito Estado para criar um mercado livre, o que vai ao encontro da idéia de que há um *paradoxo ortodoxo* (Haggard e Kaufman, 1992): a exigência de um Estado forte para a condução do ajuste direcionado à expansão do mercado — o que implica uma pressão para um comportamento mais autônomo dos dirigentes, até mesmo para tomarem decisões impopulares, mas tecnicamente "justificáveis" (como se houvesse apenas um caminho a seguir...) — e as exigências da consolidação democrática (que requer uma nova estrutura organizacional capaz de frear os favoritismos e excepcionalismos). Ou seja, há uma associação entre autonomia e distanciamento em relação às pressões, que pode ceder espaço às tentações autoritárias em nome da eficácia, o que, já se sabe, tem sido recorrente.

Voltando a análise para um outro aspecto que chama a atenção na questão da privatização brasileira, houve a entrega de parcela significativa do patrimônio público ao capital estrangeiro, bem como a não-obrigatoriedade das empresas privatizadas de comprarem insumos no Brasil, o que levou ao desmonte de parcela do parque industrial nacional e a uma enorme remessa de dinheiro para o exterior, ao desemprego e ao desequilíbrio da balança comercial. Diga-se, o inverso de tudo o que foi anunciado: o combate à crise fiscal e o equilíbrio das contas públicas nacionais. Retomamos, então, o mote de que houve uma *aparente* lógica esquizofrênica que atravessou a relação entre o discurso da "reforma" e a implementação da

---

7. Aula proferida por ocasião de sua participação como professor visitante na FSS/UERJ.

política econômica, o que é pouco surpreendente, já que esse foi um componente central da disputa político-ideológica dos anos 1990. A prática da "reforma", na verdade, era perfeitamente compatível com a política econômica, o que reforça a idéia de que seu discurso constituiu-se de pura ideologia e mistificação,[8] num explícito cinismo intencional de classe.

Outro aspecto de destaque na "reforma" do Estado foi o *Programa de Publicização*, que se expressou na criação das agências executivas e das organizações sociais, bem como da regulamentação do terceiro setor para a execução de políticas públicas. Esta última estabeleceu um Termo de Parceria com ONGs e Instituições Filantrópicas para a implementação das políticas. A essa nova arquitetura institucional na área social — sempre ignorando o conceito constitucional de seguridade — se combinou o serviço voluntário, o qual desprofissionalizava a intervenção nessas áreas, remetendo-as ao mundo da solidariedade, da realização do bem comum pelos indivíduos, através de um trabalho voluntário não-remunerado.

Um outro elemento foi a separação entre formulação e execução das políticas, de modo que o núcleo duro do Estado as formularia, a partir da sua capacidade técnica, e as agências autônomas as implementariam. Trata-se aqui de uma inspiração liberal de primeira hora: o medo da política como "loucura dos homens", como dizia Smith, e a necessidade de isolamento diante das pressões, transformando-as em questões de natureza técnica. Essa tendência tem conseqüências quanto à relação entre formulação de políticas públicas e consolidação democrática.

Os governos de orientação neoliberal não buscaram — FHC ainda mais que Lula — construir arenas[9] de debate e negociação sobre a formulação das políticas públicas, e dirigiram-se para reformas constitucionais e medidas a serem aprovadas num Congresso Nacional balcanizado, ou mesmo

---

8. Aspecto que também é ressaltado por Montaño, 2002.

9. O governo Lula iniciou com a perspectiva de construção dessas arenas, a exemplo do processo de discussão do Plano Plurianual, da instituição do Conselho de Desenvolvimento Econômico e Social (apesar de sua composição conservadora) e do debate em curso em algumas políticas setoriais, como no caso da assistência social. Contudo, é público que o PPA não incorporou as principais propostas dos movimentos sociais. O Conselho de Desenvolvimento Econômico e Social (CDES) tem sido um espaço de negociação mais propício às classes dominantes. Do ponto de vista das políticas setoriais há avanços, mas há também um forte controle do governo sobre as instâncias de pactuação, para que elas não ultrapassem determinados limites, a exemplo de tensionar mais duramente a direção da política econômica.

para medidas provisórias. Preferiram, portanto, a via tecnocrática e "decretista", com forte aquiescência de um Congresso submisso ou pragmático. Mesmo quando as "reformas constitucionais" não estavam ainda aprovadas, utilizaram, de forma abusiva, do recurso às medidas provisórias, de expedientes desrespeitosos para com os atores envolvidos em determinadas políticas, do corte de recursos e da corrupção do poder legislativo. Os passos político-institucionais e ideológico-culturais foram firmados com esses métodos, o que torna o discurso sobre a democracia, ou mesmo sobre uma governabilidade democrática das ditas "reformas", um tanto inócuo, vazio.

A "reforma", tal como foi conduzida, acabou tendo um impacto pífio em termos de aumentar a capacidade de implementação eficiente de políticas públicas, considerando sua relação com a política econômica e o *boom* da dívida pública. Houve uma forte tendência de desresponsabilização pela política social — em nome da qual se faria a "reforma" —, acompanhada do desprezo pelo padrão constitucional de seguridade social. Isso ocorreu *vis-à-vis* um crescimento da demanda social, associado ao aumento do desemprego e da pobreza, aprofundados pela macroeconomia do Plano Real. Isso significou uma ausência de política social? Claro que não, mas as formulações de política social foram capturadas por uma lógica de adaptação ao novo contexto. Daí decorre o trinômio do neoliberalismo para as políticas sociais — privatização, focalização/seletividade e descentralização (Draibe, 1993) —, o qual tendeu a se expandir através do "Programa de Publicização", conforme veremos nos itens que seguem.

2. Política social e a difícil coexistência entre universalidade e hegemonia neoliberal[10]

Já sabemos que a configuração de padrões universalistas e redistributivos de proteção social foi fortemente tencionada: pelas estratégias de extração de superlucros, em que se incluem as tendências de contração dos encargos sociais e previdenciários; pela supercapitalização, com a privatização explícita ou induzida de setores de utilidade pública, em que se incluem saúde, educação e previdência; e pelo desprezo burguês para com o

---

10. Retomamos aqui análises desenvolvidas pelas autoras no artigo "Seguridade social no Brasil e perspectivas do governo Lula", publicado na Revista *Universidade e Sociedade*, n. 30, 2003.

pacto social dos anos de crescimento, configurando um ambiente ideológico individualista, consumista e hedonista ao extremo. Tudo isso num contexto em que as forças de resistência se encontram fragmentadas, particularmente o movimento dos trabalhadores, em função do desemprego, da precarização e flexibilização das relações de trabalho e dos direitos.

Assim, a tendência geral tem sido a de restrição e redução de direitos, sob o argumento da crise fiscal do Estado, transformando as políticas sociais — a depender da correlação de forças entre as classes sociais e segmentos de classe e do grau de consolidação da democracia e da política social nos países — em ações pontuais e compensatórias direcionadas para os efeitos mais perversos da crise. As possibilidades preventivas e até eventualmente redistributivas tornam-se mais limitadas, prevalecendo o já referido trinômio articulado do ideário neoliberal para as políticas sociais, qual seja: *a privatização, a focalização e a descentralização*. Sendo esta última estabelecida não como partilhamento de poder entre esferas públicas, mas como mera transferência de responsabilidades para entes da federação ou para instituições privadas e novas modalidades jurídico-institucionais correlatas, componente fundamental da "reforma" e das orientações dos organismos internacionais para a proteção social. Vejamos, então, com maiores detalhes a condição geral da política social em contexto de reversão conservadora.

Em um país como o Brasil, com as tradições político-econômicas e socioculturais delineadas anteriormente, e que apenas a partir da Constituição de 1988 passa a ter em perspectiva a construção de um padrão público universal de proteção social, coloca-se um quadro de grande complexidade, aridez e hostilidade, para a implementação dos direitos sociais, conforme estabelecido no artigo 6º da Constituição Federal. Esta institui como direitos a educação, a saúde, o trabalho, a moradia, o lazer, a segurança, a previdência social, a proteção à maternidade e à infância e a assistência social. Prevalece o consenso de que a introdução da seguridade social na Carta Magna de 1988 significou um dos mais importantes avanços na política social brasileira, com possibilidade de estruturação tardia de um sistema amplo de proteção social (Fleury, 2004; Behring, 2003; Mota, 1995; Vianna, 1998; Pereira, 1996 e 2000, Boschetti, 2003) mas que não se materializou, permanecendo "inconclusa" (Fleury, 2004).

Um rápido resgate dos princípios promulgados no artigo 194 do Capítulo II (Da Seguridade Social) do Título VIII (Da Ordem Social) da Consti-

POLÍTICA SOCIAL: FUNDAMENTOS E HISTÓRIA

tuição, que deveriam orientar a operacionalização da seguridade social no Brasil, confirma essas análises.[11] O princípio da **universalidade** da cobertura proposto não tem a pretensão de garantir direitos iguais a todos os cidadãos, mas assegura a política de saúde como direito universal, estabelece a assistência como direito aos que dela necessitarem (embora o benefício do salário mínimo para idoso e pessoa com deficiência seja associado à incapacidade para o trabalho), mas mantém a previdência submetida à lógica do seguro, visto que o acesso aos direitos é derivado de uma contribuição direta anterior. Os princípios da **uniformidade e da equivalência** dos benefícios garantem a unificação dos regimes urbanos e rurais no âmbito do regime geral da previdência, mediante contribuição, e os trabalhadores rurais passam a ter direito aos mesmos benefícios dos trabalhadores urbanos. A **seletividade e a distributividade** na prestação de serviços apontam para a possibilidade de instituir benefícios orientados pela "discriminação positiva". Esse princípio não se refere apenas aos direitos assistenciais, mas também permite tornar seletivos os benefícios das políticas de saúde e de assistência social, numa clara tensão com o princípio da universalidade.

A **irredutibilidade** do valor dos benefícios indica que nenhum deles deve ser inferior ao salário mínimo, mas também sinaliza que tais benefícios devem ser reajustados de modo a não ter seu valor real corroído pela inflação, o que vem assegurando que nenhum benefício previdenciário seja inferior ao salário mínimo, apesar das diversas tentativas governamentais de desvinculação. A **diversidade** das bases de financiamento, talvez um dos mais importantes princípios constitucionais, absolutamente fundamental para estruturar a seguridade social, tem duas implicações. Primeiro, as contribuições dos empregadores não devem ser mais baseadas somente sobre a folha de salários. Elas devem incidir sobre o faturamento e o lucro, de modo a tornar o financiamento mais redistributivo e progressivo, o que compensaria a diminuição das contribuições patronais ocasionadas pela introdução da tecnologia e conseqüente redução da mão-de-obra, além de compensar o elevado mercado informal no Brasil. Em seguida, essa diversificação obriga o governo federal, os Estados e os municípios a destinarem

---

11. A Seguridade Social foi regulamentada pelas Leis da Seguridade Social (1991), Lei Orgânica da Previdência Social (1991), Lei Orgânica da Assistência Social (1993) e Lei Orgânica da Saúde (1990). O processo de regulamentação não garantiu a materialização de todos os princípios previstos na Carta Magna.

recursos fiscais ao orçamento da seguridade social. Finalmente, o **caráter democrático e descentralizado** da administração deve garantir gestão compartilhada entre governo, trabalhadores e prestadores de serviços, de modo que aqueles que financiam e usufruem os direitos (os cidadãos) devem participar das tomadas de decisão. Isso não significa, por outro lado, que os trabalhadores e empregadores devem administrar as instituições responsáveis pela seguridade social. Tal responsabilidade continua sob a égide do Estado.

Esses princípios constitucionais, genéricos, mas norteadores da estrutura da seguridade social, deveriam provocar mudanças profundas na saúde, previdência e assistência social, no sentido de articulá-las e formar uma rede de proteção ampliada, coerente e consistente. Tinham o objetivo de, enfim, permitir a transição de ações fragmentadas, desarticuladas e pulverizadas para "um conjunto integrado de ações de iniciativa dos poderes públicos e da sociedade, destinadas a assegurar os direitos relativos à saúde, à previdência e à assistência social" (Artigo 194 da Constituição da República Federativa do Brasil). Apesar de tais indicações, não foram essas as orientações que sustentaram a implementação das políticas que compõem a seguridade social na década de 1990.

Os desafios para deslanchar a implementação do conceito ali previsto formalmente já seriam grandes, mesmo em condições nas quais o movimento dos trabalhadores se mantivesse atento e forte, e a crise econômica estivesse sob a condução, no âmbito do Estado nacional, de segmentos com algum compromisso democrático e redistributivo. Já se sabe que a hegemonia política não foi esta na seqüência de 1988, de forma que o conceito retardatário, híbrido, distorcido ou inconcluso da seguridade social brasileira, conforme apontam importantes pesquisadores do tema,[12] encontrou dificuldades antigas e novas ainda maiores para se consolidar.

Nesse sentido, a caracterização de Soares é elucidadora, quando diz que "o país foi pego a meio caminho na sua tentativa tardia de montagem de um Estado de Bem-Estar Social" (2000: 35), num processo que foi atro-

---

12. Sobre o nosso conceito tímido de Seguridade Social em comparação com o de Beveridge, consultar o texto de Boschetti (2000 e 2006). Na mesma direção, conferir Pereira, 1996 e Fleury, 2004. Já a caracterização de uma seguridade social tardia ou retardatária pode ser encontrada em Soares (2000); e a de sua inconclusão encontra-se em Teixeira (1990) e Fleury (2004).

POLÍTICA SOCIAL: FUNDAMENTOS E HISTÓRIA

pelado pelo ajuste neoliberal, alimentado pelo drama crônico brasileiro tão bem apanhado por Fernandes (1987), no qual a heteronomia e o conservantismo político se combinam para delinear um projeto antinacional, antidemocrático e antipopular por parte das classes dominantes, no qual a política social ocupa um lugar concretamente secundário, à revelia dos discursos "neo-sociais" e dos solidarismos declarados.

Tanto é assim, que o conjunto de direitos duramente conquistados no texto constitucional foram, de uma maneira geral, submetidos à lógica do ajuste fiscal, permanecendo — mais uma vez — uma forte defasagem entre direito e realidade (Salama e Valier, 1997: 110). Esse hiato é compatível com a rigidez de indicadores socioeconômicos ao longo da década, a exemplo da concentração de renda. Houve a melhoria lenta de outros indicadores sociais, como a educação básica e a mortalidade infantil nos anos 1990. Para Soares, o quadro de retrocesso social com aumento da extrema e da "nova" pobreza,[13] que identifica a partir de um conjunto de indicadores da Cepal e da OMS, dentre outros (Soares, 2000), é acompanhado de uma pauperização das políticas sociais. Para ela, o aumento da demanda por benefícios e serviços vincula-se à produção de um Estado de mal-estar, resultante da contenção/limitação/desintegração das incipientes experiências de seguridade social na América Latina, com raras exceções, e no Brasil, em particular. Assim, há restrição do acesso universal a bens de consumo coletivo e aos direitos sociais, mas uma articulação entre assistencialismo focalizado, o que não pode ser confundido com assistência social, e mercado livre, este último voltado para o cidadão-consumidor (Mota, 1995).

Portanto, a privatização gera uma *dualidade discriminatória* entre os que podem e os que não podem pagar pelos serviços, no mesmo passo em que propicia um nicho lucrativo para o capital, em especial para segmentos do capital nacional que perderam espaços com a abertura comercial. Esse é o caso da previdência complementar e da educação superior, no último período, considerando que a saúde vive essa dualidade há mais tempo, designada por alguns autores como universalização excludente, que quebra a uniformização e a gratuidade dos serviços (Mendes, 1994). Na verdade, a privatização no campo das políticas sociais públicas compõe um movimento de transferências patrimoniais, além de expressar o processo mais

---

13. Conceito que se refere ao desemprego gerado pelas medidas do ajuste, reestruturação e flexibilização das relações de trabalho. Cf. Soares, 2000: Capítulo IV.

profundo da supercapitalização (Behring, 1998). Já a seletividade associada à focalização assegura acesso apenas aos comprovada e extremamente pobres.[14] Mota, em seu estudo acerca das tendências da seguridade social no contexto do avanço da hegemonia do capital por meio do fomento de uma cultura da crise — tendo em vista conquistar um consenso ativo na população[15] —, chega a conclusão semelhante, quando afirma que "a tendência é de privatizar os programas de previdência e saúde e ampliar os programas assistenciais, em sincronia com as mudanças no mundo do trabalho e com as propostas de redirecionamento da intervenção social do Estado" (Mota, 1995: 122).

Vianna (1998) aprofunda esse argumento da dualidade, mostrando como evoluiu o sistema de proteção social brasileiro, desde a era Vargas e, dentro disso, como foi preparado o terreno para o que chama de uma *americanização perversa* da proteção social brasileira, apesar do conceito constitucional de seguridade social de 1988 ser de inspiração beveridgiana (inglês) e a trajetória histórica — em especial no que se refere aos direitos previdenciários — ser de inspiração bismarckiana (alemã).

Assim, estabeleceu-se um sistema de seguridade avançado no final dos anos 1980, mas incapaz de conter a americanização, com o sistema público se "'especializando' cada vez mais no (mau) atendimento dos muito pobres", no mesmo passo em que "o mercado de serviços médicos, assim como o de previdência, conquista adeptos entre a classe média e o operariado" (Vianna, 1998: 142).[16] Essa imbricação histórica entre elementos próprios à assistência e elementos próprios ao seguro social poderia ter provocado a instituição de uma ousada seguridade social, de caráter universal, redistributiva, pública, com direitos amplos fundados na cidadania. Não foi, entretanto, o que ocorreu, e a seguridade social brasileira, ao incorporar uma tendência de separação entre a lógica do seguro (bismarckiana) e a

---

14. Para um debate sobre a distinção entre seletividade e focalização, consultar Boschetti, 2003: Capítulo 1.

15. Esta seria uma novidade das elites econômico-políticas no Brasil, considerando os processos anteriores de condução das mudanças. A burguesia estaria construindo um novo conformismo, agora num contexto democrático, e buscando tornar-se dirigente (Mota, 1995: 108-115).

16. O sistema norte-americano, dual e seletivo, é, contudo, menos regressivo que o brasileiro e possui regras mais claras, o que Vianna procura demonstrar às pp. 143 e 144 (1988), pelo que se pode compreender o que se apresenta no título de seu livro: uma americanização *perversa* da seguridade social no Brasil.

POLÍTICA SOCIAL: FUNDAMENTOS E HISTÓRIA

lógica da assistência (beveridgiana), e não de reforço à clássica justaposição existente, acabou materializando políticas com características próprias e específicas que mais se excluem do que se complementam, fazendo com que, na prática, o conceito de seguridade fique no meio do caminho, entre o seguro e a assistência.

Conforme já sinalizado, os direitos mantidos pela seguridade social se orientam, sobretudo, pela seletividade e privatização, em detrimento da universalidade e estatização. As reformas da previdência de 1998 e 2003 introduziram critérios que focalizaram ainda mais os direitos na população contribuinte, restringiram direitos, reduziram o valor de benefícios, limitaram alguns benefícios como o salário-família e o auxílio-reclusão (condicionados a critérios de renda), provocaram a ampliação da permanência no mercado de trabalho (Salvador, 2005) e não incorporaram os trabalhadores pobres inseridos em relações informais, que totalizam aproximadamente 40,6 milhões (57,7% dos 70,5 milhões de ocupados, com 10 anos ou mais, segundo o IBGE). Cabe lembrar que 58 em cada 100 trabalhadores não contribuem diretamente para a previdência social e, destes, 20,4 milhões (50,12%) não têm rendimentos ou o rendimento é inferior a um salário mínimo (5 milhões são trabalhadores rurais e 15,4 milhões são urbanos) (Boschetti, 2003). A saúde pública padece da falta de recursos, o que se evidencia nas longas filas, na demora para prestação dos atendimentos, na falta de medicamentos e na redução de leitos. Há uma forte tendência de restringir a saúde pública universal em um pacote de "cesta básica" para a população pobre, conforme vêm apontando os jornais.[17]

A assistência social é a política que mais vem sofrendo para se materializar como política pública e para superar algumas características históricas como: morosidade na sua regulamentação como direito (a LOAS só foi sancionada em 1993 e efetivada a partir de 1995); redução e residualidade na abrangência, visto que os serviços e programas atingem entre 15% e 25% da população que deveria ter acesso aos direitos; manutenção e mesmo reforço do caráter filantrópico, com forte presença de entidades privadas na condução de diversos serviços, sobretudo os dirigidos às pessoas idosas e com deficiência; e permanência de apelos e ações

---

17. Cf. "Crise na saúde pode reduzir sistema de assistência gratuita"; "País discute quem vai pagar a saúde"; "Regras do governo seguem a lema 'quem pode pagar deve desembolsar pela saúde", *Folha de S. Paulo*, 24 maio 1998.

clientelistas (Behring, 2000b; Boschetti, 2003) e ênfase nos programas de transferência de renda, de caráter compensatório.[18] O Sistema Único de Assistência Social (SUAS), instituído a partir de 2004, se propõe alterar esse quadro e, neste cenário tão difícil, traz avanços que precisam ser reconhecidos, a exemplo de uma concretização do sistema descentralizado e participativo que considera a dimensão territorial e fortalece as proposições da LOAS quanto à articulação entre Planos, Fundos e Conselhos, diferentemente dos governos anteriores. Porém, há algumas armadilhas em sua concepção, fortemente influenciada pela perspectiva da integração social daquelas famílias que estão em situação de "risco e vulnerabilidade social" (MDS/PNAS, 2004) e balizada pela perspectiva protecionista que superdimensiona as funções da assistência social na proteção básica e especial (Iamamoto, 2005; Boschetti, 2005).[19]

Tais orientações na (re)configuração dos direitos da seguridade social a partir da década de 1990, que enfatizam o mercado via planos privados de saúde e previdência, ou transferem as responsabilidades para a sociedade, sob a justificativa do voluntariado, da solidariedade e da cooperação, parecem estar fundadas na perspectiva do *Welfare Pluralism* ou *Welfare Mix* (Abrahamson, 1995 e 2004; Pereira, 2001 e 2004; Behring, 2004), em detrimento do *Welfare State* keynesiano.

Isso explica o retorno à família e às organizações sem fins lucrativos — o chamado "terceiro setor", categoria tão bem desmistificada por Montaño (2002) — como agentes do bem-estar, substituindo a política pública. Ao não se constituir como uma rede complementar, mas assumir a condição de "alternativa eficaz" para viabilizar o atendimento das necessidades, esse apelo ao "terceiro setor" ou à "sociedade civil", aqui mistificada, configurou-se como um verdadeiro retrocesso histórico. Trata-se do que Yazbek (1993 e 2000) denomina refilantropização das políticas sociais, que implica uma precipitada volta ao passado sem esgotar as possibilidades da política pública, na sua formatação constitucional. Soares (2000) denuncia a

---

18. Para uma análise crítica e caracterização detalhada dos programas de transferência de renda no Brasil, consultar Stein (2005). A autora mostra que esta é uma tendência mundial, sendo que na América Latina há forte submissão às orientações dos organismos internacionais como BID e Banco Mundial.

19. A Revista *Serviço Social & Sociedade* n. 87 (2006), publicada pela Cortez Editora, é dedicada à temática do SUS e do SUAS e oferece um panorama sobre a situação desses sistemas.

POLÍTICA SOCIAL: FUNDAMENTOS E HISTÓRIA

ineficiência das "pequenas soluções *ad hoc*" e do "reinado do minimalismo", que estão levando a uma "descentralização destrutiva" e ao reforço dos esquemas tradicionais de poder, como as práticas de clientelismo e favor.

Essas orientações são fortalecidas no âmbito da gestão da seguridade social. Apesar do conceito constitucional, não ocorreu a efetivação de um Ministério da Seguridade Social,[20] conforme esperado, e as políticas de saúde, previdência e assistência social seguem geridas por ministérios e orçamentos específicos, sem a necessária e devida articulação. Além de ministérios específicos, cada uma das políticas possui seus fundos orçamentários próprios e conselhos e conferências também específicos.[21] Na esfera da previdência, um dos principais paradoxos é a exclusão quase que total dos trabalhadores (principais "financiadores") da gestão da política. Ainda que sustentada predominantemente e direcionada especificamente a uma parcela precisa da população — os contribuintes diretos e seus dependentes —, as decisões a respeito do conteúdo e da abrangência dos direitos e da modalidade de financiamento (só para citar alguns elementos) são tomadas pelo aparato burocrático estatal, baseadas em pretensas análises e cálculos técnicos que, falsamente, tentam impingir o mito da "seguridade social como matéria de natureza técnica" (Vianna, 1999: 40). Na saúde, o principal paradoxo é que o Sistema Único de Saúde, fundado nos princípios de universalidade, eqüidade, integralidade das ações, regionalização, hierarquização, descentralização, participação dos cidadãos e complementaridade do setor privado, vem sendo minado pela péssima qualidade dos serviços, pela falta de recursos, pela ampliação dos esquemas privados que sugam

---

20. A proposta de criação de um Ministério da Seguridade Social foi polêmica desde a promulgação da Constituição, seja pelo poder político que acumularia o titular da pasta, seja pelo peso econômico de um orçamento da seguridade social, seja pelo peso burocrático de um "super" ministério, seja ainda pela rivalidade "conceitual" solidificada historicamente entre as concepções de seguro e assistência social. Em 2006, a estrutura institucional é a seguinte: Ministério da Saúde, Ministério da Previdência Social, Ministério do Desenvolvimento Social e Combate à Fome. Em janeiro de 2003, o governo Lula instituiu o primeiro Ministério da Assistência e Promoção Social, que teve vida curta e foi transformado em Ministério do Desenvolvimento Social e Combate à Fome em 2004.

21. O Conselho Nacional de Seguridade Social, planejado como mecanismo institucional destinado a promover essa articulação, e que asseguraria a participação de trabalhadores, empregadores e usuários das três áreas que compõem a seguridade, foi extinto em 1998.

os recursos públicos e pela instabilidade no financiamento (Cohn, 1995; Piola, 2001; Nunes, 2001). A proposta de saúde pública e universal parece estar, na prática, sofrendo um processo de privatização passiva (Draibe, 1990) ou de uma "democracia inconclusa" (Gerschman, 1995). Na assistência social, o SUAS ainda não está presente em todos os municípios e os Centros de Referência de Assistência Social (CRAS) atingem, atualmente, 27,5% dos municípios brasileiros (MDS/SUAS, 2006).[22]

Essas tendências são determinadas e agravadas pela condição do orçamento público destinado às políticas sociais, que padece de histórica submissão à política econômica, como veremos no item seguinte.

3. Fundo público e política social: financiamento e alocação de recursos

O comportamento da alocação de recursos para as políticas sociais mais globalmente, e de modo específico para a seguridade social, tende a ser "pró-cíclico e regressivo" (Soares, 2000: 75), ao invés de se constituir como anticíclico, conforme o padrão keynesiano, o que permite apenas a existência de mecanismos compensatórios que não alteram profundamente a estrutura das desigualdades sociais. Com parcos investimentos, cai a qualidade das políticas sociais e ocorre o que Soares chama de uma "ritualização" (2000: 76) dos ministérios da área social, impossibilitados que são de implementar políticas universais.[23]

O orçamento da seguridade social, assim como das demais políticas sociais, não pode ser compreendido sem referência à estruturação da carga tributária brasileira e de seu significado no âmbito da política macroeconômica. A política fiscal iniciada durante o governo Fernando Henrique Cardoso (1994-2002) e mantida durante o governo Luís Inácio Lula da Silva

---

22. Os dados sobre o SUAS e os CRAS estão disponíveis na página do MDS: <http://www.mds.gov.br> Acesso em 10 out. 2006.

23. As análises sobre orçamento da seguridade social são resultantes dos estudos realizados no Grupo de Estudos e Pesquisas do Orçamento Público e da Seguridade Social (GOPSS), da UERJ, coordenado pela professora Elaine Rossetti Behring, e no Grupo de Estudos e Pesquisas sobre Seguridade Social e Trabalho (GESST), da UnB, coordenado pela professora Ivanete Boschetti.

(2003-2006), vem sendo fortemente orientada pelas recomendações estabelecidas nos acordos firmados entre o governo brasileiro e o Fundo Monetário Internacional (FMI), a partir de 1998 (Teixeira, 2005).

A carga tributária brasileira, conceito que envolve todos os entes federativos, encontra-se hoje em torno de 37% do PIB, enquanto em 1994 representava 29%. Contudo, quando verificamos a dinâmica dessa carga tributária, cerca de 68% dela estão concentrados na União; 28%, nos estados e 4%, nos municípios. Após as transferências constitucionais, por meio dos Fundos de Participação dos Estados e Municípios e fundos setoriais, essa correlação melhora um pouco, mas ainda assim mais de 60% da carga tributária permanecem como receita do Governo Federal.[24] Esse aumento foi obtido, basicamente, com tributos cumulativos como a Cofins e a CPMF, além do aumento não legislado do Imposto de Renda das Pessoas Físicas (IRPF), congelando a tabela e as deduções do Imposto de Renda (IR) (Boschetti e Salvador, 2006).

Os recursos permanecem extremamente concentrados e centralizados, contrariando a orientação constitucional da descentralização. Além de concentrados na União — o ente federativo com maior capacidade de tributação e de financiamento —, também há concentração na alocação dos recursos nos serviços da dívida pública — juros, encargos e amortizações, rubrica com destinação sempre maior que todo o recurso da seguridade social — e para as políticas sociais que são financiadas pelo orçamento fiscal, a exemplo da educação, reforma agrária e outras, as quais não estão contempladas no conceito constitucional restrito de seguridade social do Brasil (FBO, 2005).

Ademais, tem-se uma carga tributária regressiva, na medida em que os impostos e contribuições terminam por incidir sobre os trabalhadores, visto que são remetidos ao consumo, de forma que a tributação não promove redistribuição de renda e riqueza, contribuindo, ao contrário, para sua concentração (Behring, 2003). Temos uma elevada carga tributária sobre o consumo — 49,8% —, proveniente de tributos que incidem sobre bens e serviços — e uma baixa tributação sobre a renda — 21,1%. Mudanças efetuadas na legislação tributária após 1996 ampliaram a regressividade da

---

24. Os dados são publicados anualmente, por volta de maio e junho, no Relatório de Análise das Contas do Governo Federal elaborado pelo TCU.

carga tributária, já que sua incidência sobre bens e serviços (consumo) saltou de 17,2% do PIB, em 1996, para 20,8%, em 2005 (Unafisco Sindical, 2006). Em nosso país, a tributação sobre o patrimônio é insignificante, não chegando a 3% do PIB. O único imposto federal sobre patrimônio — o Imposto sobre a Propriedade Territorial Rural (ITR) — arrecada menos de 0,1% do PIB, apesar da enorme concentração de terras no país. Na mesma direção, o Imposto de Renda sobre Pessoa Física teve uma incidência média, no período de 1995 a 2002, de 5,4% do PIB (Afonso e Araújo, 2004). Os trabalhadores assalariados pagam em tributos diretos proporcionalmente o dobro do que pagam os empregadores. Os dados preliminares da Pesquisa de Orçamentos Familiares (POF) do IBGE revelam que, no extrato da população com renda *per capita* superior a R$ 957,96 por mês, os trabalhadores pagam em impostos diretos 16% da renda e os proprietários das empresas pagam somente 8% (Lima, 2005: 25).[25]

O aumento da arrecadação tributária, contudo, não reverteu em aumento significativo de recursos para as políticas sociais de modo geral e para a seguridade social especificamente. Recursos da seguridade social são apropriados anualmente pelo Governo Federal por meio da Desvinculação das Receitas da União (DRU), com vistas à composição do superávit primário e pagamento de juros da dívida.

Esse mecanismo de manipulação orçamentária, que transfere recursos do orçamento da seguridade social para o orçamento fiscal, tem sido nefasto, pois permite a transferência de recursos públicos crescentes para o mercado financeiro, por meio do pagamento de serviços da dívida pública, conforme mostra a Tabela 6. No período de 2002 a 2004, foram desviados do Orçamento da Seguridade Social R$ 45,2 bilhões que deveriam ser utilizados para as políticas de previdência, saúde e assistência social e poderiam ampliar os direitos relativos a essas políticas sociais.

Esses recursos poderiam contribuir para a ampliação do sistema de seguridade social. Mas, ao contrário, vêm sendo utilizados como um dos principais mecanismos da política fiscal para gerar o superávit primário. Sua apropriação indevida vem até mesmo causando os propagados "déficits

---

25. Essa análise sobre a carga tributária está elaborada e detalhada em Boschetti e Salvador, 2006.

Tabela 6. Receitas da Seguridade Social
Desvio da DRU em R$ bilhões a preços de 2004*

Anos	Receita Antes da DRU	Receita Depois da DRU	DRU
2002	211,71	201,38	10,3
2003	212,64	205,47	7,2
2004	266,35	238,62	27,7
Total	690,70	645,47	45,2

Fonte: Boletins de Políticas Sociais do IPEA, n. 8 , 9 e 10. Apud Boschetti e Salvador, 2006: 51.

* O IPEA usou para deflacionar os dados correntes de 2002 e 2003, em dados de 2004, o deflator do PIB segundo hipótese do substitutivo do relator do orçamento da Câmara dos Deputados, o mesmo usado para o PL n. 31/2003. O estimado seria 16,85% para 2003 e 5,91% para 2004. Os valores de 2004 foram deflacionados pelo INPC acumulado do ano de 2004 (6,13%).

previdenciários", conforme apontou o próprio TCU, ao analisar as contas do Governo Federal de 2005:

> Um dos pontos que mereceram maior destaque no relatório do ministro Valmir Campelo foi o resultado da seguridade social. As receitas vinculadas a essa área somaram R$ 250,9 bilhões. Como os gastos do sistema atingiram R$ 265,1 bilhões, poderia ser calculado um resultado negativo da ordem de R$ 14,1 bilhões. Entretanto, a receita seria muito maior se não houvesse a incidência da desvinculação das receitas da União (DRU). Nessa hipótese, a seguridade social apresentaria saldo positivo de R$ 19,1 bilhões. O relator concluiu que uma parcela dos recursos desvinculados do orçamento da seguridade social financiou despesas do orçamento fiscal no exercício de 2005, contribuindo com 34% do superávit primário alcançado pelo Governo Federal no exercício.[26]

---

26. Cf. Notícia publicada na página do Tribunal de Contas da União, intitulada "TCU aprova relatório sobre as contas do governo em 2005", no link Últimas notícias, disponível em <http://www.tcu.gov.br>, acesso em 14 jun. 2006 (apud Boschetti e Salvador, 2006: 51). A ANFIP vem publicando todos os anos análises que vão nessa mesma direção, mas é a primeira vez que o TCU reconhece oficialmente essa estratégia governamental.

Desse modo, um dos grandes vilões do Orçamento da Seguridade Social e das contas públicas em geral, no contexto do duro ajuste fiscal brasileiro, é o mecanismo do superávit primário, instituído após o acordo com o FMI, em 1998. O volume de recursos retidos para a formação do superávit primário tem sido muito maior que os gastos nas políticas de seguridade social, exceto a previdência social. A análise publicada pelo Fórum Brasil do Orçamento (FBO), no Caderno para Discussão sobre Superávit Primário, mostra seu impacto na redução dos gastos sociais, com vistas a dar garantias ao capital financeiro internacional da capacidade brasileira para pagamento da dívida pública:

> Com a meta atual de superávit de 4,25% do PIB, equivalente a aproximadamente R$ 70 bilhões de reais, é possível construir 14 milhões de casas populares; ou assentar 2 milhões de famílias sem-terra; ou gerar 3,5 milhões de empregos na agricultura. O aumento do superávit, de 4,25% para 4,5%, do PIB para 2004 reduzirá os gastos deste ano dos governos federal, estadual e municipal em cerca de R$ 4,3 bilhões, o que representa quase 2 vezes o orçamento federal da Reforma Agrária. Quantos outros investimentos sociais deixarão de ser feitos? Quanto mais o Estado brasileiro vai aumentar a sua já imensa dívida social? Sempre é bom lembrar que a política de superávit, adotada desde 1999 por força das exigências do FMI para reduzir a dívida, tem sido cumprida em percentuais sempre maiores do que os exigidos e a dívida pública só cresceu. Isto porque os juros devidos são muito maiores que os superávits gerados. De 1995 a 2003, a dívida líquida do setor público (externa + interna) subiu de 29,35% para 58,16% do PIB. (FBO, 2004: 5)

Essas análises reforçam a perspectiva aqui desenvolvida sobre a relação entre política social e política econômica e, mais especificamente, suas implicações sobre o orçamento da seguridade social. Desde o acordo assinado pelo Governo Federal com o FMI, em 1998, o Brasil vem comprometendo significativas parcelas do orçamento público com a produção do superávit primário, atingindo percentuais crescentes do PIB, e superando as próprias metas estabelecidas pelo FMI nos acordos, conforme mostra a Tabela 7.

Em 2005, o Brasil pagou mais de R$ 157 bilhões em juros da dívida. Esse valor é quatro vezes superior a todo gasto da União com saúde em 2005 e dez vezes mais que o montante dos recursos aplicados na política de assistência social nesse ano (Boschetti e Salvador, 2006).

Tabela 7. Superávit primário 1999 a 2005, em % PIB

Descrição/Ano	1999	2000	2001	2002	2003	2004	2005
Meta de superávit	2,60	2,80	3,00	3,50	4,25	4,50	4,25
Superávit primário	3,19	3,46	3,64	3,89	4,25	4,61	4,83
Juros	8,97	7,08	7,21	8,47	9,33	7,29	8,11
Déficit Público	(5,78)	(3,62)	(3,57)	(4,58)	(5,08)	(2,68)	(3,28)

Fonte: Banco Central e Cartas de Intenção ao FMI, *apud* Boschetti e Salvador, 2006: 52.

Esses dados permitem compreender a condição das políticas sociais e da seguridade social pelo ângulo do orçamento, e revelam que estamos vivendo um período de estagnação, corrosão e ausência de saltos de qualidade da alocação de recursos para as políticas de seguridade social, mesmo com a mudança de governo, em 2003. Em valores não deflacionados, é visível uma evolução crescente dos recursos alocados para a seguridade, de R$ 102.022 bilhões em 1999 para R$ 240.089 bilhões, em 2005. No entanto, deflacionando-se os valores em função do impacto da inflação e da correção monetária, evidencia-se um crescimento vegetativo que não acompanhou o crescimento da carga tributária brasileira, da população e da demanda social em tempos de neoliberalismo, como se pode ver na Tabela 8:

Essa tabela indica várias tendências da política de seguridade social. A primeira, já sinalizada, é a perda de valor real, se considerados o aumento da carga tributária e as demandas sociais. Ocorre aumento na participação do orçamento da seguridade social (em valores correntes) no PIB brasileiro, saltando de 6,12% em 1999 para 12,39% em 2005, o que se deve aos baixos índices de crescimento real do PIB, conforme mostra a Tabela 9.

Outras tendências referentes ao orçamento da seguridade social apontadas ainda pela Tabela 8 são: a previdência fica com mais de 77% dos recursos da seguridade social em todos os anos, apesar de ocorrer decréscimo e estagnação de sua participação no total da seguridade social, o que pode indicar que os valores dos benefícios não estão acompanhando a inflação e, provavelmente, não estão inserindo a população idosa, apesar da tendência de envelhecimento populacional; decréscimo e estagnação dos recursos da política de saúde em relação ao orçamento da seguridade social; ampliação da participação da política de assistência social no orçamento da seguridade social, sobretudo a partir de 2004, o que pode ser

Tabela 8. Despesas da seguridade social: distribuição dos recursos entre as políticas sociais — 1999-2005*

Políticas da seguridade social	1999	2000	2001	2002	2003	2004	2005
Previdência social	83.305	93.408	107.544	123.218	145.478	165.509	187.800
	81,65%	79,07%	78,80%	79,42%	80,35%	77,94%	78,23%
Saúde	15.487	20.270	23.634	25.435	27.172	32.973	36.483
	15,17%	17,17%	17,31%	16,39%	15,00%	15,53%	15,19%
Assistência social	3.231	4.442	5.298	6.513	8.416	13.863	15.806
	3,18%	3,76%	3,89%	4,19%	4,65%	6,53%	6,58%
Total em R$ milhões correntes	102.023	118.120	136.476	155.166	181.066	212.345	240.089
	100%	100%	100%	100%	100%	100%	100%
Total em R$ milhões constantes, deflacionados pelo IGP-DI, em valores de dezembro de 2005	191.058,47	201.465,47	210.841,77	189.628,37	205.528,02	214.956,84	240.089,00
PIB em R$ milhões correntes	1.666.138	1.738.782	1.761.560	1.795.558	1.805.343	1.894.460	1.937.598
% do total corrente em relação ao PIB	6,12%	6,79%	7,74%	8,64%	10,02%	11,20%	12,39%

Fonte: SIAFI/SIDOR para o orçamento da seguridade social e IPEADATA para o PIB; disponível em <http://www.ipeadata.gov.br>; acesso em 10 out. 2006.

Elaboração própria, com dados citados em Boschetti e Salvador (2006).

* Recursos liquidados nas funções orçamentárias da previdência, saúde e assistência social.

Tabela 9. Crescimento do PIB 1990-2005

	PIB R$ A preços de 2005	Crescimento Real
1990	1.338.843.959	
1991	1.352.653.924	1,03%
1992	1.345.301.170	-0,54%
1993	1.411.554.107	4,92%
1994	1.494.170.652	5,85%
1995	1.557.281.324	4,22%
1996	1.598.683.044	2,66%
1997	1.650.975.967	3,27%
1998	1.653.153.871	0,13%
1999	1.666.138.963	0,79%
2000	1.738.782.622	4,36%
2001	1.761.560.674	1,31%
2002	1.795.558.795	1,93%
2003	1.805.343.780	0,54%
2004	1.894.460.294	4,94%
2005	1.937.598.291	2,28%

Fonte: Tabela elaborada por Evilásio Salvador, com dados do IPEADATA.

explicado pela redução da idade da população idosa (de 67 para 65 anos) para acesso ao benefício de prestação continuada (BPC), com a aprovação do Estatuto do Idoso, e unificação dos programas de transferência de renda no Bolsa-Família.

A seguridade social brasileira, apesar dos princípios constitucionais apontados anteriormente, ainda tem caráter regressivo, quando se observam as fontes de financiamento, ou quando se identifica "quem paga a conta". Seguindo o princípio de diversidade das bases de financiamento, o artigo 195 da Constituição Federal definiu que os recursos da seguridade social devem ser provenientes de três fontes: 1) orçamento da União, Estados e DF; 2) contribuições sociais; e 3) receita de concursos de prognósticos. As contribuições sociais, por sua vez, subdividem-se em duas: a) do empregador sobre a folha de salário, a receita e o faturamento e lucro; e b) a do trabalhador e demais segurados.

A ampliação e diversificação das fontes foram requisitos para atender, coerentemente, à expansão dos direitos sociais e à instituição de um sistema amplo de seguridade social. A inclusão de novos direitos, como saúde universal, benefícios assistenciais não contributivos como salário mínimo para idosos e pessoas com deficiência (benefício de prestação continuada — BPC), e a expansão da previdência rural e urbana requisitaram uma base financeira mais ampla que a contribuição direta de trabalhadores e empregadores sobre a folha de salários. Nesse sentido, foi absolutamente lógica e coerente a inclusão do Orçamento Fiscal da União e a criação de novas contribuições sociais sobre o faturamento e o lucro, como a Contribuição para o Financiamento da Seguridade Social (Cofins), a Contribuição sobre o Lucro Líquido das Empresas (CSLL) e a Contribuição sobre Movimentação Financeira (CPMF), esta última com destino exclusivo para o financiamento da saúde e posteriormente ampliada para cobrir custos da seguridade.

Essa diversificação, contudo, não vem se efetivando, e o financiamento ainda incide majoritariamente sobre os trabalhadores, seja pela via da contribuição sobre folha de salários, seja pela via das contribuições sobre o consumo. No período entre 1999 e 2005, as contribuições sociais foram responsáveis, em média, por 91,6% da arrecadação do orçamento da seguridade social. Entre essas, predominam a Contribuição dos Empregadores e Trabalhadores para a Seguridade Social (Cetss) com 57,8%, a Cofins com 23,7%, a CSLL com 3,2% e a CPMF com 3,5%. Os recursos provenientes de impostos (orçamento fiscal) contribuíram em média com apenas 6,6% no período.[27]

A sustentação financeira com possibilidade de ampliação e universalização dos direitos, assim, não será alcançada com ajustes fiscais que expropriam recursos das políticas sociais. A consolidação da seguridade social brasileira, e da política social brasileira de uma forma geral, já que essa direção atinge também políticas que estão dentro do orçamento fiscal, depende da reestruturação do modelo econômico, com investimentos no crescimento da economia, geração de empregos estáveis com carteira de trabalho, fortalecimento das relações formais de trabalho, redução do desemprego, forte combate à precarização, transformação das relações de traba-

---

27. Os dados detalhados ano a ano estão disponíveis em Boschetti e Salvador, 2006: 37, Tabela 2.

POLÍTICA SOCIAL: FUNDAMENTOS E HISTÓRIA

lho flexibilizadas em relações de trabalho estáveis, o que, conseqüentemente, produzirá ampliação de contribuições e das receitas da seguridade social e, sobretudo, acesso aos direitos sociais.

Nesse sentido, as "reformas" da previdência realizadas em 1998 e 2003,[28] ao enfocarem a questão apenas pelo ângulo de um presumível déficit contábil, deslocaram o debate daquele que é o cerne da questão: a consolidação da seguridade social como núcleo central de um Estado social universal, e estratégia de democratização (Braz, 2003). A "reforma" de 1998 atingiu, não só, mas com maior impacto, os trabalhadores regidos pela CLT, sobretudo os do setor privado. Ela caminhou no sentido de reduzir a amplitude dos direitos conquistados com a Carta Magna, por meio de diversos mecanismos: a transformação do tempo de serviço em tempo de contribuição, o que torna mais difícil a obtenção da aposentadoria, sobretudo para os trabalhadores que não tiveram carteira de trabalho assinada ao longo de suas vidas; a instituição da idade mínima (48 anos para mulher e 53 para homens) para a aposentadoria proporcional; um acréscimo de 40% no tempo de contribuição para os atuais segurados; o estabelecimento de um teto nominal (de R$ 2.400,00, em 2006) para os benefícios e a desvinculação desse teto do valor do salário mínimo (o que rompe com o princípio constitucional de irredutibilidade do valor dos benefícios) e o fim das aposentadorias especiais. Em 1999, foram introduzidas novas mudanças no cálculo dos benefícios do Regime Geral da Previdência Social (RGPS), com a criação do fator previdenciários (FPR), que provoca a redução no montante final dos benefícios de aposentadoria.

Em relação às aposentadorias do setor público, as mudanças também suprimiram alguns direitos. Entre os principais, ressalte-se: a exigência de idade mínima para aposentadoria integral ou proporcional (60 anos para homem e 55 para mulher); aumento de 20% do tempo de contribuição para aposentadoria proporcional e 40% para integral; comprovação de cinco anos no cargo efetivo de servidor público para requerimento da aposentadoria; fim da aposentadoria especial para professores universitários; o tempo de licença-prêmio não pode mais ser contado em dobro para efeito de aposentadoria; introdução da aposentadoria compulsória aos 70 anos e implantação de um regime de previdência complementar para servidores públicos

---

28. Para um debate sobre a "reforma" da previdência, consultar Morhy, 2003, Revista *Universidade e Sociedade*, 2003.

federais, estaduais e municipais. Apesar das tentativas, o governo Fernando Henrique Cardoso não conseguiu acabar com a aposentadoria integral dos servidores públicos (Salvador e Boschetti, 2002), mas o governo Lula realizou essa proeza com a "reforma" de 2003 para os novos ingressantes do serviço público federal.

Essas tendências persistentes permitem caracterizar a existência de um processo crescente de estagnação e perda de financiamento da política social brasileira no contexto do ajuste fiscal e constatar que não houve qualquer mudança de rota, a partir da posse de um governo de centro-esquerda, em 2003. Elas sugerem, sobretudo, uma reflexão acerca do papel do fundo público no capitalismo contemporâneo, de modo que possamos apreender determinações mais profundas dessa dinâmica.

Segundo Oliveira (1998), o fundo público sofre pressões e funciona como um elemento fundamental para a reprodução do capital e também para a reprodução da força de trabalho, ou seja, existe uma tensão desigual pela repartição do financiamento público. Dessa forma, o fundo público reflete as disputas existentes na sociedade de classes, em que a mobilização dos trabalhadores busca garantir o uso da verba pública para o financiamento de suas necessidades, expressas em políticas públicas. Já o capital, com sua força hegemônica, consegue assegurar a participação do Estado em sua reprodução por meio de políticas de subsídios econômicos, de participação no mercado financeiro, com destaque para a rolagem da dívida pública.

Para além dessa caracterização de fundo público, Oliveira trava uma discussão sobre a centralidade que este possui atualmente para a reprodução do capitalismo. Se o financiamento público sempre foi historicamente um pressuposto para o capital, hoje este possui uma natureza diferenciada. Segundo o autor, no capitalismo concorrencial, o fundo público comparecia como um elemento *a posteriori*, ao passo que no capitalismo contemporâneo "a formação da taxa de lucro passa pelo fundo público, o que o torna um componente estrutural insubstituível" (1998: 21). Há um novo caráter da participação do fundo público através de mudanças na reprodução da força de trabalho. Houve um crescimento percentual dos investimentos públicos em educação, saúde e programas de garantia de renda maior que o crescimento percentual do PIB, como se viu anteriormente; ou seja, um incremento do salário indireto pelo Estado, que libera o salário direto dos trabalhadores para dinamizar o consumo de massas, contribuindo para o

POLÍTICA SOCIAL: FUNDAMENTOS E HISTÓRIA

aumento das taxas de lucro, ao lado de outros elementos: "o progresso técnico, a organização fordista da produção, os enormes ganhos de produtividade" (1998: 23), que não foram tão grandes assim no "fordismo à brasileira".

Essa atuação do Estado nos "anos de ouro" fez com que ele contraísse crescentes déficits públicos, configurando uma crise do padrão de financiamento público, que foi associada em geral aos custos com a reprodução do trabalho, e menos com "a presença dos fundos públicos na estruturação da reprodução do capital, revelando um indisfarçável acento ideológico na crítica a crise" (1998: 24). Assim, no contexto da crise fiscal do Estado acirra-se a disputa pelo fundo público, sob acusações neoliberais de *estatização*, de desperdício e estímulo à dependência. Para Oliveira, há ainda uma "indisfarçável relação entre a dívida pública dos países mais importantes, suas posições no sistema capitalista e suas dinâmicas" (1998: 25). Apesar dessa crítica, observa-se que têm crescido as receitas dos governos como percentual do PIB, a exemplo do Brasil, como vimos, o que corrobora a idéia de que há um lugar estrutural do fundo público no sistema capitalista. Dessa forma, ao contrário do argumento da direita, esse volume de recursos nas mãos do Estado, longe de representar a estatização, é expressão da contradição entre a socialização da produção e a "apropriação privada dos resultados da produção social" (1998: 26).

Oliveira desenvolve a idéia de *incompatibilidade entre o padrão de financiamento público e a internacionalização produtiva e financeira*, em que esta última rompe com o ciclo virtuoso do período anterior, já que a verba antes utilizada para os investimentos nacionais passa a ser direcionada para outros países, ao mesmo tempo em que cada Estado-nação permanece com a obrigação de assumir os gastos públicos, referentes à reprodução da força de trabalho e do capital no seu território. Até aqui mantemos um forte acordo com os aportes desse importante intelectual brasileiro.

Oliveira defende a tese de que esse novo padrão de financiamento público coloca em questão a participação do fundo público na produção de valor, no processo de reprodução do capital. Ele agiria como um antivalor, como "antimercadorias sociais, pois sua finalidade não é a de gerar lucros, nem mediante sua ação dá-se a extração da mais-valia" (Oliveira, 1998: 29). Essa tese é bastante polêmica, até mesmo em relação ao próprio raciocínio que vinha sendo construído pelo autor. Se seguirmos seu pensamento, segundo o qual o fundo público é estrutural para a geração de valor e o capital não prescinde dele para sua reprodução, parece contraditório não considerar o fundo público na reprodução geral do capital, através de subsídios, negociação de títulos públicos, de garantias de condições de financiamento, e até de reprodução da força de trabalho como fonte de criação de valor, o que não é infirmado pela tendência contemporânea de expulsão da força de trabalho pela introdução de tecnologias poupadoras de mão-de-obra, considerando também o lugar estrutural do exército industrial de reserva.

Dessa forma, consideramos que o fundo público não poderia ser considerado um antivalor, uma vez que participa de forma direta e indireta do ciclo de produção e reprodução do valor. O fundo público não gera diretamente mais-valia, porém, tencionado pela contradição entre a socialização da produção e a apropriação privada do produto, atua apropriando-se de parcela da mais-valia, sustentando num processo dialético a reprodução da força de trabalho e do capital, socializando custos da produção e agilizando os processos de realização da mais-valia, base da taxa de lucros que se concretiza com a conclusão do ciclo de rotação do capital.

O que é bastante interessante no raciocínio apresentado por Oliveira é a idéia de que "a função do fundo público no travejamento estrutural do sistema tem muito mais a ver com os limites do capitalismo, como um desdobramento de suas contradições internas" (1998: 35). Ou seja, a necessidade do crescimento do fundo público para garantia do processo de desenvolvimento das forças produtivas evidencia um esgotamento de uma suposta auto-reprodução automática do capital, no contexto do capitalismo maduro. Aqui podemos encontrar uma chave heurística importante para analisar o lugar do fundo público e do Estado na contemporaneidade, sempre relacionado, é claro, à luta de classes.

Ao caracterizar a esfera pública e relacioná-la com o fundo público no contexto do *Welfare State*, Oliveira critica a visão da *direita* que considera a esfera pública, asseguradora de direitos, como um obstáculo para o processo de acumulação, propondo como alternativa uma total desregulação. Recusa também certa interpretação da *esquerda*, que caracterizava os direitos como "ilusões e contribuições para reproduzir o capital" (Oliveira, 1998: 38). Sua visão de Estado é a da existência de contradições, que fazem com que haja concessões para as classes em disputa, ainda que desiguais: "a estruturação da esfera pública, mesmo nos limites do Estado classista, nega à burguesia a propriedade do Estado e sua dominação exclusiva" (1998: 39). Ele aponta que a complexidade da esfera pública, que é sinônimo de consolidação da democracia, permite a multiplicidade dos sujeitos. O lugar estrutural do fundo público na reprodução das relações sociais é o de criar medidas acima das relações privadas, ou seja, decididas na esfera pública, e Oliveira, nesse texto, é muito otimista em relação ao poder da esfera pública, ao colocá-la acima dos interesses privados, a exemplo de sua observação de que a esfera pública se sobrepõe às relações de conflito entre as classes, na medida em que estas

> [...] não são mais relações que buscam a anulação da alteridade, mas somente se perfazem numa perequação — mediada pelo fundo público — em que a possibilidade da defesa dos interesses privados requer desde o início o reconhecimento de que os outros interesses não apenas são legítimos, mas necessários para a reprodução social em ampla escala. (Oliveira, 1998: 41)

Na esfera pública, as classes são expressões coletivas e sujeitos da história, mas modifica-se a relação entre elas. Temos, nesse contexto, uma miríade de arenas de confronto e negociação, gerando uma crescente autonomia relativa do Estado diante dos interesses privados. Assim, a direita neoliberal quer acabar com essas arenas, para criar espaço para um Estado mínimo, numa clara tentativa de fazer com que o fundo público atue apenas como pressuposto do capital. O objetivo da reação da direita é a retomada de um Estado caritativo e assistencialista e o "desmantelamento total da função do fundo público como antivalor" (Oliveira, 1998: 46), acoplados à destruição da regulação institucional e à supressão da alteridade. Assim, as privatizações no campo das demandas do trabalho não são equivalentes à desmontagem do suporte do fundo público à acumulação do capital, já que este depende visceralmente daquele para sua reprodução ampliada. Essa voracidade leva esse modo de produção ao limite — "o limite do capital é o próprio capital" (Oliveira, 1998: 47) — e, deixada ao seu bel-prazer, pode levar a uma "tormenta selvagem", fazendo sucumbir a democracia e o sentido de igualdade nela inscrito, ainda que não realizado pelo projeto burguês. Portanto, para Oliveira, a ofensiva neoliberal abala os fundamentos da democracia moderna, convertendo o Estado a uma completa subordinação ao capital, num verdadeiro "banquete dos ricos", e atualizando mais do que nunca a crítica marxiana do Estado.[29]

---

29. Parte desta reflexão sobre o fundo público e do diálogo com a reflexão de Francisco de Oliveira consta no trabalho de Behring, intitulado *Acumulação capitalista, fundo público e política social*, enviado e aprovado para apresentação no X ENPESS (Recife, dez. 2006).

4. Controle democrático na política social

A concepção de controle democrático[30] da Constituição de 1988 e o início da experiência dos conselhos de políticas públicas e de defesa de direitos no Brasil foram grandes inovações políticas e institucionais no formato das políticas públicas brasileiras, nas quais se vislumbrava uma perspectiva nítida de reforma, num país em que a democracia sempre foi mais exceção que regra. A criação dos conselhos fez parte de um momento histórico no qual se supunha estar dentro de uma onda democrática no Brasil e no mundo, com o fim dos regimes militares na América Latina e as mudanças no Leste europeu. Nessa estratégia foram e são, desde então, depositadas as melhores energias de sujeitos políticos e movimentos sociais com compromissos democráticos — inclusive das organizações dos assistentes sociais brasileiros, conforme levantamento do CFESS (2006)[31] —, confiantes no aprofundamento da socialização da política e da radicalização da democracia no Brasil, numa perspectiva participativa. Segundo Silva, Jaccoud e Beghin (2005), essa perspectiva de participação envolveu três sentidos:

> (a) a participação social promove transparência na deliberação e visibilidade das ações, democratizando o sistema decisório; b) a participação social permite maior expressão e visibilidade das demandas sociais, provocando um avanço na promoção da igualdade e da eqüidade nas políticas públicas; e c) a sociedade, por meio de inúmeros movimentos e formas de associativismo, permeia as ações estatais na defesa e alargamento de direitos, demanda ações e é capaz de executá-las no interesse público. (2005: 375)

Para realizar uma análise da experiência do controle democrático, há que, gramscianamente, aliar o pessimismo da razão e da análise crítica com o otimismo da vontade. Nessa direção, observamos que se os Conselhos têm grandes potencialidades como arenas de negociação de propostas e ações que podem beneficiar milhares, milhões de pessoas, e de aprofundamento da democracia, há também dificuldades para a realização dos sentidos da participação e pleno desenvolvimento na direção acima apontada.

---

30. As reflexões acerca do controle social são parcialmente fundadas em uma conferência de Behring realizada na III Conferência Nacional de Assistência de Assistência Social (Brasília, 2000).

31. Este levantamento foi apresentado e analisado por Boschetti em conferência realizada no 35º Encontro Nacional CFESS/CRESS (set. 2006).

Ao levantarmos os números, parece claro que houve avanços, num país com tão pouca tradição democrática. Existem hoje 17 Conselhos Nacionais, que se desdobram nos estados e municípios — nas áreas de educação, saúde, trabalho, previdência social, assistência social, segurança alimentar, cidades, desenvolvimento rural; por segmentos, como mulheres, crianças e adolescentes, idosos, negros; e temáticos, a exemplo de execuções penais, comunidade e questões penitenciárias (Silva, Jaccoud e Beghin, 2005 e IPEA, 2005a). Considerando-se que a federação se constitui com 26 estados e 5.563 municípios, segundo o Portal do Governo Federal, é possível estimar a existência de mais de 20 mil conselhos nas mais diversas áreas. Na saúde e na assistência social, por exemplo, quase todos os municípios possuem conselhos em funcionamento. Ou seja, temos aí uma construção democrática com uma capilaridade inédita no Brasil. No entanto, cabe uma análise para além dos números, observando *se, como e para quem* está sendo efetivamente viabilizado o controle da política pública, a partir dos princípios constitucionais e das legislações complementares, que apontam para o caráter universal do acesso aos direitos de cidadania. Nesse sentido, queremos problematizar o exercício do controle social, aqui tratado como controle democrático, apontando algumas questões de reflexão.

Aquelas afirmações mais otimistas de que houve uma expansão da democracia no mundo exigem muita cautela, se o conceito de democracia a ser discutido ultrapassa uma perspectiva meramente procedimental e formal. A partir de um olhar crítico, percebe-se que houve uma expansão formal da democracia, ao lado de enormes dificuldades de tomar decisões substantivas acerca de conteúdos efetivamente democráticos, no sentido da ampliação do acesso à riqueza, à cultura e à participação política pelas maiorias. No caso da democracia representativa, percebe-se que, se o eleitor escolhe pessoas envolvidas na tomada de decisão, não escolhe diretamente as decisões, o que outorga uma perigosa autonomia àqueles que decidem, numa espécie de "despotismo eletivo", complementado pelo poder técnico dos burocratas, que podem, por sua vez, promover uma pressão pelo segredo e pelo controle da informação. Foi exatamente para aperfeiçoar o processo democrático, restrito à democracia representativa, que foram criadas instâncias estratégicas como os conselhos: arenas de discussão das demandas e interesses presentes em áreas determinadas.

Há uma tensão entre o princípio sobre o qual se funda a representação política nos parlamentos e o princípio sobre o qual se funda a representação dos interesses em instâncias como os conselhos, sobretudo quando os representantes no parlamento ou nos conselhos orientam sua intervenção por uma perspectiva particularista e corporativa. Na representação parlamentar, o representante deveria primar pelos interesses gerais, sem voto vinculado. Mas, como temos assistido, em geral eles não fazem isso, salvo honrosas exceções. Na representação de interesses, há o voto vinculado entre representante e representado, mas, como projeto político, deveria ser buscado o interesse mais geral, para que os conselhos sejam instâncias de decisões substantivas de interesse público e não uma espécie de sistema neocorporativo, com o que essa experiência pode ser capturada por estruturas antigas, não se configurando como um mecanismo de aperfeiçoamento e ampliação da democracia participativa.

A democracia nasceu com a perspectiva de eliminar o poder invisível. As ações do governo deveriam ser públicas, transparentes, sem máscaras. De acordo com Kant, "todas as ações relativas ao direito de outros homens cuja máxima não é possível de se tornar pública são injustas" (*apud* Bobbio, 1986: 30). Então, "porque a publicidade é uma forma de controle, um expediente que permite distinguir o que é lícito do que não é" (Bobbio, 1986: 30), o controle público é ainda mais necessário nessa época em que vivemos. Se não se conseguir encontrar uma resposta adequada à questão do controle democrático, "a democracia, como advento do governo visível, está perdida" (1986: 31).

Contudo, com o neoliberalismo e a mundialização, colocam-se alguns constrangimentos para o controle democrático e a tomada de decisões substantivas, já que os Estados-nação têm, ao mesmo tempo, sua autonomia limitada e sua soberania afetada por alguns processos que representam desafios para a democracia. O maior exemplo, como se viu, é o corte de gastos sociais em função da imposição do superávit primário pelos acordos com o FMI. Mas existem inúmeros outros. A democracia não poderia ficar imune em tempos de barbárie.

Outros constrangimentos ao pleno desenvolvimento da democracia configuram-se, quando voltamos o olhar para a particularidade brasileira. O referido drama crônico, identificado por Fernandes (1987), ao caracterizar nossa transição conservadora para a modernidade, revela-nos, dentre outros aspectos, um país marcado pela restrição da democracia, mesmo em períodos aparentemente democráticos, a exemplo do intervalo entre 1946-1964 ou de 1989 até os dias de hoje. Mas tivemos experiências de ditaduras abertas

(1937-1945; 1964-1984) e períodos de transição, como entre 1985 e 1989; e só a partir da Constituição de 1988, incorporamos mecanismos de democracia participativa, como os Conselhos. Assim, nossas marcas são mais correntemente: o autoritarismo no Estado e na sociedade, a cultura senhorial, o patrimonialismo, o clientelismo, a privatização do público, a tutela, o favor.

Na reedição neoliberal desses traços, a partir dos anos 1990, mais uma vez, "a classe dominante brasileira é altamente eficaz para bloquear a esfera pública das ações sociais e da opinião como expressão dos interesses e direitos de grupos e classes sociais diferenciados e/ou antagônicos" (Chaui, 2000: 92). Elemento decisivo e sempre reatualizado é a difusão do mito de que somos um povo pacífico e ordeiro e que vive numa terra abençoada por Deus e pela natureza. Mito que esconde o país inaceitável e triste, contaminado pela doença romântica, e com uma formidável capacidade para produzir leis e não implementá-las. Portanto, transformar a intenção em gesto, realizar experiências de tomada de decisão realmente democráticas e até de radicalização da democracia é um desafio grande na formação social brasileira, marcada que é por uma cultura política resistente a tal perspectiva e por um tecido social hostil — repleto de assincronias e privações — ao seu espraiar. A consolidação da democracia no Brasil, portanto, passa por uma insistente vontade política para a construção de uma esfera pública nacional, soberana, consistente e visível, e a experiência dos Conselhos apontada constitucionalmente é parte fundamental desse processo. Essa esfera pública possui os seguintes componentes, segundo Raichelis (1998):

- *visibilidade*: transparência dos discursos e ações dos tomadores de decisões e para os implicados nessas mesmas decisões;
- *controle social*: participação da sociedade civil organizada na arbitragem dos interesses em jogo e acompanhamento das decisões segundo critérios pactuados;
- *representação de interesses coletivos*: constituição de sujeitos sociais ativos, mediadores de demandas coletivas;
- *democratização*: ampliação dos fóruns de decisão política, extrapolando os condutos tradicionais de representação e incorporando novos protagonistas, gerando uma interlocução pública capaz de articular acordos e entendimentos que orientem decisões coletivas;
- *cultura pública*: enfrentamento do autoritarismo social e da cultura privatista, de apropriação do público pelo privado.

Podemos observar, diante do exposto, que naqueles municípios e estados onde prevalece uma vontade político-econômica de promover mudanças nos padrões brasileiros de sociabilidade, orientando-se por princípios e compromissos ético-políticos democráticos, realiza-se um movimento que se dá numa tripla contraposição: 1) em relação às tendências antidemocráticas mais gerais que estão em pleno desenvolvimento no mundo; 2) em relação às manifestações do passado no presente, no Brasil, ou seja, à cultura política fortemente antidemocrática e que atravessa o Estado e a sociedade brasileiras;[32] e, 3) por fim, a contraposição em relação à atualização desses procedimentos e processos nos anos 1990, quando se aprofundaram a desigualdade social, a dependência e a subordinação ao mercado mundial e reiterou-se o conservadorismo e a condução antidemocrática das decisões significativas. Portanto, levar adiante a concepção de controle democrático, imprimindo aos conselhos e conferências em seus vários níveis e políticas públicas o sentido do controle democrático, da construção da esfera pública e do aprofundamento da democracia, significa "remar contra a maré", enfrentar obstáculos econômicos, políticos e culturais seculares e atuais no Estado (em todos os seus níveis) e na sociedade brasileiras.

As conquistas democráticas dos trabalhadores e do movimento popular nos anos 1980 traziam a perspectiva de uma ampla e profunda reforma democrática do Estado, que incluiu o novo estatuto dos municípios e a revisão do pacto federativo no país. No entanto, *a transformação desse projeto em processo* não pôde ser plenamente realizada, já que veio se deparando com obstáculos econômicos, políticos e culturais, o que exige persistência, uma vontade política forte e a compreensão de que estão sendo empreendidas mudanças de largo prazo. Qualquer expectativa de curto prazo pode ser frustrante para os que apostam nesse projeto, considerando as forças que a ele se opõem, hoje.

Pelo exposto, cabe a pergunta: será que os conselhos estão sendo efetivamente esse *locus* de uma nova articulação Estado/sociedade e de afirmação de direitos, os quais envolvem um processo de planejamento de ações e de alocação de recursos consolidado no orçamento público, baseados em

---

32. Porque não é possível separar um do outro, sob pena de satanizar o Estado e romantizar/idealizar a sociedade civil ou vice-versa. No campo do enfrentamento das expressões da questão social, essa cultura manifestou-se historicamente por ações que oscilaram entre o assistencialismo, a tutela e o favor, de um lado, e a repressão, de outro.

critérios de justiça social redistributivos e democráticos? A experiência de atuação nos conselhos permite dizer que nossas conquistas do processo de democratização da sociedade brasileira — embora também existam experiências muito positivas —, ao invés de ser alargadas e aprofundadas, podem estar sendo sistematicamente esvaziadas e por vezes até desqualificadas. Há conselhos que não deliberam ou nos quais os conselheiros da sociedade civil são indicados pelo poder governamental, a partir de critérios discutíveis e particularistas, num controle inadmissível sobre a sociedade civil, que deve ser autônoma para escolher seus representantes. Na verdade, os governos, reproduzindo a arraigada cultura política brasileira, querem uma sociedade civil bem-comportada, cordata, sob controle, que, ao invés de apresentar demandas sociais legítimas, contribua para a governabilidade — essa terminologia desmobilizadora e conservadora, que hoje é uma armadilha para a própria esquerda. E fazem tudo para isso: desde a cooptação por métodos clientelistas com maior ou menor sutileza, até regulamentações que não respeitam a legislação. Dependendo da concepção de democracia que orienta o poder governamental, este hostiliza diretamente os segmentos mais críticos da sociedade civil. Há, ainda, problemas quanto à capacitação dos conselheiros para exercer o controle democrático — e aqui a questão orçamentária é fundamental —, bem como pouco investimento na sua estrutura de funcionamento. Por vezes, os conselheiros, sobretudo os que representam os usuários, precisam de apoio para participação em reuniões, e o conselho necessita de assessorias sobre questões específicas, sendo que a falta de recursos crônica dificulta seu pleno funcionamento. Outra dificuldade importante relaciona-se à excessiva fragmentação e setorialização das políticas, o que dificulta a ocupação de espaços, principalmente por parte dos movimentos sociais e usuários.

Um outro aspecto fundamental é o de que a sociedade civil não é homogênea, sendo atravessada pelos interesses e tensões que fazem parte de uma sociedade cindida, de classes, além de outras contradições articuladas e/ou decorrentes desta. Portanto, não se pode ter uma visão romântica de que todos os representantes da sociedade civil estão defendendo os mesmos princípios e o interesse público. Na definição estratégica de quem tem compromisso com o interesse público e democrático, pode localizar-se a gênese de uma profunda alteração político-econômica e cultural, expressa num novo padrão de relação entre espaço institucional e práticas societárias, numa verdadeira reforma democrática do Estado brasileiro. Mas na sociedade civil também operam processos de adaptação às velhas estruturas que terminam por constituir obstáculos à viabilização da democracia. Por outro lado, a contra-reforma em curso no Brasil desde os anos 1990 exerce uma verdadeira pressão para que a proposta constitucional não saia do lugar de forma substantiva, seja criando políticas paralelas àquelas que supõem controle democrático, seja por meio do desfinanciamento imposto pela política econômica e compromissos internacionais, seja ainda por meio da cooptação de segmentos da sociedade civil — numa espécie de clientelismo mais sofisticado, o que antes designamos como neocorporativismo — na distribuição dos parcos recursos.

Portanto, a experiência dos conselhos como espaço de controle democrático espraiou-se territorial e politicamente, o que não significa que houve uma redemocratização efetiva do Estado brasileiro, mas que este é um processo em curso e em disputa, com potencialidades democráticas, mas também repleto de práticas antidemocráticas, pelas razões antes expostas. Por outro lado, é importante reconhecer e reforçar outros mecanismos de controle, como o ministério público, a imprensa, os conselhos de fiscalização das profissões e outros, mas, sobretudo, priorizar o fortalecimento dos movimentos sociais, tão necessários em período de ofensiva conservadora.

5. Expressões da questão social e política social no Brasil

Vimos nos itens anteriores que a trajetória recente das políticas sociais brasileiras, profundamente conectadas à política econômica monetarista e de duro ajuste fiscal, enveredou pelos caminhos da privatização para os que podem pagar, da focalização/seletividade e políticas pobres para os pobres, e da descentralização, vista como desconcentração e desresponsabilização do Estado, apesar das inovações de 1988. Essa escolha da política econômica, conjugada àquele perfil da política social, teve impactos deletérios na sociedade brasileira, radicalizando e dramatizando as expressões objetivas da questão social. O *Radar Social* (2005b), documento de monitoramento das condições de vida no Brasil, produzido pelo IPEA, órgão do Ministério do Planejamento, Orçamento e Gestão, ou seja, uma pesquisa governamental, com dados que vão até 2003, revela este país dual e desigual, a partir de vários indicadores.

Para o IPEA, apesar da existência de alguns pequenos avanços, a exemplo do aumento da expectativa de vida, da queda dos índices de incidência da exploração do trabalho de crianças, e de uma queda ainda pequena da mortalidade infantil, há uma persistência da pobreza e da desigualdade social. O Brasil está em penúltimo lugar entre o conjunto dos países do mundo em distribuição de renda: 1,7 milhão de brasileiros ricos, ou seja, 1% da população, se apropria da mesma soma de rendimentos familiares distribuída entre outros 86,5 milhões de pessoas (50% da população); 53,9 milhões de brasileiros (31,7% da população) sobrevivem com menos de R$ 160,00 mensais e são considerados pobres; e 21,9 milhões de brasileiros (12,9% da população) são indigentes, ou seja, possuem uma renda familiar *per capita* inferior a ¼ do salário mínimo.

O *Radar Social* indica que os programas focalizados nos indigentes, associados à estabilidade econômica e a alguma recuperação do poder de compra do salário mínimo, vêm tendo um efeito de diminuição da indigência, mas sem alterar a pobreza e a desigualdade. O estudo mostra ainda que 44,1% da população negra vivem em domicílios com renda *per capita* familiar inferior a meio salário mínimo, proporção que cai para 20,5% entre os brancos. Isso mostra que a estrutura da desigualdade brasileira tem cor e, incluímos, também gênero. Mas, neste último aspecto, é o *Relatório da Comissão Externa da Feminização da Pobreza* (2004), do Senado Federal, que nos informa acerca das condições alarmantes e desiguais das mulheres brasileiras.

Segundo esse Relatório, a proporção de mulheres que se concentra nas ocupações precárias (61%) é 13% superior à proporção de homens nessa mesma situação (54%). No caso das mulheres negras, essa proporção é de 71%, e 41% delas se concentram nas ocupações mais precárias e desprotegidas do mercado de trabalho. A tendência maior da mão-de-obra feminina ao desemprego é acentuada por variáveis de raça. A mulher negra apresenta uma desvantagem marcante nesse aspecto, com 13,6% de desemprego, em relação aos 10% das mulheres brancas. Essa desvantagem se agudiza no caso das mulheres jovens negras, que apresentam taxas alarmantes de desemprego, de 25%. Além disso, no que se refere ao emprego doméstico, as mulheres negras são maioria. Por essas razões, estas alcançam somente 39% dos rendimentos dos homens brancos.

Outra questão ressaltada nesse Relatório é o crescimento do número de famílias chefiadas por mulheres, o que tem atingido tanto mulheres pobres quanto não pobres, mas com conseqüências agudas para as primeiras. No ano de 1992, 19,3% dos domicílios eram chefiados por mulheres, percentual que saltou, em 2002, para 32,1% dos domicílios (46,4% na Região Norte e 43,4% na Região Sul, nas áreas urbanas). O Relatório mostra que 87,3% das mulheres chefes de família não tinham esposo, cônjuge ou companheiro. O aumento da responsabilidade feminina pelas famílias pode estar refletindo uma crescente participação da mulher nas decisões de âmbito familiar e no próprio sustento da família. Para esse estudo, raça e gênero se imiscuem para acentuar diferenças sociais. Em 1998, de acordo com a PNAD do IBGE, a proporção de famílias cujo chefe era uma mulher negra, mas com filhos, era de 20,7%, percentual que cai para 18,6% para as pardas e 15,1% para as brancas.

Voltando ao *Radar Social*, os indicadores de emprego confirmam tendências que apontamos anteriormente. Entre 1995 e 2003, o desemprego cresceu, segundo a metodologia do IBGE, de 6,2% para 10%, num processo em que a criação de postos de trabalho não acompanhou a destruição deles no contexto da reestruturação produtiva e da abertura comercial (Behring, 2003). Quanto à informalidade, esta se manteve alta em todo o período, com um leve decréscimo de 47,2% em 2002 para 45,5%, em 2003. Essa situação da população economicamente ativa é agravada pela queda na renda real dos trabalhadores e trabalhadoras como proporção da renda nacional, acompanhando as tendências internacionais no contexto do neoliberalismo.

No que se refere à educação, o Radar registra o analfabetismo de aproximadamente 11,6% da população de 15 anos ou mais, ou seja, 14,6 milhões de pessoas, o que se combina a taxas altas de evasão e reprovação escolar. As crianças têm acesso à escola, mas menos de 70% concluem o ensino fundamental. Essa situação catastrófica se manifesta de forma desigual pelos critérios de território e raça, tendo as áreas urbanas das regiões Sul e Sudeste indicadores melhores que as demais, e sendo a taxa de analfabetismo entre os negros 2,3 vezes maior. Há, ainda, um reduzido acesso aos níveis de ensino não-obrigatórios, a exemplo do ensino médio, que envolve apenas 41% dos jovens entre 15 e 17 anos, e do ensino superior, onde o funil fica ainda mais apertado. No que diz respeito à saúde, o *Radar Social* revela as dificuldades de acesso relacionadas à condição de pobreza e o aumento dos óbitos por causas externas, que atinge principalmente os homens, na faixa etária entre 15 e 39 anos, questão que retomaremos adiante. Sobre moradia, há uma concentração de mais de 80% da população em cidades, sem infra-estrutura básica, com baixa oferta de habitações populares, o que resulta em ocupações informais e irregulares para 9,8 milhões de pessoas, residências superlotadas (9,9% da população vivem nessas condições), excesso de aluguéis e segregação espacial. Tanto que, em 2000, havia cerca de 1,7 milhão de domicílios em favelas, envolvendo cerca de 6,6 milhões de pessoas. No Brasil, 28,5% da população, cerca de 41,8 milhões de pessoas, não têm acesso simultâneo a serviços de água, esgoto e coleta de lixo.

As conseqüências da combinação perversa entre recrudescimento da pobreza, suposta falta de recursos do Estado — porque já sabemos que eles existem para o pagamento de dívidas —, e impactos para a cobertura das políticas sociais são, portanto, realmente dramáticas. Cabe tirar da sombra desdobramentos de sérias e duradouras conseqüências sociais no Brasil, mas que são tendências em curso no mundo. Falamos do retorno do Estado policial.

A insegurança da existência se impõe à idéia de seguridade social, num ambiente marcado por momentos de inquietação pública nas grandes metrópoles, onde se concentra a pobreza, que hoje é mais urbana que rural, como mostra bem o *Radar Social*. Essa inquietação pública articula duas lógicas: a insurreição contra a discriminação e a injustiça social e contra a privação econômica e as desigualdades sociais. Tais rebeliões são desencadeadas pela juventude da classe trabalhadora, a exemplo das recentes manifestações das periferias francesas em 2005, de forma violenta, em resposta — na maioria das vezes desorganizada, mas que começa a ganhar articulações mais orgânicas — à *violência que vem de cima* e que é estrutural sobre os pobres. Essa violência "de cima" é composta de três elementos explosivamente combinados: o desemprego, o exílio em bairros decadentes e a estigmatização na vida cotidiana, em geral associada às dimensões étnico-raciais e de gênero, como vimos. Esse é um ambiente que está nos subúrbios de Paris e Nova York e nas favelas do Rio, São Paulo e Recife.

A convivência cotidiana com essa "violência que vem de cima", conforme a importante pesquisa de Wacquant (2001a: 29), tem gerado nas comunidades pobres um ambiente de enfado, desânimo e desespero, que na juventude ressoa como sensação de cerco social e raiva, o que se amplia com os maciços apelos midiáticos ao consumo como única condição para a dignidade social. Essa situação de verdadeira fissura social tem feito explodir insatisfações, protestos e levantes mistos, ou seja, que dão visibilidade social aos deserdados e são desencadeados por várias combinações de fatores e reivindicações diferenciadas. O autor qualifica esses movimentos de infrapolíticos, já que passam por fora dos mecanismos tradicionais de participação e manifestação política, tais como os partidos e os sindicatos, implicando um processo de ruptura civil, por vezes com recurso direto à força. Para Wacquant, esse é um ambiente generalizado, mas que será mais ou menos radicalizado dependendo dos níveis de consolidação da cidadania e da direção da alocação dos recursos públicos. As respostas institucionais têm oscilado entre a criminalização e a repressão até a politização e a renegociação coletiva dos direitos, mas com grande destaque para a ponta repressiva, num contexto de corte de recursos e crise da democracia.

Um exemplo importante é o dos EUA, com seu desenho de política social historicamente afastado da solidariedade social-democrata. Lá os gastos públicos com o encarceramento cresceram dez vezes mais a partir da "política estatal de criminalização das conseqüências da miséria do Estado" (Wacquant, 2001b: 27), acompanhando um crescimento, entre 1970 e 1991, de 314% da população carcerária — o que entre os negros representou um crescimento de 388% (2001b: 29). Parte desse aumento diz respeito à guerra ao tráfico de drogas, que tem significado uma perseguição aos vendedores de rua dos guetos. Essa política entupiu as celas e "escureceu" seus ocupantes e abriu espaços para uma verdadeira indústria do encarceramento com as prisões privadas — iniciativa que também começa a ser vista no Brasil. Essa estocagem dos pobres serve à regulação da miséria, ao armazenamento dos refugos do mercado para evitar a inquietação urbana nas grandes metrópoles.

No caso brasileiro, se aceitamos a tese de que temos aqui um processo de americanização perversa da política social (Vianna, 1998), apesar dos avanços legais da Constituição de 1988 e da legislação complementar que veio em seguida, isso significa uma forte dualização e corrosão da sociabilidade, conforme atestam os dados enunciados acima, que mostram a miséria do Estado para superar o estado da miséria, no contexto do ajuste fiscal neoliberal. São talvez menos conhecidos ou menos debatidos entre nós os dados sobre encarceramento, a não ser quando as rebeliões ganham as telas das TVs com cenas de forte impacto, como as freqüentes e violentas rebeliões dos jovens em situação de privação de liberdade em instituições despreparadas, como a Febem-SP, ou o conhecido caso do ônibus 174, no Rio de Janeiro (Sales, 2005), bem como os recentes acontecimentos de São Paulo, relacionados à facção criminosa organizada dentro das prisões, conhecida como PCC.

Consta que, no Brasil, nos últimos 10 anos morreram cerca de 600 mil pessoas, em sua maioria jovens com idade entre 15 e 25 anos, o que se aproxima dos dados do *Radar Social*, que mostra um crescimento de mortes por causas externas de 11,4%, em 1980, para 29,1% sobre 100 mil habitantes, em 2003. Aqui, ainda não são dados sobre o encarceramento, mas sobre o genocídio como forma de dominação política também no Brasil, com o argumento do combate ao tráfico de drogas: as forças policiais foram responsáveis por 915 homicídios em 2003, em São Paulo, segundo o *Radar Social*. Os anos 1990 registram um crescimento de cerca de 300% da população carcerária na era FHC, em sua maioria homens entre 18 e 30 anos, com ensino fundamental incompleto, sendo 42% mestiços e negros, segundo o Censo Penitenciário (TCU, 2002). Trata-se ou não do fortalecimento de um Estado penal em contraponto à reforma social democrata trazida pelo conceito de seguridade social? Pensando a partir das tradições políticas, econômicas e culturais brasileiras, esse componente de "violência de cima" é estrutural na nossa formação social. O que existiria de velho e novo aqui? Sem dúvida, temos um Estado penal que não é a sombra do americano, considerando que no Brasil os encarcerados — ao menos a maioria deles, que não têm direito ao privilégio elitista da prisão especial e não são chefes do crime organizado — são amontoados em condições subumanas e indignas.

O documento do TCU, *Relatório e pareceres prévios sobre as contas do Governo da República — Exercício de 2001* (Brasília, 2002), mostra a execução do Departamento Penitenciário Nacional que realiza a gestão do Fundo Nacional Penitenciário. Em 2001 gastaram-se R$ 237,6 milhões com a construção, ampliação e reforma das prisões, enquanto a assistência e a profissionalização dos presos custaram parcos R$ 5,6 milhões. Esse Fundo, em 1994, tinha uma dotação de R$ 24,2 milhões e, em 2001, já gastava R$ 258,1 milhões, num crescimento exponencial. O investimento na contratação de trabalhadores para a ressocialização dos presos oscila entre 6 e 13% do gasto nos vários estados brasileiros, com exceção de Santa Catarina, com um admirável investimento de 44,9% dos recursos nesse item. Ou seja, a maior parte dos recursos são investidos na contenção e na segurança.

O que se percebe nesses dados é uma tendência de crescimento dos gastos com prisões e polícia, ao passo que o gasto social brasileiro experimenta um crescimento vegetativo, o que significa, como reconhece o próprio *Radar Social* do IPEA, que infelizmente as respostas a essas situações não vêm se dando a partir de amplas, universais e sólidas políticas públicas, sociais e de geração de emprego e renda. Pelo contrário, os programas ainda são tímidos, focalizados e residuais, sobretudo na assistência e previdência social.

É importante concluir esta discussão apontando que a política social, no contexto do capitalismo em sua fase madura, não é capaz de reverter esse quadro, nem é essa sua função estrutural. Contudo, levar as políticas sociais ao limite de cobertura numa agenda de lutas dos trabalhadores é tarefa de todos os que têm compromissos com a emancipação política e a emancipação humana, tendo em vista elevar o padrão de vida das maiorias e suscitar necessidades mais profundas e radicais. Debater e lutar pela ampliação dos direitos e das políticas sociais é fundamental porque engendra a disputa pelo fundo público, envolve necessidades básicas de milhões de pessoas com impacto real nas suas condições de vida e trabalho e implica um processo de discussão coletiva, socialização da política e organização dos sujeitos políticos.

Filmografia

O ódio. França. 1995. Direção: Mathieu Kassovitz. Duração: 96 min.

Como nascem os anjos. Brasil. 1996. Direção: Murilo Sales. Duração: 96 min.

Central do Brasil. Brasil. 1998. Direção: Walter Salles. Duração: 112 min.

O primeiro dia. Brasil. 1999. Direção: Daniela Thomas e Walter Salles. Duração: 76 min.

Cronicamente inviável. Brasil. 2000. Direção: Sérgio Bianchi. Duração: 101 min.

Ônibus 174. Brasil. 2002. Direção: José Padilha. Duração: 174 min.

Carandiru. Brasil. 2003. Direção: Hector Babenco. Duração: 146 min.

Crash. No limite. Estados Unidos. 2004. Direção: Paul Haggis. Duração: 113 min.

Estamira. Brasil. 2004. Direção: Marcos Prado. Duração: 115 min.

Peões. Brasil. 2004. Direção: Eduardo Coutinho. Duração: 85 min.

Quanto Vale ou É Por Quilo. Brasil. 2005. Direção: Sérgio Bianchi. Duração: 104 min.

Considerações finais

Projeto ético-político do Serviço Social e política social

A rigor, um texto didático não requer uma conclusão. Contudo, pensamos que cabem algumas considerações acerca do sentido do debate da política social para o que se costumou chamar nos anos 1990 de projeto ético-político do Serviço Social brasileiro (Netto, 1999). Francisco de Oliveira, cuja importância para o pensamento social é incontestável, faz uma afirmação contundente: "deve-se dizer que sem os assistentes sociais a criação e a invenção de direitos no Brasil não teria conhecido os avanços que registra".[1] A categoria dos assistentes sociais não constitui um bloco homogêneo, em que todos possuem a mesma concepção de direitos, cidadania e política social, mas não podemos negar que teve e tem uma participação indiscutível na construção e na defesa dos direitos sociais, econômicos, políticos e culturais, nesse país onde o termo **direito** não faz parte do cotidiano daqueles que não têm acesso a ele por meio das políticas sociais.[2]

---

1. Prefácio de Francisco de Oliveira no livro de Behring, 2003: 15.
2. Essas reflexões foram desenvolvidas por Boschetti na conferência "O Serviço Social e a concretização dos direitos: reafirmando o projeto ético-político", no XI Congresso Brasileiro de Assistentes Sociais, em outubro de 2004, e parcialmente publicadas no artigo "Seguridade social e projeto ético-político do Serviço Social: que direitos para qual cidadania?" (2004b), e são aqui redimensionadas considerando os objetivos deste livro e a interlocução entre as autoras.

Contudo, o Código de Ética, a Lei de Regulamentação da Profissão e as Diretrizes Curriculares da ABEPSS trazem uma determinada concepção de direitos e de cidadania, que conforma esse projeto ético-político e profissional, e que configura uma hegemonia no meio profissional. Qual é essa concepção de direitos e de cidadania? É a mesma que orientou a instituição dos Estados sociais nos países capitalistas desenvolvidos?

Nesses países, a organização e a pressão das classes trabalhadoras, bem como a instituição do padrão fordista-keynesiano sob governos democráticos, que aliou desenvolvimento econômico e social regulado pelo Estado, com claros limites impostos ao mercado e políticas voltadas para o pleno emprego, permitiram a expansão dos direitos civis, sociais, econômicos, políticos e culturais, materializados pelas políticas sociais, como vimos. Mesmo após a "crise" desse padrão de acumulação, as transformações vivenciadas pelas políticas sociais estão longe de desmantelar os direitos conquistados, embora alguns direitos sociais tenham sofrido redução na sua abrangência. Ademais, quando as ameaças de perdas mais profundas se apresentam, a reação da sociedade é forte, como bem mostram as mobilizações francesas em defesa da previdência social e contra a flexibilização das relações de trabalho.

Nos países onde tal padrão de política social se desenvolveu, tanto a pobreza absoluta quanto as desigualdades econômica e social sofreram significativa redução, sem, contudo, ser extintas. Contribuiu para isso a implementação de políticas sociais com caráter redistributivo, universais, intencionadas pelo estabelecimento de igualdade de condições e não apenas pela igualdade de oportunidades, embora saibamos que estas não foram e não são capazes de acabar com as desigualdades sociais, dada sua incapacidade de agir na estrutura de produção e reprodução do capital. Entretanto, é inegável que contribuíram para ampliar os direitos e a cidadania, para além até da marshalliana, que limitava a cidadania aos direitos civis, políticos e sociais. As políticas sociais, orientadas pela óptica da materialização de direitos legalmente reconhecidos e legitimamente assegurados, instituíram o princípio da desmercadorização dos programas, projetos e serviços, e possibilitaram aos cidadãos se manter sem depender do mercado, contribuindo, assim, para mudar a relação entre cidadania e classe social, ainda que as relações econômicas e sociais não tenham sido estruturalmente transformadas no sentido de extinguir a sociedade de classes.

Porém, não é essa concepção que sustenta nosso projeto político profissional. No Brasil — pudemos observar isso ao longo do livro — ainda estamos longe desse Estado democrático de direitos e das políticas sociais a ele correspondentes. Chegar a ele seria uma grande conquista! E os assistentes sociais têm sido partícipes dessa luta árdua. Mas o nosso projeto ético-político profissional não se contenta com o modelo capitalista do Estado de direitos. O projeto ético-político do Serviço Social brasileiro é qualificado por Netto como conjunto de

> valores que a legitimam socialmente, delimitam e priorizam seus objetivos e funções, formulam os requisitos (teóricos, institucionais e práticos) para o seu exercício, prescrevem normas para o comportamento dos profissionais e estabelecem as balizas de sua relação com os usuários de seus serviços, com as outras profissões e com as organizações e instituições sociais. (1999: 95)

Ele é resultado de um longo e coletivo processo construído nas últimas três décadas e capitaneado pelas entidades nacionais da categoria, e tem seus valores e pilares definidos no Código de Ética Profissional, na Lei de Regulamentação da Profissão e nas Diretrizes Curriculares aprovadas pela ABEPSS em 1996, que vêm orientando a atuação do Serviço Social tanto no âmbito da formação quanto do exercício profissional.

A perspectiva de direitos e de cidadania orientada por esse projeto ético-político vem sendo assumida e defendida em diferentes dimensões. Do ponto de vista teórico, vários intelectuais, pesquisadores, professores e estudantes vêm realizando pesquisas e produções que sustentam um padrão de direitos, cujos princípios se coadunam e reforçam aqueles expressos no projeto ético-político. No âmbito político-profissional, as entidades da categoria vêm envidando esforços memoráveis na disseminação de uma concepção de direitos sintonizada e orientada pelo projeto ético-político profissional, seja pela via da organização coletiva e articulação com movimentos sociais, seja pela realização de debates e socialização de informações, seja pela inserção nos espaços coletivos de controle democrático das políticas sociais que materializam direitos, seja, por fim, pela via do acompanhamento e qualificação da intervenção profissional nos espaços sócio-ocupacionais.

Qualificar e precisar a concepção de direitos, cidadania e política social pressupõe discutir os limites e as possibilidades dos direitos no capitalismo, e a particularidade brasileira: um país historicamente heterônomo, subordinado econômica e politicamente aos ditames do capitalismo mundial e das políticas de ajuste determinadas pelas agências internacionais. É preciso entender que os direitos no capitalismo são capazes de reduzir desigualdades, mas não são e não foram até aqui capazes de acabar com a estrutura de classes e, portanto, com o motor da produção e reprodução das desigualdades, já que a existência e persistência da pobreza e das desigualdades sociais são determinadas pela estrutura capitalista de apropriação privada dos meios de produção e da riqueza socialmente produzida (Marx, 1987) e não apenas pela não distribuição eqüânime de seus produtos.

O reconhecimento desses limites não invalida a luta pelo reconhecimento e afirmação dos direitos nos marcos do capitalismo, mas sinaliza que a sua conquista integra uma agenda estratégica da luta democrática e popular, visando a construção de uma sociedade justa e igualitária. Essa conquista no âmbito do capitalismo não pode ser vista como um fim, como um projeto em si, mas como via de ingresso, de entrada, ou de transição para um padrão de civilidade que começa pelo reconhecimento e garantia de direitos no capitalismo, mas que não se esgota nele.

Ao adotar a liberdade como valor central, nosso projeto assume, o "compromisso com a autonomia, a emancipação e a plena expansão dos indivíduos sociais. Conseqüentemente, o projeto profissional vincula-se a um projeto societário que propõe a construção de uma nova ordem social, sem dominação e/ou exploração de classe, etnia, ou orientação sexual" (CFESS, 1993). Claro está, portanto, que reafirmar direitos e políticas sociais no âmbito do capitalismo e lutar por eles, tendo como projeto uma sociedade justa e igualitária, não significa contentar-se com os direitos nos marcos do capitalismo. Essa é uma estratégia para o estabelecimento de condições objetivas de construção de outra forma de sociabilidade. Quando temos clareza de seus limites, bem como de sua natureza contraditória, vemos a política social como ela é: pode assumir tanto um caráter de espaço de concretização de direitos dos trabalhadores, quanto ser funcional à acumulação do capital e à manutenção do *status* vigente.

Contrariando as forças que aceitam e/ou reforçam as investidas do capital especulativo, os assistentes sociais ousam permanecer na contracorrente e sustentam a defesa e a reafirmação de direitos e políticas sociais que, inseridos em um projeto societário mais amplo, são capazes de cimentar as condições econômicas, sociais e políticas que contribuem para construir as vias da igualdade, num processo que não se esgota na garantia da cidadania burguesa. A nossa concepção de cidadania pressupõe instituir direitos que se pautem pelos seguintes princípios: universalização do acesso aos direitos, com superação da lógica contratualista do seguro social que ainda marca a previdência, de modo a fazer dos direitos uma via para a eqüidade e justiça social; qualificação legal e legitimação das políticas sociais como direito, pois só por esse ângulo é possível comprometer o Estado como garantidor da cidadania (Telles, 1999); orçamento redistributivo, com ênfase na contribuição de empregadores e no orçamento fiscal de modo a onerar o capital e desonerar os trabalhadores, tornando os direitos sociais redistributivos; estruturação radicalmente democrática, descentralizada e participativa, de modo a socializar a participação política.

Esses são requisitos essenciais apontados pelo projeto ético-político do Serviço Social, em que a ampliação e a consolidação dos direitos, entendidas como tarefa de toda a sociedade, mas como dever legal do Estado na sua garantia, são vistas como condição para a ampliação da cidadania, e em que a democratização é compreendida como "socialização da participação política e socialização da riqueza socialmente produzida" (Netto, 1999: 105). Nessa acepção, a cidadania é muito mais que um conjunto de direitos concretizados por políticas sociais. Não é simples conjugação de programas, projetos, bens e serviços fragmentados, pulverizados, desconectados, desrespeitados legalmente, restritivos e provocadores de dualidades, não é apenas assegurada pela boa gestão tecnocrática. Na perspectiva do projeto ético-político profissional, a cidadania, tal como expressa em diversos documentos e exemplarmente sintetizada na *Carta de Maceió* (CFESS/CRESS, 2001), é um

> campo de luta e de formação de consciências críticas em relação à desigualdade social no Brasil e de organização dos trabalhadores; é um terreno de embate que requer competência teórica, política e técnica; que exige uma rigorosa análise crítica da correlação de forças entre classes e segmentos de classe e que força a construção de proposições que se contraponham às reações das elites político-econômicas do país.

Essa perspectiva, que envolve a socialização da riqueza, que pressupõe a universalização dos direitos sociais, políticos, econômicos e culturais, concebe a cidadania como via de acesso, como caminho para instituir as bases de construção de uma sociedade socialista, que começa a se cimentar na sociedade capitalista, mas que parte da negação de seus pressupostos para, explorando suas contradições, construir aquela outra sociedade.

A construção, difusão e efetivação dessa concepção de direitos, de cidadania e de política social é tarefa árdua e encontra barreiras tanto estruturais quanto conjunturais. Nesse sentido, não podemos deixar de ter uma perspectiva de totalidade e reconhecer, objetivamente, os limites e condicionalidades impostos pela estrutura econômica e pela conjuntura política. Por outro lado, também não podemos nos render ao conformismo e ao desencanto, acirrados pelas dificuldades, e, com isso, correr o risco de abandonar a historicidade e de não ver a história como processo aberto e como uma "hemorragia de sentidos" (Bensaid, 1999). Assim, é importante ter claro que, hoje, diferentemente do que muitos esperavam em 2002, do ponto de vista econômico, as políticas que vêm sendo implementadas pelo atual governo não rompem com o favorecimento do capital financeiro, não assumiram uma intenção radical de reestruturar a organização do trabalho em favor dos trabalhadores e não caminham para uma efetiva socialização da riqueza produzida. Do ponto de vista político, as forças que têm hegemonia no Estado brasileiro e que vêm se cristalizando no poder há décadas são forças conservadoras, são forças de resistência a projetos de radicalização da democracia. E o governo "democrático-popular" que assumiu o poder em 2003, para se eleger, de forma pragmática, incorporou essas forças conservadoras, estreitou a agenda e restringiu o projeto de Estado e de sociedade que foram base das campanhas eleitorais em 1989 e 1994. E quando este governo chega ao poder, encontra um país cujas bases econômicas, sociais e políticas foram severamente minadas nos últimos anos, como demonstramos, sobretudo no último capítulo do livro, no que se refere à política social. Hoje, é preciso reconstruir um país que foi nacionalmente destruído. As exigências e as necessidades são muito maiores que "resgatar a dívida social e redemocratizar o país". Hoje, temos um país econômica, moral e socialmente destroçado e precisamos de ações governamentais incisivas e radicais.

As condições políticas estabelecidas em função da agenda e das alianças levadas a termo e que conduziram o governo Lula ao poder estão longe de assegurar esse caminho necessário para a materialização do projeto ético-político, que é muito mais amplo e com um projeto de sociedade muito mais progressista que os programas de todos os candidatos que disputaram a eleição presidencial em 2002 e, mais ainda, em 2006. Na verdade, é um tanto idealista a aposta num projeto de governo como via de concretização do projeto ético-político e profissional, visto que este foi forjado nas lutas das esquerdas brasileiras a partir da década de 1980, de forma autônoma, com base na perspectiva de lutar pela construção de uma sociedade socialista, independente do governo que estiver no poder.

A estratégia de viabilização do nosso projeto passa por resgatarmos e exercitarmos algumas perspectivas que orientaram a formulação desse projeto desde sua origem. A primeira é termos uma visão histórico-processual da realidade: o que significa dizer que devemos reconhecer os limites dados pela estrutura econômica capitalista, mas devemos acreditar que todas as coisas e todas as idéias se movem, se transformam, se desenvolvem, porque são processos. Entretanto, só se tornam processos pela ação de homens e mulheres, sujeitos coletivos capazes de transformar a história e tecer cotidianamente as condições objetivas e subjetivas necessárias para materializá-lo.

Decorrente e ao mesmo tempo determinante dessa primeira estratégia, a segunda é reconhecer o Estado e a sociedade como espaços contraditórios, ainda que exista uma hegemonia conservadora. Nesse sentido, nem o Estado nem o governo que está no poder e nem a sociedade ou as instituições que a conformam são blocos monolíticos e homogêneos; eles são constituídos por forças sociais em confronto. Explorar as contradições é disputar espaços e lutar pela hegemonia, é buscar construir a contra-hegemonia; é reconhecer que a totalidade é constituída de elos indissociáveis e, que, portanto, embora não apareça no imediato, toda ação terá implicações no todo. Isso significa que, mesmo que não se consiga mudar o todo no imediato, as mudanças cotidianas e imediatas têm e terão implicações na totalidade, porque as conexões que existem entre realidades diferentes criam unidades contraditórias. Desse modo, um desafio do nosso projeto é reconhecer que os limites que existem são essencialmente mutáveis, relativos, provisórios, se suprimem, se deslocam e se suprimem novamente, em função de suas contradições internas que devem ser exploradas. É preciso, também, não confundirmos Estado com governos; estes passam, o Estado fica e é a perspectiva de transformação do Estado que deve orientar nossas ações, no sentido de materializar aquela concepção de direitos, de cidadania e de política social que, inegavelmente, passa pela responsabilidade do Estado.

É nessa perspectiva que a terceira dimensão estratégica de viabilização do nosso projeto passa por uma postura político-profissional que articula fortalecimento das instituições democráticas e articulação e fortalecimento dos movimentos sociais. Quanto ao fortalecimento das instituições democráticas, ou, em outras palavras, da consolidação do Estado democrático de direito, nosso projeto orienta-se não pela negação das instituições democráticas, mas pela sua ocupação, transformação e consolidação, com a perspectiva de fortalecer os direitos amplos e irrestritos das classes trabalhadoras. Isso significa, do ponto de vista profissional, ocupar espaços públicos e estatais estratégicos que possam viabilizar a formulação e realização dos direitos, de modo a imprimir nestes os valores e princípios que defendemos. Quanto ao fortalecimento dos movimentos sociais, essa postura é essencial para não restringir a materialização do projeto ao âmbito institucional. Fazer história requer lutas coletivas, exige situar o indivíduo e a atuação profissional nas lutas mais gerais dos trabalhadores. Acreditar no projeto e investir no fortalecimento das instituições democráticas não significa lançar-se individual ou isoladamente em lutas contra "moinhos de vento". Ao contrário, trata-se de reconhecer que a consolidação da democracia, da cidadania e das políticas sociais, como ante-sala da construção de uma sociedade socialista, requer o fortalecimento das lutas e movimentos sociais mais gerais de defesa dos interesses das classes trabalhadoras; significa não sucumbir à visão de sociedade como conjunto de organizações não-governamentais movidas por interesses solidários gerais e pretensamente desprovidas de interesses de classe; requer ver a sociedade como, parafraseando Marx, "teatro de toda história" e, portanto, prenhe de interesses contraditórios e forças em confronto. Nessa perspectiva, um desafio posto ao nosso projeto, na dimensão da intervenção política, é articular forças e construir alianças estratégicas com os que sofrem opressões econômicas e de classe, no campo racial, de orientação sexual, gênero, e outras, que têm como projeto uma sociedade justa, fraterna, igual e capaz de autodeterminar seu futuro.

Bibliografia

ABRAHAMSON, P. Regimenes europeus del bienestar y políticas sociales europeas: convergencia de solidaridades? In SARASA, S.; MORENO, L. (orgs.). *El Estado del bienestar em la Europa del Sur.* Madrid: Consejo Superior de Investigaciones Cientificas, Instituto de Estudios Sociales Avanzados, 1995.

_____. Neoliberalismo, pluralismo de bem-estar e configuração das políticas sociais. In: BOSCHETTI, I. et al. (org.) *Política social: alternativas ao neoliberalismo.* Brasília: SER/UnB, 2004.

AFONSO, J.; ARAÚJO, E. *2003: uma análise da carga tributária global estimada.* Rio de Janeiro: BNDES, 2004. Disponível em: <http://www.federativo.bndes.gov.br> Acesso em: 20 dez. 2004.

AGLIETTA, M. *Regulación y crisis del capitalismo.* Madrid: Siglo Veintiuno, 1991.

AGUIAR, A. G. *Serviço Social e filosofia: das origens a Araxá.* 4. ed. São Paulo: Cortez, 1989.

ANDERSON, P. *Considerações sobre o marxismo ocidental.* Porto: Afrontamento, 1976.

_____. Balanço do neoliberalismo. In: SADER, E.; GENTILI, P. (orgs.). *Pós-neoliberalismo: as políticas sociais e o Estado democrático.* Rio de Janeiro: Paz e Terra, 1995.

BARAN, P.; SWEEZY, P. *Capitalismo monopolista: ensaio sobre a ordem econômica e social americana.* 3. ed. Rio de Janeiro: Zahar, 1978.

BARBALET, J. M. Teorias da cidadania. In: BARBALET, J. M. *A cidadania.* Lisboa: Estampa, 1989.

BEHRING, E. R. *A política social no capitalismo contemporâneo: um balanço crítico-bibliográfico.* Dissertação de Mestrado. Rio de Janeiro: Programa de Pós-Graduação em Serviço Social, Escola de Serviço Social, Universidade Federal do Rio de Janeiro,1993. (mimeo.)

_____. *Política social no capitalismo tardio*. São Paulo: Cortez, 1998.

_____. Principais abordagens teóricas da política social e da cidadania. *Política Social — Módulo 03*. Programa de Capacitação Continuada para Assistentes Sociais. Brasília: CFESS/ABEPSS/CEAD-UnB, 2000a.

_____. As reformas na política de assistência social: da benemerência ao direito social, da solidariedade às parcerias entre o público e o privado. *Universidade e Sociedade*, n. 22. Brasília: Andes, nov. 2000b.

_____. Os Conselhos de Assistência Social e a construção da democracia. *Política de Assistência Social: uma trajetória de avanços e desafios. Cadernos ABONG*. Brasília: ABONG/CFESS/CNTSS, nov. 2001.

_____. Brasil em contra-reforma: desestruturação do Estado e perda de direitos. São Paulo: Cortez, 2003.

_____. Política social: notas sobre o presente e o futuro. In: BOSCHETTI, I. et al. (org.). *Política social: alternativas ao neoliberalismo*. Brasília: SER/UnB, 2004.

BENSAID, D. *Marx, o intempestivo: grandezas e misérias de uma aventura crítica*. Rio de Janeiro: Civilização Brasileira, 1999.

BEVERIDGE, Sir W. *Social Insurance and Allied Service. The Beveridge Report in Brief*. Londres: H. M. Stationery Office, 1942.

_____. *O Plano Beveridge: Relatório sobre o seguro social e serviços afins*. Rio de Janeiro: José Olympio, 1943.

BIONDI, A. *O Brasil privatizado: um balanço do desmonte do Estado*. São Paulo: Ed. Fundação Perseu Abramo, 1999.

_____. *O Brasil privatizado II: o assalto das privatizações continua*. São Paulo: Ed. Fundação Perseu Abramo, 2000.

BOBBIO, N. *O futuro da democracia*. 5. ed. São Paulo: Paz e Terra, 1986.

_____. *Liberalismo e democracia*. São Paulo: Brasiliense, 1988.

BOSCHETTI, I. Saídas para a "crise": o debate teórico em torno do programa de renda mínima francês. In: SPOSATI, A. (org.). *Renda mínima e crise mundial: saída ou agravamento?* São Paulo: Cortez, 1997.

_____. Direito à renda ou direito ao trabalho? *Inscrita*, n. 4, Brasília: CFESS, maio 1999.

_____. Previdência e Assistência: uma unidade de contrários na seguridade social. *Universidade e Sociedade — Revista da ANDES-SN*, n. 22. Brasília: ANDES-SN, 2000.

BOSCHETTI, I. *Assistência Social no Brasil: um direito entre originalidade e conservadorismo*. Brasília: GESST/SER/UnB, 2001. (2. ed. rev. ampl. 2003)

_____. O desenho das diretrizes curriculares e dificuldades na sua implementação. *Temporalis*, n. 8. Porto Alegre: Abepss, 2004a.

_____. Seguridade social e projeto ético-político do Serviço Social: Que direitos para qual cidadania? *Serviço Social e Sociedade*, São Paulo, v. 79, 2004b, p. 108-132.

_____. O SUAS e a Seguridade Social. *Cadernos de Textos da V Conferência Nacional de Assistência Social*. Brasília: CNAS/MDS, 2005.

_____. *Seguridade social e trabalho: paradoxos na construção das políticas de previdência e assistência social*. Brasília: Letras Livres/Editora da UnB, 2006.

BOSCHETTI, I.; BEHRING, E. R. Seguridade social pública e perspectivas no governo Lula. *Universidade e Sociedade — Revista da ANDES-SN*, n. 30. Brasília: ANDES-SN, 2003.

BOSCHETTI, I.; SALVADOR, E. da S. Orçamento da seguridade social e política econômica: perversa alquimia. *Serviço Social e Sociedade*. São Paulo, v. 87, 2006. p. 25-57.

BOTTOMORE, T. (org.). *Dicionário do pensamento marxista*. Rio de Janeiro: Zahar, 1988.

BRASIL. *Constituição da República Federativa do Brasil*. Brasília: Gráfica do Senado Federal, 1988.

BRASIL, Presidência da República. *Lei de regulamentação da profissão de assistente social*, n. 8.662, de 7 de junho de 1993, publicada no DOU de 8 de junho de 1993.

BRASIL, Presidência da República. *Lei orgânica da Assistência Social*, n. 8.742, de 7 de dezembro de 1993, publicada no DOU de 8 de dezembro de 1993.

BRASIL, Presidência da República. *Lei orgânica da Previdência Social*, n. 8.213, de 24 de julho de 1991, atualizada e publicada no DOU de 11 de abril de 1996.

BRASIL, Presidência da República. *Lei orgânica da Saúde*, n. 8.142, de 28 de dezembro de 1990 e Lei n. 8.080, de 19 de setembro de 1990.

BRASIL, Presidência da República. *Lei orgânica da Seguridade Social*, n. 8.212, de 24 de julho de 1991, atualizada e publicada no DOU de 11 de abril de 1996.

BRASIL, Ministério da Administração e de Reforma do Estado (MARE). *Plano Diretor da Reforma do Estado*. Brasília: 1995.

BRASIL, Ministério do Desenvolvimento Social e Combate à Fome. *Política Nacional de Assistência Social (PNAS)*. Brasília, nov. 2004.

POLÍTICA SOCIAL: FUNDAMENTOS E HISTÓRIA

BRASIL. TCU. Tribunal de Contas da União. *Relatório e pareceres prévios sobre as contas do Governo da República.* Brasília, 1998, 2000, 2002 e 2005.

BRASIL. *Constituição da República Federativa do Brasil de 1988. Atualizada até 2004.* Brasília: Senado Federal, 2004.

BRAVO, M. I. S. *Serviço Social e reforma sanitária: lutas sociais e práticas profissionais.* São Paulo/Rio de Janeiro: Cortez/Ed. da UFRJ, 1996.

_____. As políticas brasileiras de seguridade social: saúde. *Política Social — Módulo 03.* Programa de Capacitação Continuada para Assistentes Sociais. Brasília: CFESS/ABEPSS/CEAD-UnB, 2000.

BRAVO, M. I. S; PEREIRA, P. A. P. *Política social e democracia.* São Paulo: Cortez, 2001.

BRAZ, M. O valor estratégico da seguridade social pública na realidade brasileira atual. *Universidade e Sociedade — Revista da ANDES-SN,* n. 30. Brasília: ANDES-SN, 2003.

BRAZ, M.; NETTO, J. P. *Economia política: uma introdução crítica.* São Paulo: Cortez, 2006. (Biblioteca Básica de Serviço Social)

BRESSER PEREIRA, L. C. *Crise econômica e reforma do Estado no Brasil: para uma nova interpretação da América Latina.* São Paulo: Editora 34, 1996.

CABRAL, M. S. R. As políticas brasileiras de seguridade social: previdência social. *Política Social — Módulo 03.* Programa de Capacitação Continuada para Assistentes Sociais. Brasília: CFESS/ABEPSS/CEAD-UnB, 2000.

CANO, W. *Reflexões sobre o Brasil e a nova (des)ordem internacional.* 3. ed. Campinas/São Paulo: Unicamp/Fapesp, 1994.

CARNOY, M. *Estado e teoria política.* 2. ed. Campinas: Papirus, 1988.

CARVALHO, D. B. B. de. Políticas setoriais e por segmento: criança e adolescente. *Política Social — Módulo 03.* Programa de Capacitação Continuada para Assistentes Sociais. Brasília: CFESS/ABEPSS/CEAD-UnB, 2000.

CASTEL, R. La diagonale du pauvre. In: CASTEL, R. *Le Revenu Minimum d'Insertion: une dette sociale.* Paris: L'Harmattan, 1992.

_____. *As metamorfoses da questão social: uma crônica do salário.* Petrópolis: Vozes, 1998.

CBCISS. Centro Brasileiro de Cooperação e Intercâmbio de Serviços Sociais. *Teorização do Serviço Social. Documentos de Araxá (1967), Teresópolis (1970), Sumaré (1978).* 2. ed. Rio de Janeiro: Agir, 1986.

CFESS. Conselho Federal de Serviço Social. *Código de Ética do Assistente Social.* Aprovado pela resolução CFESS n. 273/93, e modificado pelas resoluções CFESS n. 290/94 e 333/96. 3. ed. rev. amp. Brasília: CFESS, 1997.

CFESS. (org.). *Assistentes sociais no Brasil: elementos para o estudo do perfil profissional*. Brasília: CFESS, 2005.

_____. *Conselhos de políticas e de direitos: potencialidades de transformação social*. Levantamento sobre participação do Conjunto CFESS/CRESS em conselhos de políticas e de direitos, apresentado em palestra proferida pela conselheira Ivanete Boschetti no 35 Encontro Nacional CFESS/CRESS. Vitória, set. 2006.

_____. *Carta de Maceió*. www.cfess.org.br

CHAUI, M. *Brasil: mito fundador e sociedade autoritária*. São Paulo: Fundação Perseu Abramo, 2000.

CHESNAIS, F. *A mundialização do capital*. São Paulo: Xamã, 1996.

CIGNOLLI, A. *Estado e força de trabalho*. São Paulo: Brasiliense, 1985.

COHN, A. Mudanças econômicas e políticas de saúde no Brasil. In: LAURELL, A. C. (org.). *Estado e políticas sociais no capitalismo*. São Paulo: Cortez/Cedec, 1995.

COIMBRA, M. A. et al. *Política social e combate à pobreza*. Rio de Janeiro: Zahar, 1987.

COSTA, M. D. Política social e a formação para o Serviço Social. *Serviço Social & Sociedade*, n. 1. São Paulo: Cortez, 1979.

COUTINHO, C. N. *O estruturalismo e a miséria da razão*. Rio de Janeiro: Paz e Terra, 1972.

_____. *Gramsci: um estudo sobre seu pensamento político*. Rio de Janeiro: Campus, 1989.

_____. *Marxismo e política. A dualidade de poderes e outros ensaios*. 2. ed. São Paulo: Cortez, 1996.

_____. Notas sobre cidadania e modernidade. *Praia Vermelha*, n. 1. Rio de Janeiro: UFRJ, 1997.

DORION, G.; GUIONNET, A. *La sécurité sociale*. 4. ed. Paris: PUF, 1993.

DRAIBE, S. M. As políticas sociais brasileiras: diagnósticos e perspectivas. In: IPEA/IPLAN. *Para a década de 90: prioridades e perspectivas de políticas públicas*. Brasília: IPEA/IPLAN, mar. 1990, v. 4.

_____. As políticas sociais e o neoliberalismo. *Revista USP*, n. 17. São Paulo: Ed. da USP, 1993.

DRAIBE, S. M.; AURELIANO, L. A especificidade do "Welfare State" brasileiro. In: MPAS/CEPAL. *A política social em tempo de crise: articulação institucional e descentralização*. Brasília: MPAS/CEPAL, 1989, v. 3.

DUFOURCQ, N. Sécurité sociale: le mythe de l'assurance. *Revue Droit Social*, Paris, n. 3, mars 1994.

DUMENIL, G.; LÉVY, D. O imperialismo na era neoliberal. In: BOSCHETTI, I. et al. (org.). *Política social: alternativas ao neoliberalismo*. Brasília: SER/UnB, 2004.

DUMONT, J.-P. *Les systèmes de protection sociale en Europe*. 3. ed. Paris: Économica, 1995.

DURIGUETTO, M. L. *Democracia: polêmicas, confrontos e direcionamentos*. Tese de Doutorado. Rio de Janeiro: Programa de Pós-Graduação em Serviço Social, Escola de Serviço Social, Universidade Federal do Rio de Janeiro, 2003.

DURKHEIM, É. *As regras do método sociológico*. 13. ed. São Paulo: Nacional, 1987.

ESPING-ANDERSEN, G. As três economias políticas do *Welfare State. Lua Nova*, n. 24. São Paulo: Marco Zero/Cedec, set. 1991.

EWALD, F. *L'Etat providence*. Paris: Bernard Grasset, 1986.

_____. *Histoire de l'Etat providence*. Paris: Bernard Grasset, 1996.

FALEIROS, V. P. *Política social do Estado capitalista*. São Paulo: Cortez, 1980.

_____. *O que é política social*. São Paulo: Brasiliense, 1986.

_____. A questão da assistência social. *Serviço Social & Sociedade*, n. 30. São Paulo: Cortez, 1989.

_____. Natureza e desenvolvimento das políticas sociais no Brasil. *Política Social — Módulo 3*. Programa de Capacitação Continuada para Assistentes Sociais. Brasília: CFESS/ABEPSS/CEAD-UnB, 2000.

FAUSTO, B. *A Revolução de 1930: historiografia e história*. São Paulo: Brasiliense, 1975.

FBO. Fórum Brasil de Orçamento. *Superávit primário: cadernos para discussão*. Brasília: FBO, 2004. (2. ed. 2005)

FERNANDES, F. *Nova República?* 3. ed. Rio de Janeiro: Zahar, 1986.

_____. *A Revolução Burguesa no Brasil: ensaio de interpretação sociológica*. 3. ed. Rio de Janeiro: Guanabara, 1987.

FILGUEIRA, Fernando. *Tipos de welfare y reformas sociales en América Latina: eficiencia, residualismo y ciudadania estratificada*. Guadalajara: 1997 (mimeo.).

FLEURY, S. *Estado sem Cidadãos: seguridade social na América Latina*. Rio de Janeiro: Editora Fiocruz, 1994.

_____. A seguridade social inconclusa. In: FLEURY, S. *A era FHC e o governo Lula: transição?* Brasília: Inesc, 2004.

FLORA, P.; HEIDENHEIMER, A. *The Development of Welfare State in Europe and in America*. New Brunswig: Transaction Books, 1981.

FOLHA DE S. PAULO. São Paulo, 24 maio 1998. Caderno Cotidiano.

FOUCAULT, M. *Vigiar e punir.* 13. ed. Petrópolis: Vozes, 1996.

GERSCHMAN, S. *A democracia inconclusa: um estudo da reforma sanitária brasileira.* Rio de Janeiro: Fiocruz, 1995.

GOETHE, J. V. *Fausto.* São Paulo: A Girafa, 2006.

GOUGH, I. *Economia política del Estado del bienestar.* Trad. de Gregorio Rodriguez Cabrero. Madrid: H. Blume Ediciones, 1982.

GRAMSCI, A. Americanismo e fordismo. In: GRAMSCI, A. Cadernos do Cárcere. Tr. De Carlos Nelson Coutinho e Luíz Sérgio Henriques, v. 4. Rio de Janeiro: Civilização Brasileira, 2001.

GUSMÃO, R. A ideologia da solidariedade. *Serviço Social & Sociedade,* n. 62. São Paulo: Cortez, 2000.

HAGGARD, S.; KAUFMAN, R. *The Politics of Economic Adjustement: International Constraints, Distributive Conflits and the State.* New Jersey: Princeton University Press, 1992.

HARVEY, D. *Condição pós-moderna: uma pesquisa sobre as origens da mudança cultural.* São Paulo: Edições Loyola, 1993.

HOBSBAWM, E. *Era dos extremos: o breve século XX.* São Paulo: Companhia das Letras, 1995.

HUSSON, M. *Miséria do capital: uma crítica do neoliberalismo.* Lisboa: Terramar, 1999.

IAMAMOTO, M. A questão social no capitalismo. *Temporalis,* n. 3. Brasília: ABEPSS/ Grafline, 2001.

_____. Projeto profissional, espaços ocupacionais e trabalho do assistente social na atualidade. In: CFESS. *Atribuições privativas do(a) assistente social em questão.* Brasília: CFESS, 2002.

_____. *Serviço Social no tempo do capital fetiche.* Tese apresentada à Faculdade de Serviço Social da UERJ para concurso de professora titular. Rio de Janeiro, fev. 2005.

IAMAMOTO, M.; CARVALHO, R. *Relações sociais e Serviço Social no Brasil.* São Paulo: Celats/Cortez, 1982.

IANNI, O. A dialética da história. In: D'INCAO, M. A. (org.). *História e ideal: ensaios sobre Caio Prado Júnior.* São Paulo: Unesp/Brasiliense, 1989.

_____. *A idéia de Brasil moderno.* São Paulo: Brasiliense, 1992.

IPEA. *Boletim Políticas Sociais: Acompanhamento e Análise.* n. 10. Brasília: MPOG/ IPEA, 2005a.

_____. *Radar social.* Brasília, IPEA, 2005b.

JOHNSON, N. *El Estado de bienestar en transición: la teoría y la práctica del pluralismo de bienestar.* Madrid: Ministerio de Trabajo y Seguridad Social, 1990.

KEYNES, J. M. *A teoria geral do emprego, do juro e da moeda.* Trad. de Mário R. da Cruz. São Paulo: Nova Cultural, 1988. (Col. Os Economistas)

KOSIK, K. *Dialética do concreto.* 4. ed. Rio de Janeiro: Paz e Terra, 1986.

KOTT, S. *L'Etat social allemand. Représentations et pratiques.* Paris: Belin, 1995.

KUCINSKI, B.; BRANFORD, S. *A ditadura da dívida: causas e conseqüências da dívida latino-americana.* 2. ed. São Paulo: Brasiliense, 1987.

LAFARGUE, P. *O direito à preguiça.* São Paulo: Unesp, 1999.

LAPA, J. R. A. Formação do Brasil contemporâneo. In: MOTA, L. D. (org.). *Introdução ao Brasil: um banquete no trópico.* 2. ed. São Paulo: Senac, 1999.

LÊNIN, V. *Imperialismo: fase superior do capitalismo.* 5. ed. São Paulo: Global, 1987.

LESBAUPIN, I. (org.). *O desmonte da nação: um balanço do governo FHC.* 2. ed. Petrópolis: Vozes, 1999.

LESEMANN, F. *La politique sociale américaine.* Paris: Syros/Alternatives, 1988.

LIMA, B. Empregados pagam mais tributo direto que patrões. *Folha de S.Paulo,* 4 jul. 2005.

LÖWY, M. *Método dialético e teoria política.* Rio de Janeiro: Paz e Terra, 1985.

_____. *As aventuras de Karl Marx contra o Barão de Münchhausen: marxismo e positivismo na sociologia do conhecimento.* São Paulo: Busca Vida, 1987.

_____. A revolução permanente: teoria ou profissão de fé? In: COGGIOLA, O. (org.). *Trotsky hoje.* São Paulo: Ensaio, 1994.

LUKÁCS, G. *História e consciência de classe.* Porto: Elfos, 1989.

LUX, K. *O erro de Adam Smith: de como um filósofo moral inventou a economia e pôs fim à moralidade.* São Paulo: Nobel, 1993.

MAGALHÃES, M. *Abertura econômica, mercado de trabalho e políticas públicas de emprego no Brasil: o Fundo de Amparo ao Trabalhador entre as demandas do capital e do trabalho.* Dissertação de Mestrado. Brasília: Universidade de Brasília, Departamento de Serviço Social, Programa de Pós-graduação em Política Social, 2005.

MALTHUS, T. *Ensaio sobre a população.* São Paulo: Nova Cultural, 1988. (Col. Os Economistas)

MANDEL, E. *Crítica do eurocomunismo.* Lisboa: Antídoto, 1978.

_____. *O capitalismo tardio.* São Paulo: Nova Cultural, 1982.

_____. *A crise do capital.* São Paulo: Ensaio/Unicamp, 1990.

MANNHEIM, K. *Ideologia e utopia*. 4. ed. Rio de Janeiro: Guanabara, 1986.

MARSHALL, T. H. *Cidadania, classe social e status*. Rio de Janeiro: Zahar, 1967.

MARX, K. *O 18 de Brumário de Luís Bonaparte*. Lisboa: Estampa, 1976.

_____. Introdução à crítica da economia política. In: MARX, K. *Para a crítica da economia política*. São Paulo: Abril Cultural, 1982. (Col. Os Economistas)

_____. Legislação fabril. Cláusulas sanitárias e educacionais e sua generalização na Inglaterra. In: MARX, K. *O capital*. São Paulo: Abril Cultural, 1984, v. 1, t. II.

_____. *O capital: crítica da economia política*. 3. ed. São Paulo: Nova Cultural, 1988.

_____. *O capital*. 11. ed. São Paulo: Difel, 1987, v. 2.

MARX, K.; ENGELS, F. *Manifesto do Partido Comunista*. São Paulo: Cortez, 1998.

MENDES, E. As políticas de saúde no Brasil nos anos 80: a conformação da reforma sanitária e a construção da hegemonia do projeto neoliberal. In: MENDES, E. *Distrito sanitário: o processo social de mudança das práticas sanitárias do Sistema Único de Saúde*. Rio de Janeiro/São Paulo: Hucitec/Abrasco, 1994.

MENEGAT, M. *Depois do fim do mundo: a crise da modernidade e a barbárie*. Rio de Janeiro: Relume Dumará, 2003.

MENEZES, M. T. C. G. *Políticas de assistência pública no Brasil: em busca de uma teoria perdida*. São Paulo: Cortez, 1993.

MENY, Y.; THOENING, J.-C. *Politiques publiques*. Paris: PUF, 1989.

MÉSZÁROS, I. *Para além do capital: rumo a uma teoria da transição*. Trad. de Paulo César Castanheira e Sérgio Lessa. São Paulo/Campinas: Boitempo/Editora da Unicamp, 2002.

MISHRA, R. *Society and Social Policy: Theories and Practice of Welfare*. 2. ed. Londres: MacMillan, 1981.

_____. *O Estado providência na sociedade capitalista: políticas públicas na Europa, América do Norte e Austrália*. Trad. de Ana Barradas. Oeiras/Portugal: Celta Editora, 1995.

MONGIN, O. Les tournants de la mondialisation: la bataille des interpretations. *Sprit*, n. 226. Paris, nov. 1996.

MONTAÑO, C. *Terceiro setor e questão social: crítica ao padrão emergente de intervenção*. São Paulo: Cortez, 2002.

MONTES, P. *El desorden neoliberal*. Madrid: Trotta, 1996.

MORHY, L. *Reforma da previdência em questão*. Brasília: Ed. da UnB, 2003.

MOTA, A. E. *Cultura da crise e seguridade social: um estudo sobre as tendências da previdência e da assistência social brasileira nos anos 80 e 90*. São Paulo: Cortez, 1995.

POLÍTICA SOCIAL:FUNDAMENTOS E HISTÓRIA

MOTA, A. Políticas sociais setoriais e por segmento: trabalho. *Política Social — Módulo 3*. Programa de Capacitação Continuada para Assistentes Sociais. Brasília: CFESS/ABEPSS/CEAD-UnB, 2000.

MULLER, P.; SUREL, Y. *L'analyse des politiques publiques*. Paris: Montchrestien, 1998.

MURARD, N. *La protection sociale*. 2. ed. Paris: La Découverte, 1993.

NAVARRO, V. *Neoliberalismo y Estado del bienestar*. 2. ed. Barcelona: Ariel, 1998.

NETTO, J. P. *Ditadura e Serviço Social: uma análise do Serviço Social no Brasil pós-64*. São Paulo: Cortez, 1991.

_____. *Capitalismo monopolista e Serviço Social*. São Paulo: Cortez, 1992.

_____. Prólogo. In: MARX, K. *Manifesto do Partido Comunista*. Edição Comemorativa dos 150 anos do Manifesto Comunista. São Paulo: Cortez, 1998.

_____. A construção do projeto ético político do Serviço Social frente à crise contemporânea. *Crise contemporânea, questão social e Serviço Social. Capacitação em Serviço Social e Política Social*. Programa de Capacitação Continuada para Assistentes Sociais. Módulo 1. Brasília: CFESS/ABEPSS/CEAD-UnB, 1999.

_____. Cinco notas a propósito da "questão social". *Temporalis*, n. 3. Brasília: ABEPSS/Grafline, 2001.

NOGUEIRA, M. A. *As possibilidades da política: idéias para uma reforma democrática do Estado*. São Paulo: Paz e Terra, 1998.

NUNES, A. et al. *Medindo as desigualdades em Saúde no Brasil: uma proposta de monitoramento*. Brasília: OPAS/OMS/IPEA, 2001.

O'CONNOR, J. *USA: a crise do Estado capitalista*. Rio de Janeiro: Paz e Terra, 1977.

O'DONNELL, G. Transições, continuidades e alguns paradoxos. In: O'DONNELL, G.; REIS, F. W. (org.). *A democracia no Brasil: dilemas e perspectivas*. São Paulo: Vértice, 1988.

OECD (Organisation for Economic Co-operation and Development). *Social Expenditure Database (SOCX), 1980-2003*. Disponível em <http://www.oecd.org/els/social/expenditure>. Acesso em: 26 out. 2006.

OFFE, C. Algumas contradições do Estado social moderno. In: OFFE, C. *Trabalho e sociedade: problemas estruturais e perspectivas para o futuro da sociedade do trabalho*. Rio de Janeiro: Tempo Universitário, 1991.

OLIVEIRA, F. de. *Os direitos do antivalor: a economia política da hegemonia imperfeita*. Petrópolis: Vozes, 1998.

OLIVEIRA, J. A.; TEIXEIRA, S. *(Im)Previdência social: 60 anos de história da previdência no Brasil*. Petrópolis: Vozes, 1985.

PAIVA, B.; ROCHA, P. E. Financiamento da política de assistência social em perspectiva. *Serviço Social e Sociedade*, n. 68. São Paulo, 2001.

PALIER, B.; BONOLI, G. Entre Bismarck et Beveridge. *Revue Française de Sciences Politiques*, v. 45, n. 4. Paris: Presses de Sciences Politiques, ago. 1995.

PEREIRA, P. A. P. *A assistência social na perspectiva dos direitos: crítica aos padrões dominantes de proteção aos pobres no Brasil*. Brasília: Thesaurus, 1996.

_____. *Necessidades humanas: subsídios à crítica dos mínimos sociais*. São Paulo: Cortez, 2000.

_____. Questão social, Serviço Social e direitos de cidadania. *Temporalis*, n. 3. Brasília: ABEPSS/Grafline, 2001.

_____. Pluralismo de bem-estar ou configuração plural da política social sob o neoliberalismo. In: BOSCHETTI, I. et al.. (org.). *Política social: alternativas ao neoliberalismo*. Brasília: SER/UnB, 2004.

PIERSON, C. *Beyond the Welfare State?* Cambridge: Polity Press, 1991.

PIOLA, S. (coord.). *Tendências do sistema de saúde brasileiro: estudo Delphi*. Brasília: IPEA, 2001.

PISÓN, J. M. de. *Políticas de bienestar: un estúdio sobre los derechos sociales*. Madrid: Tecnos, 1998.

POLANYI, K. *A grande transformação: as origens de nossa época*. 2. ed. Rio de Janeiro: Campus, 2000.

PRADO Jr., C. *Formação do Brasil contemporâneo*. São Paulo: Brasiliense, 1991.

PRADO Jr.; C. FERNANDES, F. *Clássicos sobre a revolução brasileira*. São Paulo: Expressão Popular, 2000.

QUIROGA, C. *Invasão positivista no marxismo: manifestação no ensino da metodologia no Serviço Social*. São Paulo: Cortez, 1991.

RAICHELIS, R. *Esfera pública e conselhos de assistência social: caminhos da construção democrática*. São Paulo: Cortez, 1998.

REIS, F. W. Cidadania democrática, corporativismo e política social no Brasil. In: IPEA/IPLAN. *Para a década de 90: prioridades e perspectivas de políticas públicas*. Brasília: IPEA/IPLAN, mar. 1990, v. 4.

RENARD, D. Intervention de l'État et genèse de la protection sociale en France (1880-1940). *Généalogies de l'État-providence. Revue Lien Social et Politique*. Université de Montréal, primavera de 1995.

REVISTA SERVIÇO SOCIAL & SOCIEDADE, n. 87. Especial *SUAS e SUS*. São Paulo: Cortez, 2006.

REVISTA UNIVERSIDADE E SOCIEDADE, n. 30. *Desmonte e descaso: seguridade social e financiamento da educação*. Brasília: ANDES, 2003.

REVISTA TEMPORALIS, n. 3. Brasília: ABEPSS, Grafline, 2001.

ROSANVALLON, P. *La crise de l'Ètat-providence*. Paris: Éditions du Seuil, 1981.

ROSDOLSKY, R. *Gênese e estrutura de O Capital de Karl Marx*. Rio de Janeiro: Eduerj/ Contraponto, 2001.

SABÓIA, J. Regulação, crises e relação salarial fordista. *Texto para Discussão*, n. 177, IEI/UFRJ, 1988.

_____. Salário e produtividade na indústria brasileira: os efeitos da política salarial no longo prazo. *Pesquisa e Planejamento Econômico*, v. 20, n. 3. Rio de Janeiro, 1990.

SADER, E. *A transição no Brasil: da ditadura à democracia?* São Paulo: Atual, 1990.

SALAMA, P.; VALIER, J. *Pobrezas e desigualdades no 3º mundo*. São Paulo: Nobel, 1997.

SALES, M. A. *(In)visibilidade perversa: adolescentes infratores como metáfora da violência*. Tese de Doutorado. São Paulo: Universidade de São Paulo, FFLCH, Faculdade de Ciências Sociais, 2005.

SALVADOR, E. S. Implicações da reforma da previdência sobre o mercado de trabalho. *Serviço Social & Sociedade*, n. 81. São Paulo: Cortez, 2005.

SALVADOR, E. S.; BOSCHETTI, I. A reforma da previdência social no Brasil e os impactos sobre o mercado de trabalho. *Serviço Social & Sociedade*, n. 70. São Paulo: Cortez, 2002.

SANDRONI, P. *Dicionário de economia*. 3. ed. São Paulo: Nova Cultural, 1992.

SANTOS, W. G. dos. *Cidadania e justiça: a política social na ordem brasileira*. (2. ed. rev. amp.) Rio de Janeiro: Campus, 1987.

SCHONS, S. M. *Assistência social entre a ordem e a des-ordem*. São Paulo: Cortez, 1999.

SCHWARZ, R. *Ao vencedor as batatas: forma literária e processo social nos inícios do romance brasileiro*. São Paulo: Duas Cidades, 1977.

_____. *Um mestre na periferia do capitalismo — Machado de Assis*. São Paulo: Duas Cidades, 1990.

SILVA, F.; JACCOUD, L.; BEGHIN, N. Políticas sociais no Brasil: participação social, conselhos e parcerias. In: JACCOUD, L. (org.). *Questão social e políticas sociais no Brasil contemporâneo*. Brasília: IPEA, 2005.

SMITH, A. *A riqueza das nações*. São Paulo: Martins Fontes, 2003.

SENADO FEDERAL. *Relatório da Comissão Externa da Feminização da Pobreza*. Disponível em <http://www.senado.gov.br/anodamulher/destaques/relatorio_cd.asp>. Acesso 10 out. 2006.

SOARES, L. T. *Os custos sociais do ajuste neoliberal na América Latina*. São Paulo: Cortez, 2000.

SPOSATI, A. et al. *Assistência na trajetória das políticas sociais brasileiras*. São Paulo: Cortez, 1985.

STEIN, R. H. *As políticas de transferência de renda na Europa e na América Latina: recentes ou tardias estratégias de proteção social?* Tese de Doutorado. Brasília: Universidade de Brasília, Programa de Pesquisa e Pós-graduação sobre as Américas (CEPPAC), Instituto de Ciências Sociais (ICS), nov. 2005.

SWEEZY, P. O método de Marx. In: SWEEZY, P. *Teoria do desenvolvimento capitalista*. São Paulo: Abril Cultural, 1983.

TAVARES, M. C. *Destruição não criadora*. São Paulo: Record, 1999.

TAVARES, M. C.; FIORI, J. L. *(Des)Ajuste global e modernização conservadora*. Rio de Janeiro: Paz e Terra, 1993.

TEIXEIRA, A. *Do seguro à seguridade: a metamorfose inconclusa do sistema previdenciário brasileiro*. Rio de Janeiro: UFRJ/IEI, 1990.

TEIXEIRA, S. O. *Implicações das condicionalidades do acordo firmado entre o governo FHC e o FMI no gasto das políticas sociais*. Dissertação de Mestrado. Brasília: Universidade de Brasília, Programa de Pós-graduação em Política Social, Departamento de Serviço Social, 2005.

TELLES, V. S. *Direitos sociais: afinal do que se trata?* Belo Horizonte: Ed. UFMG, 1999.

THOMPSON, E. P. *A miséria da teoria ou um planetário de erros*. Rio de Janeiro: Zahar, 1981.

TOUSSAINT, E. *Deuda externa en el Tercer Mundo: las finanzas contra los pueblos*. Caracas: Editorial Nueva Sociedad, 1998.

TRAGTENBERG, M. *Weber*. São Paulo: Abril Cultural, 1980. (Col. Os Pensadores)

TROTSKY, L. *A revolução permanente*. Porto: Razão Actual, 1971.

UNAFISCO SINDICAL. *Tributação sobre o consumo é o recorde no 1º quadrimestre*. Disponível em <http://www.unafisco.org.br/estudos_tecnicos/index.htm>. Acesso em 15 jun. 2006.

VELASCO e CRUZ, S. C. *Estado e economia em tempo de crise: política industrial e transição política no Brasil nos anos 80*. São Paulo/Rio de Janeiro: Unicamp/Relume Dumará, 1997.

VIANNA, M. L. T. W. *A americanização (perversa) da seguridade social no Brasil. Estratégias de bem-estar e políticas públicas.* Rio de Janeiro: Revan/IUPERJ/UCAM, 1998.

_____. Seguridade social: três mitos e uma mentira. *Universidade e Sociedade*, n. 19. Brasília: ANDES, ago. 1999.

WACQUANT, L. *As prisões da miséria.* Rio de Janeiro: Zahar, 2001a.

_____. *Punir os pobres: nova gestão da miséria nos Estados Unidos.* Rio de Janeiro: Freitas Bastos, 2001b.

WEBER, M. As três formas de dominação legítima. In: COHN, G. (org.). *Max Weber.* São Paulo: Ática, 1984.

_____. *A ética protestante e o espírito do capitalismo.* São Paulo: Companhia das Letras, 2004.

WEFFORT, F. (org.). *Os clássicos da política.* São Paulo: Ática, 1989, 2 v.

YAZBEK, M. C. *Classes subalternas e assistência* social. São Paulo: Cortez, 1993.

_____. Terceiro setor e despolitização. *Inscrita.* Brasília: CFESS, jul. 2000.

_____. Pobreza e exclusão social: expressões da questão social no Brasil. *Temporalis*, n. 3. Brasília: ABEPSS/Grafline, 2001.